未决的知识产权

中药品种保护制度的
历史溯源、法理探析与体系衔接

黄国靖／著

知识产权出版社

全国百佳图书出版单位

——北京——

图书在版编目（CIP）数据

未决的知识产权：中药品种保护制度的历史溯源、法理探析与体系衔接 / 黄国靖著 .
北京：知识产权出版社，2024.9. —ISBN 978-7-5130-9473-3

Ⅰ . D923.404

中国国家版本馆 CIP 数据核字第 20242Y2H65 号

内容提要

知识产权法和医药法共同保护药品创新是全球立法趋势。我国《中药品种保护条例》
独创中药品种权，被世界知识产权组织纳入传统知识保护制度，但中药品种权是否为知
识产权尚有争议。本书围绕"中药品种权的权利性质""中药品种保护制度与传统知识
保护制度的比较"及"中药品种权与专利权、药品资料专属权的关系"等问题，深入研
究中药品种保护制度的历史、法理与体系，为现代知识产权法保护传统知识提供范例。

本书供知识产权法学、医药法学研究者参考使用。

责任编辑：吴　烁　　　　　　　　　责任印制：刘译文
封面设计：杨杨工作室·张　冀

未决的知识产权——中药品种保护制度的历史溯源、法理探析与体系衔接
WEIJUE DE ZHISHI CHANQUAN——ZHONGYAO PINZHONG BAOHU ZHIDU
DE LISHI SUYUAN, FALI TANXI YU TIXI XIANJIE

黄国靖　著

出版发行	**知识产权出版社**有限责任公司	网　　址	http://www.ipph.cn
电　　话	010-82004826		http://www.laichushu.com
社　　址	北京市海淀区气象路 50 号院	邮　　编	100081
责编电话	010-82000860 转 8768	责编邮箱	laichushu@cnipr.com
发行电话	010-82000860 转 8101	发行传真	010-82000893
印　　刷	天津嘉恒印务有限公司	经　　销	新华书店、各大网上书店及相关专业书店
开　　本	720mm×1000mm　1/16	印　　张	16.75
版　　次	2024 年 9 月第 1 版	印　　次	2024 年 9 月第 1 次印刷
字　　数	270 千字	定　　价	88.00 元

ISBN 978-7-5130-9473-3

前　言

　　中药品种保护制度从《中药品种保护条例》施行而诞生，并随着《中药品种保护指导原则》发布而体系化。中药生产企业就技术优良的中药品种申请初次品种保护或者同品种保护，使之成为一级或二级中药保护品种，以在保护期内享有禁止他人生产该中药品种的独占性或寡占性权利。

　　中药品种保护关系包括公法关系和私法关系，但无论是公法关系还是私法关系，均能保护公法创设的私权。中药品种保护制度是财产权制度，通过登记构建了一种知悉，强化了这种私权的对抗力，使这种私权上升为一种具有对世性、排他性的绝对权，即中药品种权。中药品种权属于知识产权，且区别于商业秘密权或特许经营权，其是与药品资料专属权性质相似的权利。随着知识产权客体范围不断扩张，原未满足专利条件的"次级发明"可由专门法进行保护。中药品种权与专利权同为科技成果类知识产权，虽无须创设"准专利权"概念将中药品种权纳入其中，但专利权的理论和实践可以深化对中药品种权的认识。

　　他人侵害中药保护品种，权利人可以通过知识产权请求权（停止侵害请求权、排除妨碍请求权、废弃请求权和消除影响请求权）和损害赔偿请求权来寻求民事救济，以维护自身权益。中药保护品种与其同名同方药之间的争议，也可以借用药品专利链接制度，将争议化解在同名同方药的上市申请阶段。

　　各国保护药品知识财产的法律制度出现二元格局，即现代知识由专利制度所保护，传统知识则由传统知识保护制度所保护，在中药领域亦是如此。国际传统知识保护制度从原来的责任规则，逐步发展为财产规则。不过，中药品种保护制度虽然被世界知识产权组织（WIPO）纳入传统知识保护制度，但是其非保护中药传统知识的专门制度，而是保护中药现代知识的专门制度。又因为中药品种保护制度和专利制度均能用于保护中药现代知识，客体存在重叠的情形，随着《中华人民共和国专利法》（以下简称《专利法》）和《专利审查指南》的革新，中药品种保护制度所致力保护的中药现代知识已落入专利制度保护的范围。在法律制度的竞争中，由于中药品种保护制度的理论和实践均处于劣势，在其他法律制度的"蚕食"下，所能发挥的效能越来越少。

专利法和药事法共同保护药品创新是各国立法的趋势。由于中药品种保护制度属于药事法，在中药品种保护制度改革的探索中，将中药品种保护制度融入药品试验数据保护制度有一定的可行性。中药品种权和资料专属权的权利客体为商业秘密，权利内容也颇为相近，如美国的孤儿药制度，资料专属权为保护特定药品利益，会从"资料专属"迈入"市场专属"。中国为了维护中药的特定利益，也可以赋予中药保护品种以市场专属权。明确中药品种保护制度是药品试验数据保护制度的分支制度、中药品种权属于资料专属权的特殊形态，有利于削减专利制度和中药品种保护制度的相互排斥。

将中药品种保护制度去产权化，中药保护品种通过技术壁垒和市场壁垒限制他人对其进行仿制，也值得探索。在粤港澳大湾区的大背景下，粤港澳大湾区的中药产业可以中药保护品种的高标准为标杆，结合"一带一路"倡议和粤港澳大湾区之优势，加快高质量的中药标准融入国际标准。同时，在后 TRIPs 时代，中药品种保护制度要依据《全面与进步跨太平洋伙伴关系协定》（CPTPP）、《区域全面经济伙伴关系协定》（RCEP）等自由贸易区的知识产权制度的新发展而改革，从而真正促使中药国际化。

CONTENTS

目 录

绪 论   001

第一节　研究背景   001

第二节　文献综述   002

第三节　研究问题和假设   012

第四节　研究方法   013

第一章　中药品种保护与财产权制度   014

第一节　中药品种保护制度的立法概况   014

第二节　中药品种保护制度的财产权制度特征   019

第三节　中药品种保护制度的法经济学分析   026

第四节　小结   032

第二章　中药传统知识与现代知识的分野   034

第一节　中药与传统药   034

第二节　中药知识与传统医药知识   041

第三节　中药品种保护的对象   046

第四节　小结   048

第三章　传统医药知识保护的规则进路　049

第一节　传统医药知识保护的争议　049

第二节　传统医药知识的人权价值　050

第三节　传统医药知识保护的责任规则　053

第四节　传统医药知识保护的财产规则　064

第五节　中药品种保护与传统知识保护　075

第六节　小结　078

第四章　专利权视角下的中药品种保护　079

第一节　制度的差异性　079

第二节　制度的关联性　100

第三节　制度的选择　104

第四节　小结　116

第五章　中药品种权的权利性质　118

第一节　中药品种权是民事权利　118

第二节　中药品种权是知识产权　127

第三节　中药品种权的权利分析　139

第四节　小结　143

第六章　中药品种权和药品资料专属权　145

第一节　《与贸易有关的知识产权协定》下的药品资料专属权　145

第二节　欧盟和北美药品资料专属权　146

第三节　药品资料专属权的权利性质　156

第四节　中药品种保护纳入资料专属保护初探　158

第五节　小结　162

第七章　中药品种权的私法保护 164

第一节　侵害中药品种权的民事责任 164

第二节　中国药品专利链接制度与中药品种保护 173

第三节　小结 188

第八章　中药品种保护制度的改革建议 190

第一节　财产权制度框架下的条文修改 190

第二节　中药品种保护制度的去产权化探索 199

第三节　中药品种保护制度与中药国际化 206

第四节　小结 213

结　论 215

参考文献 218

附　录 227

附录 1　2018 年《中药品种保护条例》 227

附录 2　2006 年《中药品种保护条例（征求意见稿）》 231

附录 3　2022 年《中药品种保护条例（修订草案征求意见稿）》 235

附录 4　《传统泰国医药保护和促进法》中译本 243

绪　论

第一节　研究背景

中药的历史在中华大地上可以追溯到数千年以前。秦汉时期，先贤融合黄老道家理论和中医学理论，始创综合性医书《黄帝内经》。同时期，最早的中药学著作《神农本草经》亦已编纂成书。中药作为古代的传统药物，在历史上为民众与疾病抗争作出了重大贡献，现如今也在患者日常治病用药中扮演着重要角色。传统的中药蕴含着丰富的中药传统知识。这种"传统知识"虽然冠以"传统"二字作为前缀，但是并不意味着这种知识是落后的或停滞不前的。《黄帝内经》《神农本草经》《本草纲目》等不断更迭的中药著作，见证了中药知识的代代相传、持续发展和不断创新。

近代以来，国内外传统医药知识及相应的生物遗传资源，是医药公司研发新药重要且有效的知识源泉。基于传统医药知识的生物勘探，能大幅度降低新药的研发成本和时间。医药公司以现代科学技术为手段，将传统医药知识逐步转变为现代医药知识，进而研发出比传统药物具有更高安全性和有效性的现代药物。在现代法律制度下，原研的现代药品能够获得知识产权（主要为专利权，也包括本书论述的中药品种权）保护。垄断性的知识产权为医药公司带来高额的经济利益。可见，中药不仅是文化和生物遗产，更是医学和商业资源，蕴含着巨大的经济价值。

伴随着巨大的经济价值而来的是各国对中药知识财产的争夺，如外国医药公司无偿利用中药民间处方研制新药，致使中药知识财产流失严重。日本以中药古方为基础研发新药，使得日本汉方药产业发展迅速，基于中药品种

"六神丸"仿制而成的日本汉方药"救心丸",甚至成为中国民众追捧的常备药品。韩国也对中药品种"牛黄清心丸"进行仿制,再向中国反出口这种"洋中药",以获取高额利润。❶

这种"生物剽窃"问题的产生,主要源于绝大部分中药传统知识都不是知识产权法保护的客体,传统中药难以成为知识产权法的保护对象。在这样的背景之下,国务院为保护中药优良品种,减少中药品种低水平重复,促进中药创新,在已有的知识产权法律制度基础上,颁布《中药品种保护条例》。

第二节　文献综述

一、中药品种保护制度

(一)权利性质的争议

广西壮族自治区高级人民法院周冕法官认为,中药品种保护制度创设了一种新型民事权利或知识产权。❷也有相近似的观点认为,中药品种权的相对独占性、地域性和期限性等特征,近似于知识产权,但中药品种保护制度的创设初衷在于监督和管理中药品种。❸中药品种保护制度的外在法律职能是为中药保护品种设置市场准入门槛,以提高中药标准与中药质量,而内在法律职能却能对中药品种所蕴含的知识财产进行"打包"性的法律保护,间接促进了中药知识的创新。❹

---

❶ 左岫仙.民族医药的知识产权保护[J].中南民族大学学报(人文社会科学版),2005(03):77.

宋健,宋晓亭.建立中医药传统知识利益分享机制初探[J].世界科学技术—中医药现代化,2023,25(02):461.

❷ 周冕.论中药品种保护侵权的民事责任:以一起中药品种保护侵权纠纷案为例[J].法律适用,2005(03):81.

❸ 李慧,宋晓亭.中药品种保护制度的法律性质[J].中草药,2018,49(02):500.

❹ 高建美,宋晓亭.中药品种保护制度之法律职能[J].科技与法律,2016(06):1044.

广西壮族自治区高级人民法院韦晓云法官却认为，中药品种保护制度没有创设新型民事权利或知识产权，而是一种商业秘密保护的方式。❶最高人民法院官方期刊刊载的两篇论文，对中药品种权的法律性质持有相反意见，这也反映了司法实践对中药品种权的定性仍不统一。有观点指出，中药品种保护制度保护的客体不是中药知识产权。❷冯晓青有观点以中药品种权缺乏知识产权的法定性为由，否认中药品种权是一种知识产权。特别是存在同品种保护的情况下，同品种的中药保护品种实际上可以由多家企业同时进行生产，中药品种权没有绝对的独占性和排他性，与专利权、著作权和商标权等知识产权的权利特征并不完全相同。❸

（二）民事救济的争议

法学理论对于中药品种权法律性质的认识不一，司法实践也对侵害中药保护品种的行为是否为民事侵权行为，形成相反的案例。在金诃公司与久美公司上诉案❹中，法院认为：金诃公司在取得"仁青芒觉"的"中药保护品种证书"后，即取得了该中药品种的专营权，其他企业在保护期内不得生产该中药保护品种；久美公司生产与"仁青芒觉"相同品种的中药产品的行为，违反了《中药品种保护条例》的规定，侵权事实清楚，久美公司应停止侵害和赔偿损失。在亨新公司与鹏鹞公司等中药保护专属权侵权及不正当竞争纠纷案❺中，法院认为：中药保护品种是智力成果，应由知识产权法律予以保护；由于中药保护品种不能完全纳入专利法的保护范围，只能通过专门法予以特别保护，而《中药品种保护条例》正是这种专门法；中药品种权是

---

❶ 韦晓云.中药品种知识产权保护的实质 [J].人民司法，2005（09）：66.

❷ 于培明，宋丽丽，岳淑梅.现行中药品种保护制度定位问题探讨 [J].时珍国医国药，2005（05）：435-436.

❸ 冯晓青.不正当竞争及其他知识产权侵权专题判解与学理研究 [M].北京：中国大百科全书出版社，2010：58-63.

❹ 青海金诃藏药药业有限公司诉青海久美藏药药业有限公司上诉案，青海省高级人民法院（2000）青民终字第 31 号民事判决书。

❺ 海南亨新药业有限公司诉江苏鹏鹞药业有限公司等中药保护专属权侵权及不正当竞争纠纷案，广西壮族自治区桂林市中级人民法院（2003）桂市民初字第 70 号民事判决书。

一种新型民事权利,当权利受到侵害时,未取得证书的侵权人理应承担相应的民事侵权责任。

在鹏鹞公司与亨新公司等不正当竞争纠纷上诉案❶中,法院则认为:《中药品种保护条例》的立法目的是防止中药被低水平重复,是中药管理的市场准入制度,而不是知识产权制度;依据该条例的具体规定,法律只对中药保护品种提供了行政保护和刑事保护,而不提供民事保护;双方当事人之间关于中药保护品种生产、销售而产生的纠纷不是民事纠纷,不属于法院受理民商事案件的范围,应当由国家有关的行政部门进行处理。

（三）制度比较

多位学者对中药品种保护制度与专利制度的异同进行剖析。❷鉴于专利制度在实践中难以将中药知识纳入保护范围,也不能确保中药发明的安全性和有效性,中药品种保护制度与专利制度的功能形成了互补关系。❸有观点认为,中药品种保护制度与药品试验数据保护制度均是对临床试验价值的激励,与专利制度并行不悖。❹也有观点认为,中药品种保护制度与专利制度均能用于保护中药知识财产,两者保护的客体范围存在重叠之处,致使前者的功能未能完全发挥。❺也有观点主张可以借鉴欧盟药品专利补充保护证书制度的理论和实践,将中药品种保护制度改造为专利制度的补充制度。❻

---

❶ 江苏鹏鹞药业有限公司与海南亨新药业有限公司等不正当竞争纠纷上诉案,广西壮族自治区高级人民法院（2004）桂民三终字第11号民事判决书。

❷ 汤瑞瑞,卞鹰,王一涛.《中药品种保护条例》和专利对中药保护的关系探讨 [J].时珍国医国药,2009,20（05）:1291-1293.

付琳琳.中药企业专利保护与品种保护研究 [D].重庆:西南政法大学,2013.

❸ 李慧,宋晓亭.专利制度与中药品种保护制度的比较 [J].世界科学技术 - 中医药现代化,2017,19（02）:223-228.

❹ 杨悦.现行专利制度下的中药品种保护制度定位 [N].中国医药报,2019-09-10（003）.

❺ 王艳翚,宋晓亭.中药品种保护制度效用评价 [J].科技与经济,2015,28（03）:101.

❻ 李慧,宋晓亭.中国中药品种保护制度的出路:基于与欧盟药品补充保护证书制度的比较与启示 [J].中国软科学,2020（09）:18-25.

（四）存废之争

《中药品种保护条例》是中国专门保护传统药的制度，但存废之争不绝于耳。有观点支持保留并发展中药品种保护制度，如从管理学的角度，论述了中药品种保护制度可回应中药现代性的需求，由被动保护向主动保护转型，为促进中药的创新发展提供相应的法律保障。[1] 也有观点认为相较于专利制度，中药品种保护制度有一定程度的优势，尤其是在中药质量管理上起着重要作用，既有利于保护中药生产企业的私益，又有利于促进中药产业的发展。[2] 还有观点主张即便不废除中药品种保护制度，也应看出该制度后期发展动力不足[3]，应适时改革，顺应世界潮流。

有观点主张废除中药品种保护制度，如认为专利制度已经取代了中药品种保护制度在中药知识保护中的地位，自从药品（包含中药产品）被纳入专利法的保护对象之后，新型中药知识完全可以通过专利制度获得专有权，中药品种保护制度已无生存空间；[4] 也有以经济分析作为研究方法，在肯定中药品种保护制度有利于中药产业的创新和发展的同时，指出了其负面影响，即挤占了中药专利的发展空间、阻碍中药产业创新、无法促进中药国际化，认为应该逐步缩小中药品种保护的范围，最终取消中药品种保护。[5]

综合而言，国内文章论述得较为扁平，没有对中药品种保护制度的理论进行深入挖掘。论述往往采用了相对保守的概念表达方式，即直接称为"中

---

[1] 李广乾，陶涛.中药现代性与中药品种保护制度改革 [J].管理世界，2015（08）：5-13.

[2] 张建武，邸峰，袁林，等.新时期国家推行和实施中药品种保护制度的必要性 [J].首都医药，2009，16（20）：14.

[3] 王丹丹.基于立法后评估的中药品种保护制度的实施效果评价与优化 [D].南京：南京中医药大学，2019.

[4] 马超宇，曹阳.论新形势下加强中药专利保护并逐步废除中药品种保护的必要性 [J].现代经济信息，2012（09）：285-286.

[5] 陈和芳.中药知识产权保护的经济学研究：以广州中药产业为例 [M].哈尔滨：哈尔滨工业大学出版社，2016.

药品种保护"。这样的表述方式回避了中药品种保护制度是否创设新型权利的问题，也直接割裂了中药品种保护制度与民商法学、知识产权法学之间的联系。鉴于中药品种保护制度研究的理论深度不足，本书将辅以药事法、民商法和生态多样性国际法等相关理论进行论述。

二、药事法

《中药品种保护条例》的上位法是《中华人民共和国药品管理法》（以下简称《药品管理法》）和《中华人民共和国中医药法》（以下简称《中医药法》），是中国药事法体系的重要一环。从药事法的角度看中药品种保护制度，首先不可避免的是药品创新和健康权之间关系。有观点认为，专利制度不仅是一种法律保护机制，更是一种激励创新的手段，能有效地刺激中药知识的创新。❶ 笔者认为中药品种保护制度亦是如此。不过，专利权和中药品种权等绝对权的相对排他性会提高中药生产企业的议价能力，从而提高药品价格，降低药品可及性，影响患者的健康权。中药品种保护制度的废止之声亦不少源自于此。有观点阐述《多哈宣言》对药品可及性和公共健康的贡献，认为仿制药构成对原研药的适当限制，增加了全球药品市场的竞争关系，有助于降低药品价格，增加药品的可及性。❷

其次，《与贸易有关的知识产权协定》（TRIPs）第 39 条第 3 款和《美国药价竞争与专利权期间回复法》（以下简称《美国 Hatch-Waxman 法案》）规定了药品资料专属权，这是一种新型知识产权。在美国，药品生产企业申请新药上市，需要向行政机关提交拟上市药品的资料。这些资料作为行政机关审核申请上市药品的安全性和有效性之依据。药品生产企业形成试验资料，需要投入大量人力、财力和物力，为免受他人不公平之商业使用而损害药品生产企业的利益，《与贸易有关的知识产权协定》和《北美自由贸易协定》承认保护试验资料之必要性。有学者通过对美国 Chevron v. EPA 案、EPA v.

---

❶ 约瑟夫·德雷克斯，纳里·李.药物创新、竞争与专利法 [M].马秋娟，杨倩，王璟，译.北京：知识产权出版社，2020：v.

❷ 韦贵红.药品专利保护与公共健康 [M].北京：知识产权出版社，2013.

Monsanto案❶和加拿大拜尔案❷进行分析研究，阐述药品资料专属权的法律性质和经济意义。

最后是药品专利链接制度，即药品知识产权的重要解纷机制，国内外文献多有对其进行研究。❸中药保护品种与同名同方药之间的纠纷、中药保护品种与专利药之间的纠纷，亦可借助于药品专利链接制度予以处理。

三、民商法

多位学者在一专著中将涉及中药知识的全部知识产权尽数纳入研究范围，包括：①中医药专利权；②中医药著作权；③中医药技术秘密；④中医药植物新品种；⑤中医药传统知识；⑥中医药商标权；⑦中医药地理标志；⑧中医药企业字号。❹这种全而广的涉中药知识产权研究，为以后的专门研究奠定了理论基础，但无法就某类中药知识产权进行深入研究。因此，随着时间的推移，此类研究逐步减少。后续研究一般集中于专利制度和传统知识保护制度。专利制度主要保护中药生产企业，传统知识保护制度则主要保护中药传统知识持有者，虽然保护的主体各有侧重，但立法本意无外乎是保护知识真正创造者之权益。

（一）专利法的角度

专利权与中药品种权在取得方式、存续时间、强制许可等问题上有近似的规定，两者有相似的权利特征。有观点认为，专利法为知识产权法，《中

---

❶ 杨代华. 处方药产业的法律战争：药品试验资料之保护 [M]. 台北：元照出版有限公司，2008.

❷ 杨培侃. 论药品资料专属保护之不引据义务：以加拿大拜尔案为中心 [J]. 政大法学评论，2015（141）：51-107.

❸ 刘立春. 基于药品专利诉讼战略的技术创新研究 [M]. 北京：法律出版社，2019.
程永顺，吴莉娟. 探索药品专利链接制度 [M]. 北京：知识产权出版社，2019.
闫海，王洋，马海天. 基于药品可及性的专利法治研究 [M]. 北京：法律出版社，2020.

❹ 肖诗鹰，刘铜华. 中药知识产权保护 [M]. 2 版. 北京：中国医药科技出版社，2008.
宋晓亭. 中医药标准化与知识产权的渗透 [J]. 中国中医药信息杂志，2008，15（12）：3-4.

药品种保护条例》为市场管理法，两者对中药品种的保护各有优劣，效力各有强弱。❶

专利权与中药品种权也有一定的互补性。中药专利保护主要存在以下障碍：一是民事主体的障碍，传统医药知识一般由群体持有，没有特定的自然人、法人或非法人组织可以被认定为专利发明人；二是民事客体的障碍，传统医药知识至少在小范围内是为公众所知的，难以满足新颖性的要求，而创造性的要求也为发明设定了很高的审查标准，难以适应逐渐发展的传统医药；三是天然物原则的障碍，传统药大量使用天然药用植物，这种自然状态下的药用植物一般是不可以申请专利的。当然，如果科学家以自然界不存在的方式分离出药用植物的活性物质，这种物质则属于专利客体范围。❷ 在上述障碍中，民事主体的障碍是比较容易克服的。现代专利法已经允许群体享有发明专利。无论人数是否特定，群体均可以作为专利发明人。同时，合作专利权人的概念亦被提出，虽然单纯的中药传统知识一般不符合专利申请的条件，但若在医药公司研发新药时作出了贡献，医药公司可以与传统医药知识持有人可以共同申请专利，成为合作专利权人。❸ 后两项障碍却比较难以克服，新颖性和创造性的标准阻碍了大多数中药传统知识获取专利；天然物原则也排除了未经化学修饰的天然药物获取专利。正因为专利法在保护中药知识方面存在一定的局限性，中药品种保护制度可以在该局限性上发挥专门制度的能动性，弥补其不足。

此外，西方发达国家的药品专利制度主要是以化学药为保护对象进行制度设计的。中药主要是一种天然药物组合物，没有国际公认的专利审查标准。不过，中药复方不是天然药物的简单组合，而是隐有中医学理论。这种

---

❶ 李慧，宋晓亭. 专利制度与中药品种保护制度的比较 [J]. 世界科学技术 - 中医药现代化，2017，19（02）：223-228.

❷ 严永和. 论传统知识的知识产权保护 [M]. 北京：法律出版社，2006；EILAND M L. Patenting traditional medicine[J]. J. Pat. & Trademark Off. Soc'y, 2007, 89: 45.

❸ EBERMANN P. Patents as protection of traditional medical knowledge? a law and economics analysis[J]. Intellectual Property, 2012: 120-127.

传统医药理论的最高水平在中国，论接轨也是外国向中国接轨。因此，中国应制定以中药为保护对象、适合于中药知识财产保护的中药专利标准，以中药国际化为契机，逐步使该标准成为国际公认的中药专利标准。❶中药保护品种的高标准可以作为引领中药国际标准的标杆。

（二）传统知识保护的角度

中药品种蕴含的中药知识虽为现代知识，但源于传统知识。仅从语义上进行分析，中药传统知识是传统知识的下位概念。中药品种保护与世界知识产权组织（WIPO）传统知识保护的新趋势相符。WIPO《保护传统知识：条款草案》第 5 条对传统知识的保护范围进行界定，列出传统知识的负面清单，即"受益人的社区以外为人广泛所知或使用，属于公有领域"和"受一项知识产权的保护"两类情形。中药保护品种目前恰好落入该草案的保护范围，为本书提供了新的研究样本。

各国保护传统知识、传统药的法律法规，亦是本书重要的研究样本。中国台湾地区"原住民族传统智慧创作保护条例"（以下简称"原创条例"）指出，原住民族对其传统智慧创作得以主张专用权。这种专用权既包括使用、收益等积极权能，又包括排除侵害等消极权能，整体与所有权的权能相似。"原创条例"将传统知识纳为保护客体，进而创设了新型财产权。有观点认为，这种创设新型财产权的过程可以被解释为一种"圈地运动"，有形财产权经过第一次圈地运动被确定为私有财产，知识产权确权是第二次圈地运动，而智慧创作专用权确权则是第三次圈地运动。❷本书所研究的中药品种权，是如智慧创作专用权那般的新型财产权，亦涉及"圈地运动"与财产权界定。《泰国传统泰国医药保护和促进法》以登记制度为传统药知识确定财产权的法案，具有一定的比较意义。❸

❶ 严永和.论传统知识的知识产权保护 [M].北京：法律出版社，2006.

❷ 林三元.原住民族传统智慧创作专用权 [M].台北：元照出版有限公司，2013.

❸ 张华敏，徐慧，唐丹丽.从泰国传统医药立法探讨我国的中医药知识产权保护方法 [J].国际中医中药杂志，2009，31（03）：215，222.

刘鑫，黎冬梅，金玲钰，等.泰国传统医药保护制度对构建我国傣医药保护机制的启示 [J].承德医学院学报，2019，36（06）：532-534.

（三）侵权法的角度

《中药品种保护条例》没有规定相应的民事责任。司法实践中，有法院否认中药品种是一种民事权益。在敖东制药厂诉建宏公司案❶中，法院认为：依据《中药品种保护条例》而获得的《中药保护品种证书》是行政机关为管理中药品种生产而制定的一种行政许可，属于实施中药生产许可制度的范畴，不具有民事权益证书的性质，不同于专利证书，不具有独占性、排他性；没有获得证书从事生产、销售同一品种的行为，不构成对已获得证书公司的侵害。也有法院承认中药品种是一种民事权益，在金诃公司与久美公司上诉案中，法院认为：原告获得证书后，对中药"仁青芒觉"享有一种专营权，在中药品种保护的期限之内，任何其他民事主体无权进行生产；但被告却违反《中药品种保护条例》第 17 条的规定，存在对原告侵权的事实。

此外，由于中药品种权尚未被定论为知识产权，因此权利人是否享有知识产权请求权也未有定论，但知识产权请求权❷研究有助于构建中药品种权的请求权体系。除将中药品种权解释为知识产权以外，依侵权法予以保护的路径有二：一是侵权法保护的民事权益分为"权利"和"利益"❸，中药保护品种可以解释为一种"权利外利益"，侵权行为给权利人造成的损失是纯粹经济损失；二是如德国判例法那般创设"营业权"，以弥补侵权法对纯粹经济损失保护的不足。这种营业权是一种绝对权，当企业的经营活动受到非法侵害时，可以确定侵权责任。❹中药品种权亦涉及中药生产企业的营业活动，解释为一种"营业权"也未尝不可。

---

❶ 吉林省延边敖东制药厂诉无锡健宏药业总公司侵害中药品种保护权案，江苏省无锡市中级人民法院（1995）锡经初字第 5 号民事判决书。

❷ 杨明 . 知识产权请求权研究：兼以反不正当竞争为考察对象 [M]. 北京：北京大学出版社，2005.

❸ 陈忠五 . 契约责任与侵权责任的保护客体："权利"与"利益"区别正当性的再反省 [M]. 台北：新学林出版股份有限公司，2008.

于飞 . 权利与利益区分保护的侵权法体系之研究 [M]. 北京：法律出版社，2012.

❹ 杨惟钦 . 财产性利益之侵权救济控制研究 [M]. 北京：法律出版社，2015.

四、生态多样性国际法

各国知识产权法需要与国际法相协调，中药品种保护制度亦是如此。中药传统知识与生物遗传资源息息相关，故本书亦从生态多样性国际法的角度研究中药品种保护制度。

一是"生物剽窃"与消极性保护模式。放眼全球，传统医药并非只有中医药一类，日韩汉方药、印度传统医药、泰国传统医药亦是传统医药的重要门类。传统医药的商业化开发，伴随的是"生物剽窃（biopiracy）"现象，研究背景中所述的日韩企业不当使用中药处方就是此类现象。国内外文献对印度的姜黄（Turmeric）和楝树（Neem）案例、厄瓜多尔的死藤水（Ayahuasca）案例及南非的 Hoodia 仙人掌（Hoodia Catus）案例有深入的研究。这些案例都是世界范围内非常有影响的"生物剽窃"案例。在这些案例中，传统知识持有者有效地运用法律武器保护其对传统医药知识的权益。有学者从中总结出对抗"生物剽窃"的消极性保护模式，即通过构建网络数据库使传统医药知识文献化，传统医药知识因公开而丧失新颖性，西方医药公司也就无法以剽窃的传统医药知识申请专利，进而间接保护传统医药知识。❶

二是生物多样性和惠益分享。有学者对《生物多样性公约》《名古屋议定书》等国际公约进行研究，详细阐述了《生物多样性公约》第 8 条第 j 项的惠益分享目标。生态多样性国际法的核心要义是既要保护传统知识持有者能够获得应有利益，防止侵权人"无偿"使用中药知识；也要间接促进持有者分享知识，促进全人类健康权的共同发展。❷中药品种保护制度的价值取向也应基于"促进创新"和"利益平衡"两大价值目标。

---

❶ 陈钲洲.传统知识的保护：论积极性保护模式和消极性保护模式之比较与调合[D].台北：逢甲大学财经法律研究所，2009：69-96.

❷ 秦天宝.生物多样性国际法导论[M].台北：元照出版有限公司，2010：235-248.

陈杨.论传统知识的国际法律保护[M].北京：知识产权出版社有限责任公司，2018：65-91.

第三节　研究问题和假设

中药品种保护制度虽然是中国专门保护传统药的制度，但是依据现有文献，该制度并不是空中楼阁，其理论基础与药事法等公法理论、知识产权法等私法理论相互统一协调。中药品种保护制度既要与现有的药品知识产权制度兼容，成为其重要分支，亦要与传统知识的知识产权制度的价值目标"传承与发展"相一致。

《中药品种保护条例》规定，符合特定条件的中药品种，可以被授予一定期限的排他性权利。这种权利的性质与专利权相似，均为专有权，笔者将之命名为"中药品种权"。《中药品种保护条例》实施已 30 余年，但中药品种权的权利性质仍不明确，是民事权利，是知识产权，还是广义上的无形财产权，理论上仍有争议。侵害中药保护品种的行为，能否适用《民法典》侵权责任编或《中华人民共和国反不正当竞争法》(以下简称《反不正当竞争法》)的规定予以规制，司法实践仍不统一。中药品种保护制度是中国专门保护传统药的制度，致力于保护中药创新。但这种制度与其他保护药品创新的知识产权制度(如专利制度、药品试验数据保护制度、药品专利补偿期制度等)未能接轨，存废之争不绝于耳。在粤港澳大湾区和"一带一路"倡议的背景下，中药创新、中药知识产权保护与中药产业发展三者之间的联系日趋紧密，但中药品种保护制度实际上难以促进中药产业的发展，制度改革势在必行。基于以上种种问题，本书将以知识产权为视角，详细分析中药品种保护制度，以求觅得上述问题的答案。

本书的核心假设如下：中药品种保护制度是财产权制度，对中药品种内含的全部知识财产进行确权，属于"第三次圈地运动"的范畴；中药品种保护制度保护的是中药现代知识，而非中药传统知识，整体上不是传统知识保护制度；中药品种权是知识产权，更是与药品资料专属权性质相近的知识产权；侵害中药保护品种的行为，属于侵权行为，权利人理应获得民事救济；世界各国保护药品知识出现二元格局，保护现代药品知识的法律为专利法和药事法，保护传统药品知识的法律为传统知识保护法，而专利法和药事法共同促进药品创新。

第四节　研究方法

一、案例分析方法

本书的案例分析，是将中国裁判文书网上涉及中药保护品种诉讼的实际案例进行总结归纳，将其中最具有代表性的案件作为研究对象，进而提炼出结论，解释研究对象的成因、理解研究对象的特征和提出法律改善方案。

二、功能性比较方法

《中药品种保护条例》是中国保护传统药的专门制度。作为保护对象的中药品种有以下三个特征：一是智力创造性成果；二是非专利药；三是基于中药传统知识。因此，仍然可以基于上述三个功能性特征将中药品种保护制度与其他法律制度进行比较分析。一是对专利制度和中药品种保护制度进行纵向分析，论证两种制度的差异性与关联性。二是基于《美国 Hatch-Waxman 法案》和《泰国传统泰国医药保护和促进法》，横向对比国别相似制度之间的功能异同。三是基于《生物多样性公约》《保护传统知识：条款草案》，寻求中药品种保护在国际法中的相似概念和相同价值。

三、法经济学方法

财产权的研究离不开法经济学的分析。离开经济利益分析中药品种保护制度，必然沦为空洞。法经济学的方法重视价值判断，不仅有利于化解矛盾，而且有利于改善制度。本书在公共领域与圈地运动、公共产品与搭便车等问题上，将运用美国波斯纳法官的法经济学方法，力求研究成果既符合形式逻辑，又符合价值判断。

第一章　中药品种保护与财产权制度

　　《中药品种保护条例》能否从知识产权法理论的角度进行研究，关键在于该制度本身是否具有财产权制度的特征。本章认为，中药品种保护制度是财产权制度，而不仅是公法制度。这一观点是有争议的，源于《中药品种保护条例》是《药品管理法》和《中医药法》的下位法，属于药事法的范畴。药事法的立法目的是管理药品（中药），《中药品种保护条例》的立法目的亦是如此。本章需要证成的是中药品种保护制度是一种财产权制度。

第一节　中药品种保护制度的立法概况

一、诞生背景

　　《专利法》于 1985 年 4 月正式施行，其中第 25 条将药品产品排除在专利权客体范围之外。中药品种（中药产品、中药制剂）属于药品，其本身当然无法受到《专利法》的保护。直至 1992 年《关于修改〈中华人民共和国专利法〉的决定》颁布，上述禁止性规定才被删除。药品专利的范围从仅包含生产方法发明，扩展到还包含物质发明和用途发明。

　　1993 年，药品专利方兴未艾。依据 1985 年《专利法》的规定，作为中药产业链终端的中药品种无法受到《专利法》保护；即便 1992 年《关于修改〈中华人民共和国专利法〉的决定》施行以后，但由于当时的《专利审查指南》没有专篇对中药发明的审查标准予以规定，中药发明只能适用化学领域发明的审查标准予以实质审查。虽然中药发明存在获得专利权的可能性，但由于专利实质审查仍是以化学领域发明的视角开展的，故获得专利权的中药发明主要是以中药单方为基础所研发出的天然药物提取物。西医药将这种天然药物提取物视为植物药，美国食品药品监督管理局（FDA）的《植物药指导原则》和欧盟的《传统植物药（草药）注册程序指令》也早已予以接纳。但作为中医药精髓的中药复方，由于含有的化学成分错综复杂，且受到许多难以控制因素的影响，难以满足化学领域发明的审查标准，故而难以成为专利权的保护对象。

在这个背景之下，如果《中药品种保护条例》只是一部单纯的中药品种管理法规，中药生产企业将无法获得足够的激励去提高传统中药的质量水平，更何谈研发新型中药。因此，《中药品种保护条例》实际还肩负着促进中药创新的责任。《中药品种保护条例》借鉴了专利制度的赋权条件、保护期限和合理使用等规则，赋予需保护的中药品种一定期限的市场专属权。

《中药品种保护条例》诞生的法律背景是1985年《专利法》不保护药品发明。不过，随着《专利法》的不断修正，药品发明的保护从无到有。近年来，《药品管理法》《中华人民共和国药品管理法实施条例》（以下简称"《药品管理法实施条例》"）和《药品注册管理办法》也对药品注册作出了新规定。中国加入WTO后，药品知识产权也需要符合《与贸易有关的知识产权协定》的相关规定。《中药品种保护条例》所处的国内外环境发生了根本性的变化，其具体条文也应在新的背景格局下，依据中药的新发展、新需求而进行重新修订。

二、历史沿革

1993年1月1日，《中药品种保护条例》正式实施，标志着中药品种保护制度诞生。1985年《药品管理法》没有规定中药品种保护制度的相关条款，也就是说《中药品种保护条例》在诞生之初没有上位药事法的依据。2001年《药品管理法》明确规定国家实行中药品种保护制度，《中药品种保护条例》首次获得上位药事法的依据，也正式纳入药事法体系。

2006年7月，《关于〈中药品种保护条例〉（征求意见稿第一稿）征求意见的通知》发布，对1993年《中药品种保护条例》进行大幅度的修正，但是该征求意见稿最终未被采纳并转化为规范性文件。

2009年2月，《中药品种保护指导原则》发布，对条例的一些条款进行了明确和细化，更充分体现"鼓励创新，促进提高"的宗旨。2016年5月，《中药保护品种证书核发服务指南》发布，明确《中药保护品种证书》的申请和颁发程序是一项行政许可，受理机构为国家中药品种保护审评委员会，决定机构为国家药品监督管理局。

2017年7月，以《中华人民共和国中医药条例》（以下简称《中医药条例》）为基础制定的《中医药法》正式实施。《中医药法》是中医药基本法，其中关于中药管理的特别规定优先适用于《药品管理法》关于药品管理的一般规定。可见，《中医药法》亦系《中药品种保护条例》的上位法。

2018年9月，国务院对《中药品种保护条例》的部分条款作了修改与删除，重点是将中药品种的管理职责由卫生行政部门变更由药品监督管理部门承担。

2019年8月，《药品管理法》修正案再次颁布，本次修正案对《药品管理法》进行大幅度的修改，取消了原《药品管理法》第36条关于中药品种保护的规定，但在总则部分增加了中药品种保护的规定，即第4条第2款"国家保护野生药材资源和中药品种，鼓励培育道地中药材"。中药品种依旧属于《药品管理法》规定的药品。不过，中药品种作为传统药的特殊形式，与化学药品等现代药的管理制度不再进行人为划分，统一适用《药品管理法》的相关规定。2019年修正案还创设了药品上市许可持有人制度，但未明确《中药保护品种证书》能否随药品上市许可进行转让。

2020年4月，国家知识产权局发布《中药领域发明专利审查指导意见（征求意见稿）》，标志着中药和化学药发明的审查标准朝着相互独立的方向发展。同年7月，《药品注册管理办法》实施，将中药分类为中药创新药、中药改良型新药、古代经典名方中药复方制剂、同名同方药，不再以中药新药和中药仿制药对中药进行简单划分。

2022年12月，国家药品监督管理局起草的《中药品种保护条例（修订草案征求意见稿）》向社会公开征求意见，这是《中药品种保护条例》2006年征求意见以后的第二次征求意见，也是自1993年实施以来的时隔30年的重大修订。

三、修订草案

截至 2024 年 7 月 31 日，2022 年征求意见的《中药品种保护条例》尚未正式发布，我国现行的中药品种保护制度主要由《中药品种保护条例》《药品管理法》和《中医药法》等药事法的相关条款及《中药品种保护指导原则》《中药保护品种证书核发服务指南》等规范性文件所组成。如无特指，本书的《中药品种保护条例》是指 2018 年《中药品种保护条例》。2022 年《中药品种保护条例（修订草案征求意见稿）》对 2018 年《中药品种保护条例》进行重大修订，本书简述如下。

（1）"立法宗旨"新增上位药事法依据，即《药品管理法》和《中医药法》；同时，新增"加强中药品种全生命周期管理"的立法目的，即加强中药品种研发、上市、持续销售、退市等四个主要阶段的管理，与国家近年对药品管理的政策方向保持一致，如国家药品监督管理局 2021 年发布的《药品上市后变更管理办法（试行）》第 3 条强调"持有人应当主动开展药品上市后研究，实现药品全生命周期管理"。

（2）"适用范围"将"中国境内生产制造的中药品种，包括中成药、天然药物的提取物及其制剂和中药人工制成品"修订为"中国境内上市的中药，包括中成药、中药饮片、中药材等"。新条例契合 2019 年《药品管理法》规定的药品上市许可持有人制度，以中国境内"上市"而非"生产制造"作为能否适用的标准，《中药保护品种证书》应随药品上市许可转让而转让。同时，删去了药事法中相对模糊的"天然药物的提取物及其制剂"和"中药人工制成品"等概念，而使用相对明确的"中药饮片"和"中药材"的概念，与《药品管理法》保持一致。

（3）"保护原则"在继续强调中药保护品种有效性的前提下，更强调先进性，新增"对显著提升质量或者提升临床价值优势，彰显中药特色的中药品种实行保护"。

（4）"保护分级"发生重大变更，在原一级、二级保护的基础上，新增三级保护，但三级保护无市场独占期，仅有中药品种保护专用标识。一级、二级保护的市场独占期缩短，一级保护的市场独占期从 30 年、20 年或 10 年统一为 10 年，二级保护的市场独占期从 7 年缩短为 5 年，同时，给予中药品种保护专用标识。1993 年《中药品种保护条例》对保护期延长的次数没有明确规定，但 2022 年《中药品种保护条例（修订草案征求意见稿）》明确保护期届满后，除非中药保护品种有新的显著改进或者提高，否则不得再以相同的事实和理由获得保护，避免中药保护品种通过多次保护变相延长市场独占期。

（5）"保护情形"发生根本改变。一级保护从"对特定疾病有特殊疗效的；相当于国家一级保护野生药材物种的人工制成品；用于预防和治疗特殊疾病的"修订为"疗效确切且具有临床应用优势的新组方中药复方制剂、新中药提取物及其制剂、新中药材及其制剂；首家增加功能主治的中成药以及用于防治严重危及生命或者严重影响生存质量的疾病，且尚无有效防治手段或者与现有治疗手段相比有足够证据表明具有明显临床应用优势的改变已上市中药品种给药途径、剂型的中成药"。二级保护从"符合本条例第六条规定的品种或者已经解除一级保护的品种；对特定疾病有显著疗效的；从天然药物中提取的有效物质及特殊制剂"修订为"除一级保护情形外具有明显临床应用优势的改变已上市中药品种给药途径、剂型的中成药；首家增加儿童用药人群且疗效确切的中成药；通过上市后临床研究进一步积累循证证据且独家持有的中成药，按古代经典名方目录管理的中药复方制剂除外；采用现代科学技术而形成的独特炮制方法，且实施审批管理的中药饮片"。三级保护新增为"具有严格质量过程控制的，按古代经典名方目录管理的中药复方制剂；通过上市后研究进一步积累循证证据，或者显著提高整体质量控制水平的中成药；具有国家药品标准，采用独特的传统炮制技术和工艺生产，或在传承基础上改良生产技术，显著提高炮制效率和质量控制水平的传统特色中药饮片；符合中药材生产质量管理规范要求且具有国家药品标准的优质道地中药材"。总体而言，2022 年《中药品种保护条例（修订草案征求意见稿）》吸纳了《中药品种保护指导原则》的经验，强调中药保护品种的有效性、先进性和安全性，一级保护更是强调"新"或"首家"，其理念与专利保护所要求的新颖性、创造性越发接近。而新增保护的中药饮片和中药材，一般只能申请三级保护，无法获得市场独占期，以避免部分基于特定中药饮片或中药材而生产的中成药因权利受限而无法生产的困局。

（6）"同品种保护"条件更为严格，原只需满足中药保护品种"批准前已生产"的实质条件和"自公告发布之日起六个月内申报"程序条件，即可申请同品种保护。现严格限制了申请条件，只有新增功能主治或者儿童用药人群的中药保护品种，才允许同品种中药继续上市，且同品种中药不得增加该功能主治或者儿童用药人群。

（7）"与知识产权保护的衔接"更为合理，删除"申请专利的中药品种，依照专利法的规定办理，不适用本条例"，新增"中药保护品种的专利、商标及地理标志申请，依照国家有关法律法规的规定办理"，打通中药品种同时申请专利保护和中药品种保护的途径，且鼓励中药保护品种同时申请商标、地理标志保护。

（8）"民法保护方式"的疑虑有所消减，删除"违反本条例第十三条的规定，造成泄密的责任人员，由其所在单位或者上级机关给予行政处分；构成犯罪的，依法追究刑事责任"，打消司法实践中关于中药保护品种无法适用民法保护的疑虑。若侵权人非法生产中药保护品种，不会再因理论和实践将原条款不当解读为"仅能追究行政责任和刑事责任"，致使权利人追究民事侵权责任受阻。

（9）"中药范围"进一步明确，与《中医药法》保持一致，"条例所称中药，是包括汉族和少数民族药在内的我国各民族药的统称"，尝试扭转中药保护品种以汉族药居多的局面，并鼓励更多的少数民族药申请中药品种保护。

（10）"秘密保护"不再简单限制国外上市，删除"中药保护品种在保护期内向国外申请注册的，须经国务院药品监督管理部门批准"，除了国家法律法规规定的国家秘密以外，中药保护品种一般不再限制国外上市，这与中药国际化的目标相符。

第二节　中药品种保护制度的财产权制度特征

现代社会的经济和政治结构，均是"建立在产权制度之上，财产制度如何设计、财产权范围如何界定，必定影响社会资源的配置和使用，进而影响个人的生产与发展"❶。之所以中药品种保护制度有财产权制度的特征，首先是因为中药品种保护制度实施财产权的登记制度，影响了中药保护品种的权利配置和使用。

一、财产权的登记制度

中药品种保护制度是否属于财产权制度，一个重要因素在于中药品种保护制度是否构建了知悉要件，即非权利人能否知悉权利人享有中药品种权，从而停止或避免对权利人的权利侵害。

（一）知悉与登记制度

自然法传统将协议和习俗作为财产权的基础，无论是协议还是习俗，首先都包含着知悉的因素。格劳秀斯将物理性的占有作为一种宣示所有权的知悉信号，从而将占有作为所有权的基础。❷普芬道夫则论述得更为深入，认为所有事物在原初共有时已经存在默示协议，只有习俗才能作为分配私有财产的基础。❸格劳秀斯和普芬道夫将财产权放置于社会协议之中，实际是看到财产权只有在人们知悉的基础上才能得以存在。知悉他人的财产权，意味着这一权利得以承认；反之亦然。

公示作为一种宣示性的手段，目的是使非权利人知悉权利的存在。不同的公示手段决定了非权利人知悉的强度和范围：登记最强，占有次之，其他方式又次之。以物权制度为例，不动产物权的取得取决于登记的完成，而动产物权的取得取决于占有的完成，两者知悉的强度和范围是不一样的，只要不动产物权予以登记，即推定非权利人知悉并承认该权利。司法实践中，为了厘清不动产上的抵押权与租赁权的先后顺序问题，我国有法院联合不动产登记部门要求抵押人在首次办理不动产抵押权登记时，应同时就不动产上的租赁关系进行申报备案。如果抵押权登记时已对租赁权进行备案，则推定租

❶ 林三元.原住民族传统智慧创作专用权 [M].台北：元照出版有限公司，2013：4.

❷ 高全喜.思想史脉络中的格劳秀斯财产权理论 [J].历史法学，2014，8（00）：13-14.

❸ 王铁雄.普芬道夫的自然财产权理论 [J].前沿，2010，（07）：71.

赁权先于抵押权设立；反之亦然。❶ 这实际也是通过登记公示的方式强化了非权利人的知悉强度和范围，避免未登记的、难以知悉的租赁权损害抵押权的效力。再以专利制度为例，在采取专利先登记制的国家中，专利权的取得很大程度上取决于登记的完成，毕竟知识产品的知悉成本过高，只有采用了统一的登记制度，才有可能让非权利人对专利权构成知悉。归根到底，登记公示是一种推定知悉的机制，推定非权利人已经知悉该权利（即便其实际不知悉），从而不能对抗权利人的权利。

（二）知识产权的登记制度

优士丁尼《法学阶梯》认为权利人主要是通过先占的方式对无主物取得所有权。但是，由于思想、知识难以被物理占有，知识产权学者放弃将先占作为取得知识产权的基础方式，而是将劳动作为取得知识产权的基础方式。正如洛克所言："任何人对自身都享有财产权，因自身从事的劳动所交易而来的财产，是正当地属于他的。"❷ 一个人可以将自身劳动渗入财产之中，从而占有该财产。不过，即便权利人通过劳动的方式对知识财产取得权利，但知识财产的无形性意味着难以确定该财产上的利益是否受到侵害。如果没有任何方法可以确定知识财产是否受到侵害，也就没有任何方法可以在该知识财产的周围划定权利界限以区分自身权利和他人权利。那么，知识财产就难以被合法地认定为一个财产种类。

为知识财产确立产权的支持者面临的问题，就是如何为知识财产提供能够辨别的标记和界限。在著作权的问题上，作者的劳动表现为文字，这为辨别文学作品提供了标记和界线。但是，专利权难以通过"作品"等书面介质简单确定标记和划定界线。经过多番探索，1839 年《英国外观设计登记法》为专利权设立了登记制度，为外观设计提供 1 ～ 3 年不等的保护期。登记制度为外观设计的权利提供了标记和界线，在一定程度上避免了外观设计是否

❶ 何娟.珠海中院创立不动产抵押权与租赁权冲突处理联动机制 [N].人民法院报，2022-07-05（04）.

❷ 布拉德·谢尔曼，莱昂内尔·本特利.现代知识产权法的演进：英国的历程（1760 —1911）[M].金海军，译.重排本版.北京：北京大学出版社，2012：26-27.

具有新颖性和创造性的争议。如果一个外观设计在另一个外观设计出现在市场之前就已经登记公示，可以推定后一样式剽窃了已登记的样式。虽然《英国外观设计登记法》受到当时白棉花印刷工的质疑：一是拥有外观设计的新产品印有编号、设计者和日期，足以证明外观设计的创造性，二是登记公示的信息反而成为剽窃的信息来源；但是，登记制度的证据效力和知识保存效力，最终使之成为专利法和商标法的基石，为发明和商标提供了标记和界线。登记公示的内容被推定是真实有效的，人们也就无须去调查登记公示以外的内容，交易的效率也因此进一步提升。❶

（三）中药品种保护的登记制度

《中药品种保护条例》通过登记制度为符合中药品种保护条件的中药知识财产构建了知悉，也就赋予了这种中药知识财产更强的对抗力。中药保护品种所蕴含的知识财产能有效地对抗其他中药知识，包括竞争者研发的相同中药知识，以及集体享有的中药传统知识。由于登记制度的存在，这种私权成为绝对性的财产权，具有对世性、排他性，可以由特定民事主体占有和使用。正是《中药品种保护条例》对符合条件的特定中药品种施行登记制度，为中药知识财产确定了标记和界线，影响了中药保护品种的权利配置和使用，使该制度具备了财产权制度的特征。

二、保护财产权的内在法律职能

中药品种保护制度是否为财产权制度，另一个重要因素在于中药品种保护制度是否保护了财产权。广义的财产权包括一切财产性的权利和利益；狭义财产权仅指对世性财产权。❷

（一）公法与财产权保护

罗马法学家乌尔比安称公法是私人与罗马国家之间的法律，而私法则是

---

❶ 布拉德·谢尔曼，莱昂内尔·本特利.现代知识产权法的演进：英国的历程（1760—1911）[M].金海军，译.重排本版.北京：北京大学出版社，2012.

❷ 张新宝.论作为新型财产权的数据财产权 [J].中国社会科学，2023（04）：144-163，207.

私人与私人之间的法律。不过，在法理上区分公法或私法实属不易，尽管许多论著都研究了这一问题，但是依旧难以轻易取得一个清晰和完整的认识。通说采纳的是主体形式论，即私法的调整对象是私人与私人之间的关系，而公法的调整对象是国家与私人之间的关系。某些法律在整体上被识别为公法或私法，但从该部法律的每一具体条文之中，依旧可以判断该条文实际调整的是公法关系还是私法关系。也就是说，公法关系和私法关系被组合在一部法律之中，成了一个公法与私法的组合。

由于《中药品种保护条例》是《药品管理法》的下位法，属于药事法的范畴，在形式上被识别为公法并无不妥。但是，第17条规定了权利人有权在保护期限内禁止他人生产中药保护品种的法律关系。民法上的私权，特别是定型化的私权，主要是通过民法规则的方式设定。[1]一是直接的方式，如《民法典》第991条规定的任何人不得侵犯民事主体的人格权。二是间接的方式。法律通过设定他人的义务间接设定民事主体的权利，而法律规则中并没有明确规定这种权利，但权利与义务相互联系，一方有义务，也意味着另一方有权利。《中药品种保护条例》第17条属于后者，即是规定他人不得生产中药保护品种的义务而间接为权利人设定了私权。可见，《中药品种保护条例》第17条规定的是平等主体之间的私法关系，是对私权的保护。

《中药品种保护条例》第17条保护了私权，但是这并不意味着其他条文完全不涉及对私权的保护。公法关系与私法关系是纯粹从法律形式的角度对法律划分的结果，私法不一定以保护私人利益为目的，公法也不一定以保护公共利益为目的。甚至可以说，所有法律规则都同时服务于两种利益。《中药品种保护条例》除了第17条之外，其他的公法关系规定亦有保护私权的条款，如第13条规定国家药品监督管理部门应当对一级中药保护品种的处方组成和工艺流程保密，第4章亦规定侵害私权的行为应承担相应的行政责任和刑事责任。《中药品种保护条例》通过公法关系和私法关系，对私权进行了保护。

---

[1] 20世纪50年代，中国法学界几乎照搬了苏联法学理论，民法中的权利概念和内涵发生了深刻的变化。一个重要的表现就是"私权"的概念被"民事权利"的概念所取代。而本书亦将《民法典》的"民事权利"等同于"私权"。

《中药品种保护条例》作为实证法，强化了对中药知识财产保护的法律效力。未经实证法保护的私权，其法律效力会大打折扣。自然法学派认为财产权并非来源于实证法的规定，但即便是最激进的自然法学者，也不否认实证法赋予财产权更强的效力。中药品种在未经实证法承认之前，往往只能被生态多样性国际法赋予人权价值，而未能被赋予财产权层面的价值。立法者制定《中药品种保护条例》，实际上通过财产权制度保护了中药知识的经济利益，也通过公权力强化了对中药生产企业私有利益的保护。

（二）法律职能与财产权保护

美国罗伯特教授在《社会理论与社会结构》中认为，法律职能可以分为外在职能和内在职能：外在职能是法律公开的、有目的性的职能；而内在职能则是法律在实际运行中所产生的意想不到的职能。❶ 有观点认为中药品种保护制度亦存在内、外两种法律职能。❷

1. 外在法律职能

中药品种保护制度的立法本意不是创设知识产权，而是管理、保护有价值的中药品种。在《中药品种保护条例》施行以前，中药品种的市场竞争秩序比较混乱，一些著名的中药品种被低水平重复仿制。《中药品种保护条例》设定了中药品种的市场准入门槛，对符合条件的中药品种进行分级保护和管理，从而对中药品种的生产进行监督。中药生产企业在申请中药品种保护的时候，需要提供证明该中药品种具有可保性的资料。否则，该中药品种将无法获得《中药保护品种证书》，也即无法获得中药品种保护。然而中药品种即便获得证书并成为"中药保护品种"以后，中药生产企业也并非一劳永逸，仍应当履行改进、提高中药品种质量的义务。国家药品监督管理局近年公布的统计年报显示，2014—2018年中药保护品种的同品种保护总数量分别下降为18种、17种、15种、12种、4种。从结果上看，《中药品种保护条例》在很大程度上

---

❶ 罗伯特·K.默顿，周勤中. 法律的各种职能和实现职能的方法 [J]. 环球法律评论，1987（06）：18-23.

❷ 高建美，宋晓亭. 中药品种保护制度之法律职能 [J]. 科技与法律，2016（06）：1044-1057.

解决了有价值的中药品种低水平重复仿制的问题，从而促使中药产业的良性发展。

中药品种保护制度施行逾 30 年，有效地提高了中药品种质量及中药整体声誉，避免了大量珍贵的传统中成药和创新中药被低水平仿制，提高了医药公司研发中药新药的积极性。《中药品种保护条例》立法本意并非创造新型民事权利或者知识产权，其本质是一部药品管理法，通过行政许可和行政处罚相结合的方式对中药品种进行监督和管理。

2. 内在法律职能

《中药品种保护条例》的外在法律职能并未创设财产权，但却使中药生产企业在客观上取得了一种与专利权相类似的权利。若中药品种在获得证书之前是独家生产的，中药生产企业对该中药品种的生产获得独占性的权利。依据 2018 年《中药品种保护条例》，若中药品种在获得证书之前是多家生产的，即存在同品种保护的情形，各家中药生产企业也可以获得寡占性的权利。即便是依据 2022 年《中药品种保护条例（修订草案征求意见稿）》，准予同品种保护的情形虽然有所限缩，但只要首家申请的中药保护品种属于增加功能主治或者儿童用药人群情形的，也依然会存在同品种保护。这种独占性或寡占性的权利，禁止未获得《中药保护品种证书》的中药生产企业在中药品种保护期内对中药保护品种进行仿制，实际上排斥了潜在的竞争者生产中药保护品种。可见，中药品种权具有排他性，具有财产权的特征。

这种财产权不仅保证了中药生产企业的经济利益，也有利于促进中药研发，新的中药知识财产伴随而生。首先，为了获得中药品种保护，医药公司需要提供药品试验数据来证明该中药品种是安全和有效的。其次，企业在获得证书后仍应履行改进义务，迫使企业开展一系列的研发活动。这也会随之产生新的配方、新的生产工艺、新的药品试验数据等知识产品。中药品种保护制度并没有对这些知识产品提供差异性的保护方式，而是对中药品种所包含的知识产品提供了统一的法律保护。毋庸置疑，这些知识产品是中药生产企业的私有财产。可见，中药品种保护制度实际上创设一种财产权，对中药生产企业的私有知识财产进行法律保护，这也就是其内在法律职能。

综上所述，《中药品种保护条例》在形式上虽属公法，但一方面以登记制度创设了新型财产权，另一方面延伸的内在法律职能亦实际保护了这种新型财产权，故而中药品种保护制度具有财产权制度的特征。

第三节　中药品种保护制度的法经济学分析

作为财产权制度的中药品种保护制度，可以从法经济学的角度进行分析，以进一步展现其财产权制度的特征。在法经济学的视野下，中药品种保护制度将知识公地的中药知识财产划归入新的"圆圈"，使民事主体对其享有排他性的财产权。

一、公地悲剧与圈地运动

从经济学的角度谈论圈地运动，首先应从公地悲剧开始谈起。英国学者哈丁提出公地悲剧的概念，并以公共草原为例开始论述这个问题。一片天然的未经开发的草地属于全社会共有的资源和财富，这片草地就是所谓的公地。如果这片草地对牧民开放，可以预估每名牧民都会在公地上尽可能饲养最多的牧牛。因为理性的牧民认为，增加牧牛的数量有利于提高其个人收益。若每一个理性的牧民都得出这样的结论，最终会导致过度放牧。过度放牧提高了牧民的成本，因为牧牛需要消耗更长的时间去发现食物，而更长的时间意味消耗自身更多的能量，进而导致牧牛的重量难以提升，牧民的个人收益无法得到显著增长。当公地无法承载迅速扩张的牧牛数量时，公地快速枯竭，资源大量减少，最终社会资源和财富降低，悲剧因此产生。采取公地资源自由消费的社会，每个人为了追求自己的最大效益，反而会使整个社会走向灭亡。❶

---

❶ 张钟葡.公地悲剧、知识共享与集体行动的伦理：数字共域刍议 [J].社会科学研究，2023（04）：199.

　　公地的概念源自公共物品的概念。欧玲（E.Ostrom）在公共经济学中区分公共物品和私人物品：前者具有非排他性（即无法排除他人使用该物品）和非竞争性（即消费该物品不会减少其他人对该物品的消费），如空气、海洋等；而后者则具有排他性和竞争性。欧玲认为公地不是完全的非竞争性，而是兼具高减损性。虽然公地的资源（如牧草）可以再生，但是需要一定的时间，消费该资源并非完全不会减少其他人对该资源的消费。欧玲称有形财产的集合就是上述的资源公地，无形财产的集合则是知识公地。❶资源公地有高减损性的特征，财产权方法有利于确保公地资源能长期使用，防止资源枯竭。但是，知识公地的利用一般不会导致无形财产出现高度减损的问题，知识公地也难以存在公地悲剧的情形。不过，部分无形财产的利用仍然会存在高度减损的问题。以非物质文化遗产权为例，正是因为该权利的权属不明晰、所有者缺位，每个人都从自己利益最大化的角度对非物质文化遗产进行开发，导致非物质文化遗产被过度开发甚至是违法开发，诸如重庆火锅的"潲水油事件"，致使非物质文化遗产的价值高度减损，出现了公地悲剧的情形。❷另外，地理标志权也是如此，"中宁枸杞"于2017年1月作为农产品地理标志被保护，中宁县下辖的行政区域纳入地理标志保护范围，但当地部分商户将非本地生产的枸杞假冒为"中宁枸杞"，导致"中宁枸杞"的价值高度减损，从而出现了公地悲剧的情形。❸

　　在中药品种保护制度出台以前，许多中药知识并无确定的权属人，中药知识属于知识公地。药品生产企业依据公地上的中药财产知识制造中药品种，成本较低，致使同一款中药品种由多家企业竞相生产，但是中药品种的质量标准不统一，疗效不确切。如此下去，中药品种的可信度将大幅降低，中药知识也难以传承发展，甚至会因失去信誉而逐渐消亡，出现公地悲剧的情形。

　　❶ BENJAMIN, CORIAT, 王艺霖. 从自然资源公地到知识公地：共性和差异 [J]. 创新与创业管理，2011（01）：52-66.

　　❷ 谭宏. "公地悲剧"与非物质文化遗产保护 [J]. 上海经济研究，2009（02）：141.

　　❸ 胡立彪. 莫让地标品牌陷入"公地悲剧" [N]. 中国质量报，2021-12-15（02）.

二、知识财产的第二次圈地运动

公地悲剧的解决办法之一，就是每一名牧民作为该公地资源的占有人和使用人，与其他牧民进行谈判和交易，以此将所有牧民拥有的牧牛数量降至一个合理水平。如果牧民的数量较少，这种谈判和交易还是相对容易促成的；如果牧民的数量较高，这种谈判和交易则不容易达成，且交易成本过高。为解决交易成本过高的问题，圈地运动理论应运而生。圈地运动的实质是保护有形财产的财产权方法，将公共草地转换成私有财产并分配到每一名牧民名下，且明确每名牧民的财产范围。从分配的非正义性上看，圈地运动受到了诸多批评，但是其消除了公地的过度密集使用，极大地提高了农业生产率，因而存在一定正当性。❶

不受知识产权法保护的知识财产是公共产品，可以由任何人自由获取和使用，没有任何的排他性。竞争者会采用"搭便车"的方式随意模仿和复制知识财产。知识财产持有人无法排除他人使用知识财产，也难以就知识的使用进行磋商和谈判。经济学理论认为，不受保护的公共产品难以在市场中进行交易，往往是低效的。在缺乏保护制度的情况下，投资于知识创新的积极性也会减弱，新知识的供应不足，整体社会福利难以提升，故而知识财产的圈地运动是有必要的。

博伊尔（Boyle）以"第二次圈地运动"说明在知识产权领域进行私有化的过程。知识产权领域的"第二次圈地运动"首先开始于基因专利领域，基因本身是所有全人类的共同财产，但是政府基于市场逻辑的观点将人类基因组的专利权交予特定人行使。"第二次圈地运动"还存在于商业方法专利、反商标淡化等领域。这些原本可供公众自由使用的信息，不断被纳入知识产权保护的范围。❷

---

❶ 理查德·波斯纳.法律的经济分析 [M].蒋兆康，译.2 版.北京：法律出版社，2012：48.

❷ BOYLE, JAMES. The second enclosure movement and the construction of the public domain[J]. Law & Contemporary Problems., 2003, 66（1-2）：33.

三、新型财产的第三次圈地运动

在知识产权领域，创造性成果大体可以分为文学成果和技术成果。按照圈地运动的理念，知识产权在诸多创造性成果中圈定了一个范围，满足条件的创造性成果落入知识产权法的保护范围；反之则一般落入公有领域。依据公有领域原则，创造性成果落入"圈外"是常态，落入"圈内"则是一种例外。不过，随着社会和经济的发展，创造性成果的数量和种类都加剧增长，原有"圆圈"面积已经不能与这片广阔的创造性成果"草地"面积相匹配。各国立法者尝试拓宽专利法"圆圈"的面积，将新型技术方案纳入专利制度的保护范围。然而各国立法者还不满足于此，在"圈外"又画了一个接一个圆圈，将一些难以纳入专利制度保护的非专利技术亦给予知识产权保护。植物新品种制度、集成电路布图设计制度及本书论述的中药品种保护制度就是这些新"圆圈"。这些新"圆圈"内的技术成果，虽然也可称为非专利技术，但是已经受到了知识产权制度的保护，与那些完全在"圈外"的技术成果不可同日而语。

中药品种保护制度在一定程度上将公共领域的知识授予给特定企业独占性使用，实际是一种圈地运动。有观点认为，专利权、著作权和商标权属于"第二次圈地运动"，而中国台湾地区的智慧创作专用权则已远离传统的知识产权，属于"第三次圈地运动"。❶ 笔者赞同这一观点，不管是传统知识权、非物质文化遗产权抑或是本书的中药品种权，已不属于原有的知识产权"圆圈"范围，而是构建了新类型的"圆圈"，使新类型的知识财产成为私有财产，属于"第三次圈地运动"的范畴。

四、静态收益与动态收益

（一）静态受益：规避"公地悲剧"

知识财产的圈地运动实际是讨论中药品种保护的财产权方法是否存在静

---

❶ 林三元.原住民族传统智慧创作专用权 [M]. 台北：元照出版有限公司，2013：61-63.

态收益。从经济学的角度上看，圈地运动以及相应的公地悲剧和反公地悲剧均是在假设整个社会的知识财产的总量基本维持不变的情形下进行的分析讨论，圈地运动形成的本质原因在于资源的有限性。根据国家药品监督管理局网站的数据显示，中药新药数量又是比较少的。❶因此，中药领域的资源难以出现指数式增长的情况，知识总量呈现缓慢上升的状态。因此，应用圈地运动的相关经济学理论分析中药品种保护的财产权方法是可行的。

有观点认为《中药品种保护条例》缺乏正当性，正是认为保护中药品种的财产权方法使少数中药生产企业占用公共领域的知识，这种占用是不公平的。❷中药品种保护制度通过行政特许的方式，赋予特定的中药生产企业对某一中药品种拥有排他性的市场专属权，使得只有少数持有《中药保护品种证书》的中药生产企业才能利用该药品知识财产。这相当于从公共领域内圈定了一片财产，这片财产只能被特定的企业占有和利用。但是，中药品种保护制度也实际通过圈地运动，基本上解决了中药品种低水平重复的问题，防止中药品种的信誉降低，避免中药知识发生公地悲剧。

此外，海勒还提出圈地运动会导致反公地悲剧。反公地悲剧是指圈地运动导致多个权利人对公地有排他性的占有和使用，但是没有人能对公地资源进行有效的占有和使用，最终导致公地资源的不充分利用。❸在美国和其他发达国家，每年都会产生出大量的基础研究成果，这些基础研究成果一般不通过知识产权制度予以激励，原因如下。一是因为这些知识产品

---

❶ 在国家药品监督管理局网站公布的统计年报中，只有几个年份单独统计了当年的中药、天然药物注册数。2014 年，中药、天然药物注册分类中的 1～5 类批准生产 1 个品种，批准临床 4 个品种；2013 年，中药、天然药物注册分类中的 1～5 类批准生产 0 个品种，批准临床 0 个品种；2012 年，中药、天然药物注册分类中的 1～5 类批准生产 7 个品种，批准临床 2 个品种。从上述年份的数据可以得出中药新药数量较少的结论。国家药品监督管理局 . 统计信息 [EB/OL]. [2020-10-30].https：//www.nmpa.gov.cn/zwgk/tjxx/index.html.

❷ 崔璨 . 中药品种保护制度研究 [D]. 南京：南京中医药大学，2017：25.

王丹丹 . 基于立法后评估的中药品种保护制度的实施效果评价与优化 [D]. 南京：南京中医药大学，2019：37.

❸ HELLER M A.The tragedy of the anticommons：property in the transition from Marx to markets[J]. Harvard law review，1998：621-688.

不具备实用性，难以申请专利；二是因为基础研究成果只有作为进一步的应用性研究活动的投入才具有商业价值。因此，基础研究实际是受到一种与知识产权制度不同的奖励制度的激励，如研究者可以获得政府资助、声望、职称等作为激励。不过，假如专利保护的范围扩展至基础研究，那么政府就可以减少其资助，让税收变得更低，而由税收所造成的配置性扭曲就会变得更小。❶ 因此在生物医药领域，美国政府鼓励大学等研究机构对基础研究申请专利，导致生物医药上游的基础研究成果私有化，增加了专利反公地悲剧的可能性。❷ 这种上游基础研究成果申请专利的情形在中国也并不罕见，很多作为研究工具的胰岛素基因在中国都申请了专利，如胰岛素基因的天然反义转录物、重组人胰岛素及其编码基因等。❸ 上游基础研究成果的专利化，直接导致后续研究者需要向多个专利权人申请实施许可，这无疑产生更大的交易成本。有观点认为，专利权人因其利益的异质性，只有较低的意愿参加专利共享的"专利池"，医药产业的反公地悲剧的情形明显，药品专利的研发成本居高不下，直接限制了药物研发技术的累积创新。❹ 虽然中药品种权与专利权一样是技术成果权，但是中药品种权是难以造成反公地悲剧的。这主要是因为中药保护品种属于成药，是药品研究最下游的商业产品，因此中药品种权一般不会阻碍上游基础研究的累计创新，故中药品种权难以造成反公地悲剧。

综上所述，中药品种保护制度作为一种财产权制度，防止中药知识财产被不当占有和利用进而加速衰竭的后果，有利于避免公地悲剧。况且，中药保护品种是药品研究中的最下游商业产品，一般不会对药品研究的累计创新形成人为壁垒，也难以出现反公地悲剧的情形。可见，中药品种保护制度存在一定的静态受益。

---

❶ 威廉·M.兰德斯，理查德·A.波斯纳.知识产权法的经济结构[M].2版.金海军，译.北京：北京大学出版社，2016：371-372.

❷ HELLER M A，EISENBERG R S. Can patents deter innovation? The anticommons in biomedical research[J]. Science，1998，280（5364）：698-701.

❸ 陈泽宇.生物技术专利的反公地悲剧及其应对[J].知识产权，2019（03）：64-79.

❹ 姚颉靖，彭辉.药品专利保护的博弈分析：兼论"公地悲剧"与"反公地悲剧"研究现状[J].北京政法职业学院学报，2010（01）：72-77.

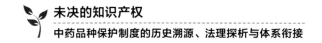

（二）动态受益：促进交易和知识创新

近几十年来，许多原先一直被认为是无主的、不能被拥有的或者公有的公共领域的资源，不断地从公共领域消失。若是假定享有知识产权的知识财产与公有领域的知识财产总和是既定的，两者则存在此消彼长的关系，知识产权占有的领域多了，公共领域就相应地减少了；反之亦然。当然，这只是在知识财产总量恒定不变下的假设。如果考虑知识产权可以激励创造者增加知识财产的因素，知识产权会使知识财产总量增加，也会最终增加公共领域的知识总量。

圈地运动的经济学分析是假设中药知识资源是有限的，但实际上，中药知识资源会随着研发而不断增加，尤其是中药生产企业对中药保护品种形成的试验数据，更是会进一步增加知识总量。可见，圈地运动这种静态收益分析是存在一定局限性的，且只能大体澄清中药品种保护制度并非完全的不公平。从动态收益的角度上看，中药品种保护制度可以促使新的知识诞生，为其合理性提供了更好的辩护理由。

第四节　小　结

中药品种保护制度的立法原意并非创设知识产权，实际以财产权的方式对中药知识予以保护。正因为内在和外在法律职能的偏离，中药品种保护制度的存废之争时而有之。本书无意在中药品种保护制度存废之争的问题上过度深入，毕竟一种制度、一部法律的存在必然有其合理性，况且从法经济学上也可以得出中药品种保护制度是合理的，但这也不妨碍后文提出制度修改之意见。

不过，在下一步分析论证之前，本书仍然要强调中药品种保护制度既包括公法关系和私法关系，无论是公法关系还是私法关系，均能用于保护一种公法创设的民事权利。中药品种保护制度是财产权制度，通过登记构建了一种知悉，强化了这种民事权利的对抗力，也就使这种民事权利上升为一种具有对世性、排他性的绝对权。

财产权制度是伴随人类社会的发展而逐步确立且日渐重要的。根据法经济学的基本理解，财产规则是指对财产的专有权利，责任规则是指对财产的损害承担赔偿责任。在责任规则下，责任人只需承担赔偿责任，资源可以从权利人转移到责任人；但根据财产规则，除非权利人同意，否则责任人不能使用资源。美国波斯纳法官称，财产权是一种具有法律效力的权利，它排除了他人对资源的使用，在没有与资源的潜在使用者签订合同的情况下，禁止他人对资源的正当使用。❶ 中药品种保护制度构建了保护中药品种的财产规则，而这种财产权就是中药品种权。公有领域的财产经过"第一次圈地运动"和"第二次圈地运动"而逐步私有化，目前也正在经历"第三次圈地运动"，而中药品种保护制度正是处于"第三次圈地运动"之中。

---

❶ 威廉·M.兰德斯，理查德·A.波斯纳.知识产权法的经济结构[M].2版.金海军，译.北京：北京大学出版社，2016：14.

第二章　中药传统知识与现代知识的分野

　　中药品种保护制度旨在通过财产权方式对中药保护品种中的知识财产进行保护。然而，对于这种知识财产的属性，需要我们深入探讨。虽然从表面上看，中药知识产权似乎与传统医药知识密不可分❶，WIPO 也将《中药品种保护条例》归类为一种传统知识保护制度，但实际上涉及三个不同层次的问题。首先，需要明确中药是否属于传统药的范畴；其次，中药知识（或称"中药技术"）是否属于传统知识的范畴；最后，《中药品种保护条例》是否属于传统知识或传统医药知识保护制度的范畴。

第一节　中药与传统药

　　《药品管理法》第 4 条第 2 款规定："国家保护野生药材资源和中药品种，鼓励培育道地中药材。"可见，中药品种等同于中药产品、中药制剂，是中药知识的物理载体。研究中药品种所蕴含知识财产的属性，可从作为物理载体的中药品种的性质入手研究，即本节论证的问题是：中药是否就是传统药。

一、药品的概念和分类

（一）药品的概念

　　从各国药事法的规定来看，药品的作用对象仅限于人类，并不包括动物

---

　　❶ 一般而言，传统医药知识和中医药知识既包括医学知识，又包括药学知识。因为本书主要是围绕中药品种保护制度进行论述的，所以如无特指，本书所称的"传统医药知识"和"中医药知识"均是指药学知识的部分，即"中医药知识"等同于"中药知识"。

或植物。此外，若某种物质无法治愈疾病，则难以将其定义为药品。在法律层面上，这反映了药品与健康权之间的密切关系，各国药事法的政策和原则都离不开对健康权的利益衡量。

（二）原研药与仿制药

西方医药标准将药品分为原研药（亦称"品牌药""Brand-name drug"）和仿制药（亦称"学名药""Generic drug"）。有观点认为，原研药是含有符合《专利法》新颖性和创造性规定的新化学实体（或者新活性成分）的专利药；仿制药是失去新化学实体专利保护的药品，包括含有新化学实体衍生专利、剂型专利、工艺专利的药品。❶ 可见，原研药必然为专利药，但是仿制药并非一定是非专利药。

药物创新可以分为突破性创新和模仿性创新。❷ 突破性创新是指医药公司研发出的具有药用活性的新分子实体或新化学实体；而模仿性创新则是对原研药进行改良，开发出相同的药用活性分子结构但不同剂型的药物，或者相似的药用活性分子结构但有效性和安全性更突出的药物。这两种药物一般也被称为"me-too 药"或者"me-better 药"（可统称为"常青药"）。虽然模仿性创新而成的药品被称为"仿制药"，但若其治疗效果优于原研药或者制备工艺更为先进或更有效率，也可以申请专利保护。

从药物的实用性角度来看，具有新颖性和创造性的新化学实体或新活性成分并不一定等同于药物创新。❸ 这是因为新化学实体或新活性成分不一定能够改善患者的健康状况，也就不一定能促进公众的健康权，没有社会价值。换言之，药物技术创新必须具备相当程度的安全性和有效性。如果仿制药能够在治疗某种疾病方面表现出更高的安全性和有效性，那么这种仿制药便具有社会价值，并构成药物技术创新。

《药品管理法》将药品分为新药（又称"原研药"）和仿制药。原研药是

---

❶ 刘立春.基于药品专利诉讼战略的技术创新研究[M].北京：法律出版社，2019：1.

❷ 刘立春.基于药品专利诉讼战略的技术创新研究[M].北京：法律出版社，2019：14-15.

❸ 刘立春.基于药品专利诉讼战略的技术创新研究[M].北京：法律出版社，2019：10-11.

指在中国境内率先上市的，拥有或曾经拥有相关专利的原创性药品。原研药企通过独家生产、高昂价格、专利许可等方式，保证原研药的高额回报。仿制药是指与原研药的质量和疗效一致的药品，价格相对低廉。❶中药品种（或中药保护品种）是一种药品，这是没有任何争议的，因为《中药品种保护指导原则》规定申请保护的中药品种应先取得药品批准文号，应是《药品管理法》的监督和管理的对象。虽然中药保护品种不一定能申请专利保护，但依据该条例规定，应是能"用于预防和治疗特殊疾病"或"对特定疾病有显著疗效"的药品。可见，中药保护品种具有社会价值，是一种药品技术创新。

笔者借鉴原研药和仿制药的概念，将具有突破性技术创新的中药创新药、中药改良型新药称为"原研药"，将具有模仿性技术创新的古代经典名方中药复方制剂、同名同方药称为"仿制药"。一般而言，中药保护品种无法获得产品专利，但不能因此推断其为仿制药。自 2016 年《中药保护品种证书核发服务指南》公布以来，申报初次保护的中药品种需要提供新药证书、新药技术转让有关批准证明文件等原研资料。因此，本书亦将中药保护品种视为一种原研药。

（三）现代药和传统药

《药品管理法》第 4 条将传统药与现代药作为并列的保护对象，传统药与现代药相互对应。有观点认为，现代药就是指西药，但至于何为"传统药"，则需进一步分析。

1.传统医药的文义

"传统医药"由"传统"和"医药"两个词组成。"传统"一词既包含"传承"的动态和变化性，又具有"统一"的静态和稳定性。如果只关注前者而忽视传承过程中的稳定特性，就无法把握"传统"的本质；如果只关注后者而忽视历史传承中的变化特性，就会扼杀"传统"的生命力。在中医药文化中，"医"和"药"是无法截然分离的，因为一旦分开，两者就会成为无本之木、无源之水。❷

---

❶ 专利审查协作北京中心医药部 . 药品专利之战 [M]. 北京：知识产权出版社，2018：4.

❷ 谢文涛 . 传统中医药的知识产权保护问题研究 [D]. 重庆：西南政法大学，2007：6.

从中文词义上看，"传统药"对应的概念是"现代药"。有观点认为，"传统药"对应的概念是"西药"。然而，这种观点也是在认定"西药"等同于"现代药"的基础上，进而认为"传统药"与"西药"相对应。虽然"传统医药"冠以"传统"一词为前缀，但是"传统"不意味着"古老"或"过时"。相反，许多发展中国家和传统民族的"传统医药"是与时俱进的。以中国为例，中医药致力于通过中药现代化的方式，将"传统"的医药知识通过现代药品产业逐步转化为现代知识，以制造出符合现代医药标准的中药。然而，无论发展成何种新形式的中医药，只要不摒弃中医的整体观念、辨证论治、因人而异、复方用药等基础理论特征，中医药就仍具有传统性。这种中医药的传统性又根植于中华民族之中，反映了中华民族对生命、健康和疾病的认识。

2. 传统医药的特征

（1）传承性。

传统医药通常保留着一种稳定的本质特征，如中医药的整体观念和辨证论治，但形式和内容并非一成不变，而是在传承发展的过程中随环境的变化而变化。中药之所以被认定为一种传统药，关键在于其具有数千年的传承性。中医药是中国各族人民在长期的生产生活和与疾病的斗争中逐渐形成并不断丰富和发展的一门科学。❶当然，传统药（含中药）的传承性只是相对于现代药而言，这并不意味着应摒弃现代科学技术而保留原始模样。以中药为例，《中医药法》明确了中医药发展应坚持传承并鼓励创新，合理应用现代科学技术促进中医药的发展。传统药的传承性不应仅指从过去到现在，更应强调从现在到未来。面向未来的中医药，既要主动应用现代科学技术，也要积极融入国际医药标准。

（2）民族性。

传统医药与特定民族和群体密切相关，适应于该民族和群体生活的地理环境，并反映了其风俗习惯和思维方式。然而，实际上有些传统药物的应用范围更为广泛，并不仅限于特定的民族或群体。例如，中医药就是一个广

---

❶ 黄薇.中华人民共和国中医药法解读[M].北京：中国法制出版社，2017：5.

义的概念，涵盖了汉族和少数民族医药，是中国各民族医药的总称。中医药的民族性已经不再局限于中国各个单一的民族，而是反映了中医药与中华民族的相互联系。此外，随着中药的国际化，中药已经被日本、韩国、新加坡等国家的民众所普遍接受，这些国家还向中国出口他们生产制造的中药。因此，传统药的民族性并不仅是指这种药物只能适用于特定的群体或区域，更重要的是其理论体系能否体现该民族和区域的风俗习惯和思维方式。

（3）经验性。

传统医药源自治疗疾病的实践经验，世界各地的传统医药都是从长期的医疗经验中积累而成的。然而，由于传统医药的经验性，往往导致其科学性不足。为了克服这一难题，推动传统医药从"经验性"向"科学性"转变，国务院提出了"促进中西医结合"的中医药政策❶，该政策旨在利用现代科学技术，实现中西医的优势互补和共同创新。

综上所述，中药具有传承性、民族性和经验性的特征，属于传统药。此外，也有观点认为，"传统医药的范围为：1. 传统民族医药知识系统（Traditional Medical Knowledge System），如中医药、阿育吠陀医药、尤纳里医药；2. 传统民族医药知识（Traditional Medical Knowledge），指无文字记载，未形成体系，依靠口口相传的方式传承的民间医药知识；3. 萨满教传统医药知识（The Shamanism），指巫术与医术相互结合的传统医药知识，如北极因纽特人、若干非洲原始民族的传统医药知识。"❷可见，中医药是世界传统医药范围内的重要组成部分。

二、中药、中药品种与中药保护品种

（一）中药定义与药食同源

正如前文所述，"中药品种是一种药品"是一个真命题。但是，若将"中药品种是一种药品"这一命题拆分为"中药品种是一种中药"和"中药

---

❶《国务院办公厅关于印发中医药振兴发展重大工程实施方案的通知》（国办发〔2023〕3号）。

❷ 裴盛基. 民族植物学在民族民间医药研究中的应用 [J]. 中国民族民间医药杂志，2000（06）：316-319.

是一种药品"这两个逻辑前后关联的命题，那么这两个命题正确与否，会涉及如何定义"中药"概念的问题。

由于受到中药的"药食同源"理念的影响，人们日常生活的语境中所称的"中药"，可能不是一种药品，而是一种食品。❶若是将"中药"概念延伸至食品，"中药品种是一种中药"和"中药是一种药品"这两个命题显然都是错误的。故本书对"中药"的概念限缩为《药品管理法》监督和管理的中药。基于这一文义限缩，本书的中药是一种药品，更是一种传统药。

（二）中药品种核心是中成药

《药品管理法》监督和管理的中药包括中药材、中药饮片和中成药。由此可见，广义的中药包括中药材、中药饮片和中成药。

人们在日常生活中谈起"中药"，首先想起的是中药材和中药饮片，然后再是中成药。中药材是指在原产地收获并已进行初步加工的药用植物、动物和矿物的原料。中药材有"道地"一说，根据《中药材生产质量管理规范》的规定，道地中药材是指按照特定的种质、产地或者生产技术、加工方法生产的中药材。❷中药饮片则是指中药材在中医理论指导下，经特殊深加工制成的成品。依据《药品管理法》第24条规定，中药材和中药饮片既可以实施审批管理，经由国家药品监督管理部门批准后取得药品注册证书；也可以暂不实施审批管理。就后者而言，未实施审批管理的中药材和中药饮片不符合"取得药品注册证书"的条件，必然不是中药品种。而就前者而言，2022年《中药品种保护条例（修订草案征求意见稿）》第2条已明确规定取得药品上市许可的中药饮片、中药材为中药品种，故中药饮片、中药材也可

---

❶ 从古代到近现代，对于药物的认定范畴不断扩展，使得许多日常食物也进入了本草书籍取得了药物的地位。例如，红豆、绿豆、米、面、青菜、水果，通通都可以用本草学的四气（温凉寒热）五味（酸苦甘辛咸）加以归类，而取得药物的地位。参见陈元朋.举箸常如服药[D].台北：台湾大学历史学研究所，2005：42.

近年来，部分民间药食从"药品"范畴转型为"保健食品"范畴，如中国台湾地区的"四物汤"变为"四物饮"。参见安勤之.论中药作为保健食品：以四物汤的生命史为例探讨药品与食品范畴的革命[J].科技、医疗与社会，2010（11）：89-148.

❷ 宋晓亭.中国道地药材的知识产权保护[M].北京：知识产权出版社，2014：23.

以申请中药品种保护。不过，中药材和中药饮片主要是一种原料药，为中成药的原材料。中药品种的核心仍是中成药，如《新型冠状病毒肺炎诊疗方案（试行第 7 版）》推荐的中成药连花清瘟胶囊是二级中药保护品种，是典型的中药品种。

（三）中药、中药品种和中药保护品种的关系

传统药、中药、中药品种和中药保护品种的关系可以归纳为：传统药 >中药 > 中药品种（含中成药、中药饮片、中药材）> 中药保护品种。《药品注册管理办法》第 4 条第 2 款将中药分为中药创新药、中药改良型新药、古代经典名方中药复方制剂和同名同方药，《中医药法》第 29 条则将中成药分为中药新药和传统剂型中成药。中药品种主要是取得药品上市许可的中成药，既可以是中药新药，也可以是传统剂型中成药。至于中药保护品种，在《中药品种保护条例》最初施行的数年，可以是中药新药或传统剂型中成药。然而，在《中药品种保护指导原则》施行之后，中药品种保护的申请必须提交相关的原研资料，中药保护品种的范围实际上有所缩小，一般仅为中药新药，包括中药创新药、中药改良型新药。这与 2022 年《中药品种保护条例（修订草案征求意见稿）》的理念一脉相承。

（四）中药保护品种的特征

《中药品种保护条例》将中药保护品种分为一级中药保护品种和二级中药保护品种，并设置了不同的许可条件。中药保护品种的首要特征为有效性，关键在于能否保护患者的健康权。中药保护品种应是在医学领域有重大突破的品种（一级保护）或优于同类品种的品种（二级保护），其优势往往体现在临床疗效、用药安全性和用药依从性等方面，而这些优势亦是中药保护品种有效性的集中体现。第二个特征为先进性，《中药品种保护指导原则》提出鼓励创新、促进创新、保护先进的指导原则。《中药品种保护指导原则》明确指出，在中药品种的初次保护上，只有原研企业才能提出首次申请，如原研企业不提出申请，其他中药生产企业无法提出申请。第三个特征为安全性，《中药品种保护指导原则》对申报的药学资料进行细化，除了要求申报

的中药品种满足国家药品标准外，还做以下强调：原料药的产地要明确，有相对稳定的供应管道；复方制剂要证明其配方的合理性；处方中含有配伍禁忌的毒性药材、临床数据或文献报道存在安全隐患的中药品种，应当有证明其用药安全的检测数据。这些措施体现了中药品种保护更加注重安全性。综上，中药保护品种应具备有效性、先进性和安全性等三个特征。虽然 2022 年《中药品种保护条例（修订草案征求意见稿）》将二级保护变更为三级保护，但总体而言中药保护品种的特征是一脉相承的。

第二节　中药知识与传统医药知识

上文得出"中药是传统药"这一结论，但这是否必然推导出"中药知识是传统医药知识"，仍须进一步分析。

一、两个矛盾的命题

（一）命题一：传统知识难以成为知识产权的客体

知识产权是现代国际经济、文化、科技和贸易中的一种法律秩序。长期以来，WIPO 作为联合国的分支机构，致力于制定一个平衡各国利益且有效的国际知识产权制度，以便各类创造、创新能够真正惠及每个人。不过，《与贸易有关的知识产权协定》核心在于促进国际贸易体系下的知识产权综合保护，忽视了非贸易性的知识产权，尤其是那些不能用经济价值衡量的知识产权。

《与贸易有关的知识产权协定》的保护对象一般限于现代知识，不能涵盖传统知识。传统知识不是一种"正规的创新"，难以用定量或定性的标准加以衡量，不符合知识产权法律制度规定的各种形式和实质要件[1]，难以成为知识产权的客体。也就是说，知识产权制度一般只能用于保护智力成果本身，不能用于保护智力创造的源泉。因此，长期以来传统知识被简单地认定

---

❶ 严永和. 论传统知识的知识产权保护 [M]. 北京：法律出版社，2006：19.

为公共领域的知识，允许任何人自由获取和使用，而不需要向持有人支付任何补偿。国际知识产权制度要求知识产品具有独创性或创造性，而土著和当地社区人民的知识或艺术形式有时会缺乏独创性或创造性，实际上很难成为著作权或专利权的对象。这也导致一些发展中国家、传统民族或地区丧失了应有的权利。❶为解决传统知识难以成为专利权客体这一难题，有学者提出是"三步走"战略。❷

第一步，利用现行专利制度对传统知识进行消极保护。对传统知识文献化，建立传统知识数据库，使传统知识成为专利法的现有技术，并使之可以无效"生物剽窃"不良专利。

第二步，修改现行专利制度形式要件间接对传统知识进行积极保护。专利法赋予发明人垄断权的同时，亦设计了一系列发明信息披露标准和规则。与传统知识有关的发明中，有些发明是以传统知识为基础的，没有这种传统知识，就不可能及时产出发明；有些发明虽然没有直接利用传统知识，但构成了发明的背景技术。这些发明与传统知识有着本质的联系。发明信息披露制度促使发明人申请专利前必须获得传统知识持有人的"事前知情同意"，以及发明人与传统知识持有人的惠益分享。上述方式得到了《生物多样性公约》和不少国家的支持。

第三步，修改现行专利制度实质要件直接对传统知识进行积极保护。以中药传统知识为例，西方发达国家的药品专利制度主要是以化学药为保护对象进行制度设计的。中药是一种天然药物组合物，没有国际公认的专利审查标准。不过，中药复方不是天然药物的简单组合，而是隐有中医学理论。这种传统医药理论的最高水平在中国，论接轨也是外国向中国接轨。因此，中国应制定以中药为保护对象、适合于中药知识财产保护的中药专利标准，以中药国际化为契机，逐步使该标准成为国际公认的中药专利标准。

总体而言，传统知识难以符合专利法规定的新颖性、创造性和实用性的

---

❶ 吴汉东.知识产权精要：制度创新与知识创新 [M].北京：法律出版社，2017：35-37.

❷ 严永和.论传统知识的知识产权保护 [M].北京：法律出版社，2006：308-309.

要求。因此，学者才会提出"三步走"战略，以解决客体特征与法律制度不匹配的问题。传统医药知识作为一种"作为知识的信息"❶，是传统知识的下位概念❷。因此，可以推论出如下结论：传统医药知识难以成为知识产权制度（专利制度）的客体。

（二）命题二：中药知识可以成为知识产权的客体

矛盾的是，中药知识可以成为专利权的客体，只要其满足专利权的授予条件即可。❸这意味着，即便知识产权制度（专利制度）不需要经过"三步走"战略的改革，中药知识也依旧可以成为知识产权（专利权）的客体。

这一观点也有大量的实例可供支撑。屠呦呦受《肘后备急方》启发，采用乙醚低温提取的方式从黄花蒿中提取分离到青蒿素，这种"还原青蒿素的生产工艺"被授予了专利；天津天士力制药股份有限公司生产制造的二级中药保护品种"养血清脑颗粒"，也被授予9项关联专利。不仅如此，中国发布了《中药领域发明专利审查指导意见（征求意见稿）》，中国台湾地区亦有专门的"中草药发明的审查标准"。可见，专利制度从来就没有阻碍或禁止中药知识成为专利权的客体。

这就似乎产生了一个悖论，传统医药知识难以通过知识产权制度予以保护，中药是传统药的下位概念，中药知识却往往可以通过知识产权制度予以保护。

二、中药知识的二分结构

这一悖论产生的原因，在于简单地将中药知识等同于中药传统知识，以

---

❶ 美国学者巴克兰德将信息分为"作为过程的信息""作为知识的信息"和"作为事物的信息"。传统医药知识与生物遗传资源所蕴含的生物遗传信息并不相同，因为传统医药知识是一种"作为知识的信息"，而生物遗传信息是一种"作为事物的信息"。笔者反对将传统知识与生物遗传信息混为一谈。参见周庆山.信息法 [M].北京：中国人民大学出版社，2003：2-3.

❷ 严永和.论传统知识的知识产权保护 [M].北京：法律出版社，2006：10.

杜瑞芳.传统医药的知识产权保护 [M].北京：人民法院出版社，2004：4.

❸ 张清奎.医药及生物技术领域知识产权战略实务 [M].北京：知识产权出版社，2008：48-56.

致错误地认为中药知识是传统知识的下位概念。中医药是传统医药的下位概念，但是这并不能直接证明"中药知识是传统医药知识"这一观点。随着药品科学技术的发展及知识产权和药事法律制度的健全，自然人实际上已经难以生产制造出符合药事法规定的药品，仅有科研机构或医药公司具备研发和生产法定药品的能力。而这种经由实验室研发的创新中药知识，已经脱离了"传统知识"的范畴，与"传统医药知识"的特征并不相同。于此，不妨先回顾典型传统医药知识存在的场景：

> 傣族居民多居住在西双版纳地区，该地区在历史上曾遭受严重的传染病（如疟疾）的肆虐。然而，世世代代生活在这里的傣族居民，通过与疾病长期的斗争，积累了大量的植物、动物和矿物药物，并形成独特的防病治病经验和强身健体的方法，创造了丰富多彩的傣族医药理论。傣医药理论受佛教影响，并吸收了古印度医药理论的精髓，从而形成独特的"四塔五蕴"理论。这一理论被详尽地记载在傣医药手稿《档哈雅》中。傣医药作为典型的传统医药，体现了传统医药的传承性、民族性和经验性特征。这种傣医药所蕴含的知识，就是传统知识。

事实上，很难想象一名传统傣医药知识持有人前往国家知识产权局，对其持有的传统医药知识申请专利，提交纷繁复杂的专利申请文件，并能有效地证明其持有的传统医药知识符合专利法新颖性、创造性、实用性以及药事法安全性、有效性的要求。这种发展中国家和传统民族持有的传统医药知识，就是典型的传统知识，一般为现代智力创造的源泉。这种源泉使人类在对抗疾病的战争中获得灵感，但难以成为现代的一种抗争疾病的安全、有效的武器。

中药属于传统药，但是中药知识并非必然的传统医药知识（传统知识）。中药所蕴含的"知识"，可能本身就是智力成果，也有可能只是智力创造的源泉。前者是面向未来的"非真正"传统知识——中药现代知识（中药技术成果、中药技术方案），其物理载体通常为各国药事法管理的法定药品；而后者是面向过去的"真正"传统知识，其物理载体是各民族或区域的民间药。在药事法领域，前者是《中医药法》规定的"创新"知识，本书称为中药现代知识；后者是《中医药法》规定的"继承"知识，本书则称为中药传统知识。传统知识与知识产权制度不相匹配，故而中药传统知识与知识产权制度不相匹配。但是，这不意味着中药现代知识也与知识产权制度不相匹配。

当然，这并不能说明中药现代知识完全摒弃了对中药传统知识的传承。如今，科学发明都强调个人的自主性，但实际上，众多科学发明在很大程度上是基于现有技术进行创新的结果。我们不能忽视科学发明和发现中的集体或合作因素。在莎士比亚时代，作家们互相借鉴故事和情节。"文学内容是相互渗透、相互促进的，这是因为任何作品都包含了其他作品的贡献和以前文学的影响。"❶ 而这种文学内容的相互渗透和促进，在当代标准下，可能被视为对著作权的侵犯。以爱因斯坦的相对论为例，虽然普遍被认为是独立天才的杰作，但其实也是建立在他人见解之上的，是当时物理学界中全部科学家努力的成果。这种对发明人自主性的坚信导致了人们将发明视为具有新颖性。但如果换个角度观察，认为发明是依赖于发明之前的想法、实践和文本，那么发明也就显得不那么新颖了。虽然中药传统知识及其持有人与过去保持着更明确的联系，但是中药现代知识也并没有放弃这种联系，只不过更加注重与现代科学的标准相互统一和协调。因此，应当在中药现代化进程中保持对中药传统知识的尊重和传承，同时注重与现代科学的标准相互协调和统一。

在此值得说明的是，关于《中医药法》的名称，有意见建议修改为《传统医药法》。❷ 不过，中医药既是传承传统的，也是面向未来的。如果这部法律的名称为《传统医药法》，就很难全面反映中医药目前利用科学技术发展和创新的事实。这也可以进一步证明：中药知识并非当然是传统知识，也有可能是现代知识。

---

❶ ROSE M. Authors and owners: The invention of copyright[M]. Harvard University Press，1993：3.

❷ 黄薇. 中华人民共和国中医药法解读 [M]. 北京：中国法制出版社，2017：7-8.

第三节　中药品种保护的对象

一、主要保护中药现代知识

中药品种保护制度保护的是中药现代知识。不少涉及中医药知识产权的国内外专著和论文喜欢罗列传统医药的知识产权保护方式，一般涵盖专利、商业秘密、地理标志、来源披露乃至专门制度等保护方式。❶但是，这些专著和论文没有界定"传统医药"所蕴含的信息究竟是传统医药知识还是现代药品知识。WIPO 将中国《中药品种保护条例》和泰国《传统泰国医药保护和促进法》同时列入保护传统知识的知识产权制度，但是两者保护的客体不同，前者保护的是药品现代知识，而后者保护的是典型的传统医药知识。因此，若简单地将《中药品种保护条例》与《传统泰国医药保护和促进法》进行比较法分析，是不妥的。

二、次要保护生物遗传资源

虽然中药品种保护制度并非传统知识保护制度，但是，依据《中药品种保护条例》的规定，相当于国家一级保护野生药材物种的人工制成品可以申请为一级中药保护品种。中药品种保护制度不仅可以保护中药现代知识，也可以保护中药材中的生物遗传资源。

生物遗传资源是对人类具有现实和潜在价值的基因、物种和生态系统的总称，是生物多样性的物质体现。❷也就是说，当生物多样性对人类具有价

---

❶ 宋晓亭. 中医药知识产权保护指南 [M]. 北京：知识产权出版社，2008.

田晓玲. 中药知识产权保护研究 [M]. 重庆：重庆出版社，2008.

肖诗鹰，刘铜华. 中药知识产权保护 [M]. 2 版. 北京：中国医药科技出版社，2008.

古津贤. 中医药知识产权保护 [M]. 天津：天津人民出版社，2007.

EILAND M L. Patenting traditional medicine[J]. J. Pat. & Trademark Off. Soc'y，2007，89：45.

❷ 秦天宝. 生物多样性国际法导论 [M]. 台北：元照出版有限公司，2010：204-205.

值时，就成为生物遗传资源。生物材料是否为生物遗传资源主要在于是否含有生物遗传信息。如果该生物材料不具有任何生物遗传信息，就只是一种普通的自然资源，不构成所谓的生物遗传资源。从法律上讲，载体的信息与载体本身是不同的，生物遗传信息和生物材料是法律上不同的保护对象。生物材料包含的生物遗传信息才是各国医药公司尝试获取的对象，也是各国法律致力监督和管理的对象。由此可见，生物遗传资源实质是一种知识财产。

生物遗传资源的分布具有地域性，在特定区域内十分丰富，而在其他区域则十分匮乏，故而生物遗传资源亦具有稀缺性。生物科学技术是开发、利用生物遗传资源和实现其价值的根本前提。在生物遗传资源的开发和利用过程中，研究人员可以通过生物科学技术极大地增加生物遗传资源的价值，从而增加基于生物遗传资源开发的产品的回报。一个国家的生物科技无法开发的生物遗传资源，在另一个国家的生物科技条件下，可能是有价值的无形资产。

财产权与稀缺性是相关联的，正如水资源产权制度因资源稀缺性的显现而成为必要。在东部各州，由于水资源丰富，用水的基本规则是河岸所有者都有权对水资源进行合理使用，只要没有不正当地干预其他河岸所有者对水资源的使用即可。而在西部各州，由于水资源匮乏，用水的基本规则是建立财产权制度，财产权人有排他的使用权。❶美国波斯纳法官认为："用水权为我们提供了财产权转让所产生的外在性的极好例证。"❷因为美国西部水资源稀缺，围绕水资源建立财产权制度产生了较大的正外部性。若某一类财产并不稀缺，以财产权方法保护该类财产则有可能不会产生正外部性，甚至产生负外部性。正因为生物遗传资源具有稀缺性和地域性，以财产权方法保护生物遗传资源是合理的，有利于产生正外部性。

《中药品种保护条例》于1993年正式实施，中国的生物医药技术尚没有达到美国等西方发达国家那般先进，开发利用中药材的生物遗传资源制造新药的方法和手段较为单一。因此，为中国医药公司争取利用稀缺中药遗传资源时间、防止他国随意对中药遗传资源进行"生物剽窃"，中药品种保护制

❶ 王小军.美国水权制度研究[M].北京：中国社会科学出版社，2011：48-59.

❷ 理查德·A.波斯纳.法律的经济分析[M].2版.蒋兆康，译.北京：法律出版社，2012：106.

度除了保护中药现代知识以外，亦保护中药遗传资源，但主要限定于特别稀缺的中药遗传资源，即国家一级保护野生药材物种。不过，随着中国的生物医药技术日渐成熟，中国从防御他国不当利用生物遗传资源，逐步转变为主动利用生物遗传资源研发和生产新药，从而进一步占据国际市场。中药品种保护制度保护生物遗传资源的意义逐渐减少。为了保持客体的统一性，2006年《中药品种保护条例（征求意见稿）》建议取消将"国家一级保护野生药材物种的人工制成品"作为保护对象，该征求意见稿最终未获通过。不过，2022年《中药品种保护条例（修订草案征求意见稿）》也没有将生物遗传资源作为保护对象。笔者对征求意见稿的意见是赞同的，因为这有利于防止中药品种保护制度客体杂糅的情形，进一步明确中药品种保护制度保护的是现代药品知识。

第四节　小　结

中药是世界传统药的重要组成部分，中药知识分为中药传统知识和中药现代知识，只有前者属于传统医药知识，即中药知识不是当然的传统医药知识。中药品种保护制度也不是所谓的保护中药传统知识的专门法律制度，而是保护中药现代知识的专门制度，中国保护中药传统知识的专门制度为《中医药法》和《中华人民共和国非物质文化遗产法》（以下简称《非物质文化遗产法》）。

本章主要厘清了一个重要的悖论，即"知识产权制度理论上难以保护传统知识"和"知识产权制度实践中保护了中药知识"两个命题的冲突。解开悖论的钥匙，在于中药知识并非只有中药传统知识，还包括中药现代知识。中药现代知识是现代知识产权，无碍成为知识产权制度的保护客体；但中药传统知识却远不及中药现代知识那般幸运，在成为知识产权制度客体的道路上磕磕碰碰。下一章的论述将会稍微远离中药品种保护制度，主要探讨传统医药知识（含中药传统知识）在世界范围内寻获法律保护之路。

第三章　传统医药知识保护的规则进路

中药品种保护制度主要保护的是中药现代知识，但中药毕竟是传统药，与中药传统知识、传统医药知识有千丝万缕的关系。本章将研究当代传统知识保护的规则进路，以探求中药品种保护制度在当代传统医药知识法律进程的地位和作用。

第一节　传统医药知识保护的争议

一、争议由来

国内外文献对印度的姜黄（Turmeric）和楝树（Neem）案例、厄瓜多尔的死藤水（Ayahuasca）案例及南非的 Hoodia 仙人掌（Hoodia Catus）等涉传统医药知识保护的案例有深入的研究。❶ 这些案例都是世界范围内非常有影响的"生物剽窃"案例。笔者无意再深度评析以上案例，将其简化为以下版本：

> 发展中国家的传统部落长期使用一种传统的天然药物，发达国家的医药公司在生物勘探的过程，经传统部落的引导发现该种天然药物治疗疾病的作用。后医药公司投入大量研发成本，研制出基于该传统天然药物的新型专利药，从而获得高额利润，但传统部落从中并从未得益。因此，传统部落（乃至其国家）与医药公司就权利归属、利益分配等问题发生争议。

---

❶ 黄承启. 论传统知识之保护 [J]. 岭东财经法学，2010（03）：133-159.

涉及传统医药知识保护的案件引发了大量的争议，当前存在不同的立法进路。印度、泰国和中国台湾地区均有丰富的传统药资源，依据当地特色制定了保护传统药的专门制度，印度的法律保护方式与生态多样性国际法相似，而泰国、中国台湾地区则以登记制度为核心制定了专门的财产权制度。

二、不同观点

关于上述案件，有正反两方的观点：一方认为西方发达国家不当占用生物遗传资源和相关的传统知识，在法律和道德上是错误的，构成对资源国的不正当剥削；另一方认为医药公司对生物遗传资源和相关传统知识的开发和利用，研发出的新药有利于全人类的利益，但前提是应当给予传统知识持有人足够的补偿。

笔者的观点偏向于后者。虽然医药公司基于传统的天然药物研制出新型专利药，但是传统医药知识在研发过程中已经被修改和转化，增强了有效性并减少了副作用，与原来相比能更有效地治疗疾病，甚至能治疗更广范围的疾病，这有利于促进全人类的健康权。实际上，无论国际条约还是各国法律均没有对传统知识的利用明确予以禁止，反而是强调惠益分享、科学合作和共同商定条件。本章将会论述传统知识法律保护的两种进路。

第二节　传统医药知识的人权价值

一、发展权与健康权

在详细论述传统知识法律保护的两种进路之前，仍需要阐述传统医药知识的人权价值。《联合国土著人民权利宣言》指出，土著人民有权使用传统医药，以维持自身健康。实际上，之所以要保护传统（医药）知识，也正是因为传统医药知识具有人权价值。

传统医药知识（含中药传统知识）属于传统知识，本身难以成为知识产权制度的客体，彰显人权价值；而依据传统医药知识研发的中药现代知识（中药技术方案）则可以成为知识产权制度的客体，彰显私权价值。国际知识产权法与国际人权法之间，私权和人权之间，存在不同程度的矛盾。在传统医药知识领域，价值冲突主要集中在：知识产权与健康权，以及知识产权与发展权。❶

二、知识产权与健康权的价值冲突

传统药物大多价格低廉，便于获得，有利于维持公众的健康权。而药品知识产权提高了药品的价格，剥夺了公众获取廉价药品的机会，影响药品的可及性。❷发展中国家为数众多的贫困患者被阻隔在健康的大门之外，其健康权难以保障。由此可见，知识产权与健康权存在一定的价值冲突。

《与贸易有关的知识产权协定》不能很好地平衡药品知识产权和公众健康权之间的利益冲突。为此，WTO 于 2001 年针对《与贸易有关的知识产权协定》与公共健康的关系通过了《TRIPS 与公共健康多哈宣言》（以下简称《多哈宣言》）。《多哈宣言》第一次在 WTO 体制内承认公共健康优于知识产权，在解释和执行《与贸易有关的知识产权协定》时应认识到公共健康的重要性，任何解释和执行都应有利于获取现有药物及开发和改进新药物。《多哈宣言》第 5 段第 b 项和第 d 项规定了强制许可和权利竭尽等知识产权限制。

中药品种权也是一种排他性的市场专属权，这种权利使中药生产企业在竞争市场内能够以较高价格出售中药保护品种，影响中药保护品种的可及性。

---

❶ 黄国靖.传统医药的人权价值和私权保护 [J]. 黑河学院学报，2019（07）：29-31.

❷ 药品的可及性是指人人能够承担药品的价格，即能够安全地、实际地获得恰当、高质量且文化上可接受的药品，并方便地获得合理使用药品的相关信息。参见蒋舒，武晓明，俞文华.实施《与贸易有关的知识产权协定》后提高我国药品可及性方式探讨 [M]// 国家知识产权局条法司.专利法研究：2004.北京知识产权出版社，2005：21.

三、知识产权与发展权的价值冲突

西方发达国家的医药公司无偿利用传统医药知识，进而研发出新型专利药的"生物剽窃"行为，使其自身获得高额的收益，却使传统民族未来的发展利益受到严重的损害。虽然传统民族目前没有基于传统医药知识研发新药的能力，但是医药公司的提前介入并利用传统医药知识，无疑是剥夺了传统民族未来利用该传统知识获取经济利益的可能性。

中药生产企业利用中国各民族的中药传统知识研发新型中药品种，虽然不会致使中药传统知识的利益外流，但也有可能致使传统民族的发展权受损。因此，中药生产企业在生产和销售中药保护品种之前，也应该获得传统民族的事前知情同意，并合理地与传统民族分享利益。

四、人权与知识产权的利益平衡

正因为传统医药知识具有人权价值，有利于保障土著人民的健康权和发展权，所以医药公司在利用传统医药知识的时候，必须考虑到对传统民族人权保护。健康权以限制高药价、提高药品可及性的方式限制知识产权，而发展权则以保护传统医药知识持有人利益的角度限制知识产权。可以说，发展权和健康权作为两种法律性质不同的人权，分别在医药产业开端和终端保护人权。

但是，人权对知识产权的限制应该是适度的。"知识产权虽然属于私权，但也具有基本人权的特征。发展权和健康权的价值不是在所有情况下均高于知识产权。强制许可和事先知情同意等方式会增加医药公司的研发成本，阻碍具有自主知识产权的新药研发。新药研发的滞后也会影响公众的健康权。由此可见，知识产权的行使既要考虑传统知识持有人的利益，也要考虑公众的健康；当公共卫生受到威胁时，传统知识持有人的利益应予以让道。因此，健康权、发展权和知识产权相互制约，达到一定的利益平衡。在这种利益平衡下，私权和人权得到了合理的保护。传统医药知识的法律保护，也应该在私权和人权的价值平衡下予以构建"。❶

---

❶ 黄国靖. 传统医药的人权价值和私权保护 [J]. 黑河学院学报，2019（07）：29-31.

第三节　传统医药知识保护的责任规则

如前文所述，法律规则分为财产规则是和责任规则。在责任规则下，责任人只需承担赔偿责任，资源可以从权利人转移到责任人。本书在此先讨论传统医药知识保护的责任规则。

一、生态多样性国际法

（一）《生物多样性公约》（CBD）

在医药研发领域，生物遗传资源的经济价值十分突出。跨国生物医药公司百时美施贵宝公司（Bristol-Myers Squibb）的格雷格·维特（Greg Vite）指出，即使是最富创新精神的科学家，也无法匹敌生物遗传资源的复杂性和多样性。❶ 医药公司在自然界发现有效药物，比在化学药品的系统研究中制造出有效的化合物更有效率。虽然土著群体无法识别天然药物中的活性成分，但他们对天然药物有一定的认识，甚至知悉该天然药物的有效部位和适应证。而且，土著群体长期服用该天然药物，也以意味着该化学成分与人体兼容，具有较低的人体毒性。因此，西方发达国家的医药公司开始寻找新的天然药物资源。这种天然药物资源大多源自发展中国家，尤其是南半球热带地区的发展中国家。通过生物勘探项目，西方医药公司从传统医药知识中发现生物遗传资源。有研究表明，利用传统医药知识可以使生物勘探项目的成功率提升4倍，且从1 000种植物样本中开发出畅销药品的成功率从22%提升到78%。❷ 可见，通过传统医药知识勘探生物遗传资源，可以有效降低研发新药的边际成本，提高医药公司的边际收益。

如果是一国的医药公司对该国的生物遗传资源进行竞争性开发，那么无

---

❶ DREXL J, LEE N. Pharmaceutical innovation, competition and patent law[M]. Cheltenham Edward Elgar Publishing, 2013: 16-17.

❷ DREXL J, LEE N. Pharmaceutical innovation, competition and patent law[M]. Cheltenham Edward Elgar Publishing, 2013: 23.

论是哪家公司研发出新药，也只是各家公司之间的零和博弈，提升该国社会收益的总量是一样的。但是，当多国的医药公司对一国的生物遗传资源进行竞争性开发时，如果资源国的生物遗传资源被他国利用且研发出新药，则会降低资源国的社会收益。西方发达国家的医药公司有着相对强大的经济、技术实力，采取合作研究、资本购买甚至是"生物剽窃"的方式，免费或低价获取和控制发展中国家的生物遗传资源及相关传统知识，随后利用其先进科学技术开发专利药。

《生物多样性公约》体系下的传统知识保护是最有效的，是具有普遍法律效力的国际法律保护模式。不过，《生物多样性公约》实际上是保护生物遗传资源的国际公约，而不是保护传统知识的国际公约。《生物多样性公约》第8条第j款将"传统知识"的概念限定为与生物多样性保护相关的知识、创新和做法。❶ 然而，《生物多样性公约》承认土著和当地社区拥有传统知识的权利，否定了"传统知识长期以来是人类共同遗产"❷ 和"任何传统知识都不是创新的"❸ 的观点。

（二）《名古屋议定书》

《名古屋议定书》是《生物多样性公约》体系下的一个补充协议。《名古屋议定书》明确提出"传统知识"的概念，明确规定其适用范围不仅包括《生物多样性公约》普遍意义上的生物遗传资源，还包括与生物遗传资源有联系的传统知识。

《名古屋议定书》通过惠益分享机制保护传统知识，目的是解决合理利用传统知识基础上的双方利益平衡问题。但是，在解决这个问题之前，首先要解决传统知识的持有者是谁的问题。《名古屋议定书》明确规定，其适用范围仅限于土著和当地社区的传统知识。传统知识的获取和利用需要得到土

---

❶ 薛达元，崔国斌，蔡蕾，等.遗传资源、传统知识与知识产权 [M].北京：中国环境科学出版社，2009：7.

❷ THOMAS Z. Common heritage to common concern：preserving a heritage and sharing knowledge[J]. J. World Intell. Prop.，2005，8：241-270.

❸ 莱万斯基.原住民遗产与知识产权：遗产资源、传统知识和民间文学艺术 [M].廖冰冰，刘硕，卢璐，译.北京：中国民主法制出版社，2011：143.

著和当地社区的同意，传统知识的利益分享将涉及土著和当地社区。因此，根据一些观点，这间接证实了土著和当地社区是《名古屋议定书》规定的传统知识的持有者。❶《名古屋议定书》还规定了获取传统知识的程序。首先，需要土著和当地社区的事先知情同意；其次，需要利用人和持有人共同商定条件。事先知情同意是双方共同商定条件的先决条件，因为只有当土著和当地社区知悉他人使用其传统知识时，传统知识的持有人和利用人才会进一步商定获取和使用传统知识以及分享利益的条件。

二、印度保护阿育吠陀传统药的法律

（一）印度药品知识产权制度

在英国的殖民时期之前，印度似乎没有任何现代知识产权法，只有被称为 "dbarmasatras" 的法律体系。梵文的 "dbarmasatras" 可以直译为法理学，是印度殖民时期之前的法律渊源。❷ "dbarmasatras" 主要来自印度教教徒的观点，英国在殖民时期将其视为印度本国法。在莫卧儿帝国时期（从 16 世纪持续到 18 世纪），印度作为印度次大陆辖域最广的国家，其法律融合了伊斯兰教古兰经的相关原则得以发展。其间，莫卧儿皇帝雇用了一批法学家来论述、解释和修订帝国的法律，这些法学家的意见有别于印度教和伊斯兰教的法学理念。"dbarmasatras" 规定了一系列的权利和义务，如财产权、合同、土地使用权等，不过在殖民时期之前仍未产生类似于知识产权的概念。在英国的殖民时期，印度于 1847 年制定了第一部著作权法，于 1856 在英国直接控制的部分地区实施了第一部专利法。

在印度于 1947 年恢复独立统治后，政府对殖民时期的知识产权法进行了修订，以便更好地适应新国家的实际情况。1957 年，政府委任大法官拉

---

❶ BUCK M，HAMILON C. Nagoya Protocol on Access to Genetic Resources and the Fair and Equitable and Sharing of Benefits Arising from Their Utilization to the Convention on Biological Diversity[J]. Review of european community and international environmental law，2011（01）：48.

❷ IIALLIBURTON M. India and the patent wars: Pharmaceuticals in the new intellectual property regime [M]. Ithaca Cornell University Press，2017：31.

贾戈帕尔·艾扬格（Rajagopal Ayyangar）领导一个委员会，该委员会的职责是通过贫困率、死亡率等数据评估当时的专利法。为降低药品价格并结束印度对进口药品的依赖，委员会建议禁止药品产品专利，理由是专利药减损了宪法所规定的公民健康权。这些建议对 1970 年《印度专利法》产生了影响。该法规定，仅可对药物和药品的生产工艺和过程申请发明专利。因此，根据 1970 年《印度专利法》，发明人无法拥有药品产品的专利权，竞争对手可以通过不同的制备方法仿制出同款的廉价药品，这个过程通常被称为"逆向工程"。逆向工程可以解构药品的化学成分并重新创建新的制造方法，这使得印度医药公司在竞争激烈的商业环境中精于此道。例如，当 Prozac 商标的药品氟西汀（fluoxetine）在美国获得专利后，印度医药公司使用自有的生产工艺重新仿制出了同款的廉价药品，并标以商标 Fluex、Barozac 和 Depzac 进行销售。毋庸置疑，1970 年《印度专利法》为印度如今蓬勃发展的仿制药产业奠定了坚实的基础。

印度在 1995 年加入 WTO，并被《与贸易有关的知识产权协定》要求实行药品专利保护。在 10 年的宽限期结束后，由于国际压力，印度于 2005 年颁布了专利法修正案，开始对药品产品授予专利。这意味着医药公司，特别是跨国医药公司可以在印度拥有药品产品（包括化学成分）的专利权，而不仅是对药品的制备方法拥有专利权。此后，跨国医药公司如辉瑞（Pfizer）、默克（Merck）和吉利德（Gilead）推出了新的专利药品，使印度医药公司无法通过逆向工程生产仿制药。2009 年，印度再次修订了《印度专利法》，禁止印度国内制药企业在未经许可的情况下仿制跨国企业的专利药品。在印度政府的法律和政策引导下，印度医药公司完成了产业升级，经过仿制药累积原始资金和技术能力，这些公司开始投资开发改良型新药，成功完成了从仿制到创新的转型。❶

印度之所以能够成为"发展中国家的药房"，其宽松的仿制药政策起到了决定性的作用。根据印度的相关法规，那些已经获得美国食品药品监督管理局批准的药品，在印度上市时无须进行额外的临床试验。只要印度的医药

---

❶ 程永顺，吴莉娟. 探索药品专利链接制度 [M]. 北京：知识产权出版社，2019：49.

公司能够生产出与美国上市药品具有相同活性的产品，并且经过认定两种产品的成分是一致的，这种仿制药就可以在印度合法上市。凭借着这种药品仿制技术，印度的仿制药行业得以蓬勃发展，使得印度人民也能够享受到平价药品的福利。

（二）印度阿育吠陀传统药

阿育吠陀药品现代产业在 20 世纪初开始出现，取代了传统的阿育吠陀医药——阿育吠陀医师在其诊所直接将药物出售给患者——的模式。早期的印度阿育吠陀制药公司（如 Arya Vaidya Sala 和 Dabur）得到了印度领导者的支持，印度政府希望复兴被英国殖民者破坏的传统医药体系。阿育吠陀现代产业从药用植物分离出活性化学成分，通过工业化的加工和精炼，最终制造出药丸或糖浆等现代药品。这种阿育吠陀现代药品涉及活性化学成分的分离，已逐步脱离传统医药的范畴，开始步入生物医药领域，也就自然而言向西方生物药品专利审查标准靠近。阿育吠陀现代药品和生物药品一样，其中的新化学实体（new chemical entities，简称 NCE）无疑是可以申请专利的。

有观点认为，这种阿育吠陀现代药品似乎不够"阿育吠陀"，因为阿育吠陀传统药品是直接利用药用植物生产的，不涉及活性化学成分分离的过程，阿育吠陀传统知识也只是一种如何利用药用植物的知识。阿育吠陀医师的个人创新是阿育吠陀传统医药的一个常见特征。阿育吠陀医师经常改变标准处方，根据特定患者的病情定制包含改变饮食或行为的治疗方案及与之相匹配的药物。❶ 阿育吠陀医生认为，每个患者的疾病都是独一无二的，药物应该适应于个人的症状和体质。这种非正式的创新是阿育吠陀传统医药的主流。与此不同的是，生物医药是使用标准化的药物来治疗疾病的，这些药物本身也是根据疾病类别标准化的。阿育吠陀现代药品也是如此，由阿育吠陀医药公司通过大规模、标准化生产出来的。可见，这种创新的现代药品也就不够"阿育吠陀"了。

---

❶ PORDIÉ L, GAUDILLIÈRE J P. The reformulation regime in drug discovery: Revisiting polyherbals and property rights in the Ayurvedic industry[J]. East Asian Science, Technology and Society: An International Journal, 2014, 8（01）: 57-79.

在阿育吠陀医药界，对于知识产权制度是否对阿育吠陀医药构成威胁又或是构成了何种威胁，始终没有达成共识。对于那些想要适用专利制度的人来说，他们尝试建立阿育吠陀药品专利的新审查标准，从而引领阿育吠陀医药产业的发展。生物医药的创新实际上也依赖于阿育吠陀传统知识，只不过是通过传统知识及生物遗传资源来发现新化学实体。生物医药利用科学技术和实验研究，使得生物药品专利申请中所要求的发明步骤成为可能。另一些人则认为这种致力于满足专利审查标准的阿育吠陀药物是不忠实于阿育吠陀原则的。毕竟，阿育吠陀传统知识强调个人创新，应与"传统"保持一贯性。

当然也有观点认为，利用阿育吠陀药用植物中的活性成分来制造生物药，不会影响阿育吠陀传统知识的发展。❶阿育吠陀医师依旧可以运用其持有的传统知识继续从事诊疗行为，不用担心这种基于阿育吠陀的专利药品会干扰他们制造和使用阿育吠陀药物。

（三）现代仿制药和传统药的利益平衡

19世纪末到20世纪初，阿育吠陀、悉达多（Siddha）和其他传统药物广为流传。专利法强调知识的新颖性和创造性，阿育吠陀传统医药难以单独申请专利。不过，西方医药公司对印度阿育吠陀传统知识进行修饰和改进，从而研发专利药。例如，利血平（reserpine）的研发源于关于植物萝芙木（Rauwolfi a serpentina）的抗高血压和抗精神病特性的阿育吠陀传统知识，阿育吠陀医生使用这种植物治疗精神疾病。20世纪50年代，西方医药公司在从萝芙木中分离出活性成分利血平后，首次申请了药品专利。然而，没有一个印度主体因为这种发明而得到补偿。由此可见，《印度专利法》在保障印度仿制药产业的同时，亦对印度阿育吠陀传统知识产生负面影响。

不过，印度在加入《与贸易有关的知识产权协定》及2005年修订《印度专利法》以前，印度医药公司可以通过"逆向工程"仿制出西方医药公司研发出的上述专利药。在一定程度上，印度和西方发达国家可以相互"窃

---

❶ HALLIBURTON M. India and the patent wars: Pharmaceuticals in the new intellectual property regime[M]. Cornell University Press, 2017: 88.

取"（或称分享）知识，传统知识与现代知识进行了双向流动，双方利益达到了平衡，处于一种"共赢"的状态。然而，自从印度加入《与贸易有关的知识产权协定》之后，这种利益平衡被打破。一方面，2005 年《印度专利法》限制印度医药公司对专利药开展"逆向工程"，印度医药公司也就难以再轻易仿制专利药；另一方面，西方医药公司仍然持续不断地利用阿育吠陀传统知识研发出新药。

当然，阿育吠陀传统知识有时候会被认定为现有技术，导致这种基于传统知识研发出的现代药品在印度无法申请专利，但这种情况实为少数。正因为如此，药品知识的分享从双向变成了单向。印度医药公司难以再利用西方医药公司的现代药品知识，而西方医药公司却是可以继续"窃取"印度阿育吠陀传统知识。因此，为了防止印度的经济利益单向流往西方发达国家，阻止"生物剽窃"不良专利的申请，印度也制定了一些消极法律保护措施。

（四）保护阿育吠陀传统药的方式

1. 商业秘密

阿育吠陀传统知识持有人担心其持有的传统医药知识被医药公司进行"生物剽窃"，阿育吠陀传统知识更多是通过保密的方式进行保护的。这种秘密保护的方式，有可能使阿育吠陀传统知识随着持有者的去世而消亡。这也恰恰就是专利制度的优势，国家给予发明人一种专有形式的垄断权，但作为交换，发明人必须公开披露这种知识。一旦专利到期，这种知识财产将落入公共领域，为公众利益而服务。因此，知识的公开披露对阿育吠陀传统知识长远的传承与发展是有利的。因此，有观点建议创建传统知识共同体（traditional knowledge commons），通过传统知识共享许可等机制，以鼓励阿育吠陀传统知识持有人公开披露其传统医药知识。❶

---

❶ KRISHNA, RAVI, SRINIVAS. Protecting Traditional Knowledge Holders' Interests and Preventing Misappropriation-Traditional Knowledge Commons and Biocultural Protocols: Necessary but Not Sufficient? [J]. International journal of cultural property, 2012, 19（03）: 401-422.

2. 传统知识数字图书馆

印度的传统知识数字图书馆（traditional knowledge digital library，简称TKDL）为各国传统知识的消极性保护提供了典范。印度广泛收集关于阿育吠陀传统知识的文本资料，并将其汇总至 TKDL。TKDL 作为一个国家数据库，旨在对抗外国公司不当利用阿育吠陀和其他印度传统知识，进而研发、生产包括专利药在内的各种专利产品的行为。为了达到这一目的，TKDL 与欧洲专利局（EPO）、德国专利局（DPMA）、美国专利商标局（USPTO）等签署了协议。这些协议授予这些外国专利局访问 TKDL 网站的完整权限，以便他们在实质审查专利申请时，能够查询 TKDL 数据库，了解该专利相关的现有技术。这种合作方式为印度政府节省了在外国法院进行专利诉讼需耗费的时间和金钱。同时，为了确保 TKDL 数据的合理利用，避免印度方的利益受损，协议规定所有签约国的专利部门都禁止向他人披露 TKDL 的内容，并应保护 TKDL 内部的秘密信息。只有在引证现有技术时，才允许印及输出该数据库的内容。这样，TKDL 不仅为印度传统知识提供了有效保护，也促进了国际的技术交流与合作。这一成功案例，无疑为其他国家在传统知识保护领域提供了有益的参考。❶

TKDL 的目标不仅是防止不当利用传统知识的药品申请专利，还有成为现代知识与传统知识之间的桥梁、促进利用传统知识研发新药这两大目标。❷ 为此，TKDL 采取了以下两点措施：一是 TKDL 不仅将传统知识进行文献化整理，还将这些信息翻译成五种语言，为其他国家的专利审查员提供了理解梵文记载的传统知识的必要途径，从而最大程度地减少了不良药品专利的授权情况；二是由于传统医药知识缺乏明确的分类标准，TKDL 采用 WIPO 规定的国际专利分类系统为模板进行分类，方便各国专利审查员进行查询和利用。由此可见，TKDL 不仅防止了"生物剽窃"现象的发生，而且在实践上为现代知识和传统知识之间的沟通搭建了一座桥梁，推动了传统知识的创新。

---

❶ 张逸雯. 基于国际传统知识保护技术实践的中医药传统知识保护策略研究 [D]. 北京：中国中医科学院，2016：52.

❷ 陈钲洲. 传统知识的保护：论积极性保护模式和消极性保护模式之比较与调合 [D]. 台北：逢甲大学财经法律研究所，2009：87.

此外，根据《生物多样性公约》体系的立法精神，惠益分享是一种对传统医药知识的消极性保护方式，同时也是对药品专利的一种限制。《印度生物多样性法案》鼓励分享从阿育吠陀专利中获得的收益。尽管《生物多样性公约》和《名古屋议定书》规定这种收益应该流向土著或当地社区，但由于传统知识的持有人和受益人难以确定，导致惠益分享的方式和主体也变得不明确。然而，考虑到西方医药公司利用阿育吠陀传统知识所获得的巨大利益，印度要求分享部分利润似乎是合理的。

3. 专门制度

印度阿育吠陀医药公司的奈尔博士，将阿育吠陀文献的传统知识进行试验和重新组合，开发了一种治疗哮喘的药物，并获得了印度喀拉拉邦药品管理机构的"专有权"（proprietary patent）。❶ 这使阿育吠陀传统药物获得了一种专有保护，但是这种专有保护并不是《印度专利法》授予的真正专利，而更像一种商标。❷

（五）小结

总之，印度的传统医药知识保护制度，与《生物多样性公约》体系的立法技术是一脉相承的，并没有采取积极保护的方式，制定排他性的财产权；只是制定了消极保护措施，或是阻止不良药品专利"生物剽窃"阿育吠陀传统知识，或是确保传统知识持有人能够分享专利药品的利润。不过，印度的知识产权制度并没有使阿育吠陀药物得到真正的发展。外国生物医药公司利用阿育吠陀传统知识研发专利药，印度仿制药企业再对之进行仿制之路径，随着印度加入《与贸易有关的知识产权协定》的过渡期届满后，已无法再行之有效。依据《印度专利法》的规定，印度仿制药企业再难以随意仿制具有真正具有创新意义的专利药，而外国生物医药公司却依旧还能利用阿育吠陀传统知识。即便惠益分享机制、传统知识数据库得到真正的落实，阿育吠陀

❶ HARILAL M S. Growth, Transition, and Globalization of Traditional Medicine: Ayurvedic Manufacturing with Special Focus on Kerala[D]. Thiruvananthapuram: Jawaharlal Nehru University, 2011: 193.

❷ HARILAL M S. Commercialising Traditional Medicine: Ayurvedic Manufacturing in Kerala[J]. Economic and political weekly, 2009, 44（16）: 44-51.

传统知识在法律上往往只能得到消极保护，无法真正激励印度本国的医药公司研发阿育吠陀新型现代药品。

三、责任规则之进路

《生物多样性公约》保护传统知识及印度保护阿育吠陀传统药的法律规则，包括事前知情同意、来源披露及惠益分享协议等条款，均是责任规则。

（一）事前知情同意和来源披露

《生物多样性公约》体系规定了事前知情同意条款，要求利用人在传统知识持有人的批准和参与之下，方能广泛地应用土著和当地社区的传统知识，旨在增强利用人对传统知识的尊重和认可。《生物多样性公约》体系还规定了来源披露条款，要求利用人应披露生物遗传资源和相关传统知识的来源，增加知识产权申请过程的透明度，以便于监测传统知识的使用情况，确保惠益分享义务之履行。当然，处于公有领域的传统知识不受事前知情同意的约束。因为知识一旦以合适的方式进入公有领域，实际隐含了原持有人的同意。不过，这仍然无法免除相应的披露要求。

那么，如果违反了事前知情同意和来源披露的要求，会有怎样的法律制裁呢？在强形式的立法下，违反规则会导致知识产权无效。事前知情同意要求得到土著和当地社区的同意，这意味着除非得到所有人的同意，否则任何人都不能使用传统知识。然而，这种强形式的保护可能会引发"反公地悲剧"，即传统知识因无法得到充分利用而导致利用效率低下。相比之下，在弱形式的立法下，违反规则并不会导致知识产权无效。不过，无论是在强形式还是弱形式的立法中，持有人都有权主张补偿费或赔偿款。这实际上是一种责任规则，旨在确保传统知识的合理利用和保护。

（二）惠益分享协议

惠益分享协议旨在解决传统知识持有人无法获得合理补偿的问题。通过双方之间的平等协商，能够更好地确定双方的贡献和相应利益的大小，这是达成惠益分享协议的最佳方式。然而，在实际操作中，医药公司和传统民族之间的地位往往难以平等，土著和当地社区的地位和议价能力相对较弱。另外，由于医药公司和传统民族之间存在不熟悉和文化差异等问题，双方之间缺乏信任，导致谈判成本较高，难以商定合理的条件。因此，在实践中，传统民族可能会因为怀疑等因素而不愿意透露和分享传统知识。为了解决这个问题，需要采取一系列措施，包括加强传统民族和医药公司之间的沟通和了解，推动文化交流和认知提升，以及设计更加公正、合理的惠益分享机制，确保双方能够在平等、互利的基础上达成合作。

由此可见，自愿性惠益分享协议并不能有效解决知识利用和利益分配的问题。实际上，《生物多样性公约》和各国法律都采取了强制性的惠益分享协议，并将其作为可专利性的条件。在申请专利时，申请人需要同时提交惠益分享方案，并由专利行政部门审查方案内容是否公平。这意味着，即使传统知识持有人不同意惠益分享协议的内容，只要方案通过专利行政部门的审查，就会被强制性地适用于双方。这种强制性的惠益分享协议有助于避免双方在高交易成本和失败风险下进行讨价还价，从而阻碍后续创新。实际上，利用传统知识无须获得持有人的真正同意，只需支付合理的补偿即可，这也可以看作是一种责任规则。这样的制度安排有助于确保传统知识得到合理、公平的利用，同时推动创新和知识产权的发展。

（三）责任规则的意义

责任规则是财产规则的经典替代品。与财产规则不同，责任规则允许传统知识的利用人在未经持有人同意的情况下使用传统知识，但需要提供适当的补偿。责任规则并不赋予权利人排除他人的权利，而主要适用于交易成本过高的情况。当交易成本过高时，双方之间的合意难以达成，因此需要通过第三方（如行政部门或法院）来确定交易价格，以推动交易的完成。

在责任规则下，传统知识的利用人可以利用传统知识，而无须获得持有人的同意，这可能会让传统民族处于不利地位。然而，责任制度确实对传统知识的保护作出了改进。它使医药公司意识到传统民族对传统知识享有权利，从而增加了对传统知识的尊重。此外，金钱补偿对于土著和当地社区的年轻人来说，有助于延续传统知识和文化，在一定程度上避免了因年轻人迁往城市而导致的传统知识流失。总体而言，金钱补偿对传统民族是一种有效的激励，因为它补偿了他们分享知识的贡献。这样的制度设计在平衡各方利益的同时，也有助于传统知识的传承与保护。

第四节　传统医药知识保护的财产规则

本书在第一章已经论述了中药品种保护制度是财产规则，而本节将研究国际公约、泰国、中国台湾地区保护传统医药知识的财产规则。

一、《保护非物质文化遗产公约》

《保护非物质文化遗产公约》明确确认了非物质文化遗产与人权之间的紧密联系。尽管传统知识并非公约的直接保护对象，但由于非物质文化遗产和传统知识在客体范围上存在重叠，因此该公约中的许多规定可以适用于传统知识的保护。关于传统医药知识等技术类传统知识是否属于非物质文化遗产，有观点认为其不属于。❶然而，笔者不同意这种观点。首先，传统医药知识是关于自然的知识和实践，完全符合《保护非物质文化遗产公约》第2条第2款（非物质文化遗产包括有关自然界和宇宙的知识和实践）的规定。其次，中国在执行《保护非物质文化遗产公约》时制定的《非物质文化遗产保护法》也明确规定传统医药属于非物质文化遗产。也有观点认为，非物质文化遗产权，是一种新型民事权利，同时具有公权与私权的属性。❷

二、新发展：《保护传统知识：条款草案》

近年来，WIPO 开始通过知识产权制度保护传统知识，但具体方式仍局限于消极性保护，如改进现有技术检索制度以防止第三方未经授权使用传统知识，进而防止不良专利的"生物剽窃"。WIPO 意图制定一份国际法律文

---

❶ 陈杨.论传统知识的国际法律保护 [M].北京：知识产权出版社，2018：201.

❷ 非物质文化遗产权是公共物品，在这种公物上存在一个复杂"权利（力）束"，除了有私权性质，也有公法性质上的权利和权力，它们相互交融又相互区分和作用，共同组成了公物上的权利（力）束。参见杨解君，赖超超.公物上的权利（力）构成：公法与私法的双重视点 [J].法律科学（西北政法学院学报），2007，25（04）：49-58.

件，为传统文化表现形式、民间文学艺术和传统知识（包括传统医药知识）提供有效的国际法律保护。然而，至今未能制定一份普遍认可的国际传统知识公约。2019 年 6 月 19 日，WIPO 再次修订《保护传统知识：条款草案》，其中包含许多亮点和创新。

（一）传统知识作为知识产权的客体

《保护传统知识：条款草案》第 2 条规定："本书的目的是提供知识产权方面有效、兼顾各方利益和充分的保护，在支持对传统知识适当使用的同时，防止传统知识未经授权的盗用、滥用和非法使用及对传统知识错误地授予知识产权。"由此可见，《保护传统知识：条款草案》承认传统知识是知识产权的客体，有观点认为这创设了传统知识权，将知识产权制度的保护对象从现代知识扩展到传统知识。❶ 同时，《保护传统知识：条款草案》第 5 条明确其保护的传统知识具有补充性，不适用于在土著和当地社区之外广为人知或广泛使用的传统知识，这些知识属于公共领域，不受知识产权法律的保护。此外，如果传统知识已经依据《与贸易有关的知识产权协定》受到知识产权保护，便不再是《保护传统知识：条款草案》保护的客体。

WIPO 通过《保护传统知识：条款草案》承认传统知识是知识产权的客体，从而构建了一种具有人权价值的新型传统知识权。但是，这种传统知识权与典型的知识产权（如专利权）的性质并不完全相同。就法律属性而言，专利权不是权限，而是否定权，一种技术实施的排除权。专利权的最大价值在于为权利人规避直接对抗的可能性，专利权人可以进行合法的技术压制。❷ 而《保护传统知识：条款草案》规定的传统知识权不是否定权，即便 WIPO 推动传统知识成为知识产权的客体，《保护传统知识：条款草案》规定的传统知识权的特征与典型的知识产权仍有较大的区别。

（二）侵权救济

《保护传统知识：条款草案》第 6 条首次提出受益人有权提起法律诉讼

---

❶ 陈杨. 论传统知识的国际法律保护 [M]. 北京：知识产权出版社，2018：173.

❷ 温明，何英. 专利内生价值的评定：以中药专利组合为例 [M]. 镇江：江苏大学出版社，2018：4.

的方式保护其自身权利，还建议传统知识受到盗用、滥用、未经授权使用或者不正当和不公平使用，是一种侵权行为，受益人有权主张公正公平的补偿、特许使用费。由此可见，尽管《保护传统知识：条款草案》规定了惠益分享和构建传统知识数据库等消极性保护措施，但也纳入了侵权救济这一积极性保护方式。当传统知识被他人盗用、滥用、未经授权使用或以其他不正当、不公平的方式使用时，传统知识持有人可以提起民事侵权诉讼。这一点彰显出传统知识权具有一定的排他性，展现了其财产权的特征。

（三）传统知识权的特征

（1）从权利主体的角度来看，传统知识权具有群体性特征。

这是因为传统知识通常不是由土著人民或当地社区成员的个人智力所创造，而是在整个土著或当地社区群体的经验基础上逐渐积累而成的。由于大多数传统知识的起源和原创者都难以准确确定，因此产生了一个关键问题：当法律对传统知识进行保护时，利用这些传统知识所获得的经济利益应该归属于谁？或者说，哪些民事主体有权提出权利主张？目前主流观点认为，土著和当地社区群体应该是这些权利的主人。以中国的情况为例，笔者认为自然人和营利法人通常难以主张"创造者的权利"❶，而更有资格提出权利主张的应该是《民法典》所规定的基层群众性自治组织法人。这样的归属安排更能体现传统知识的群体性特征，并保障其在法律保护下的合理利用和公正分配。

（2）从权利客体的控制状态来看，传统知识呈现出开放性特征。

在传统民族和当地社区内部，传统知识是由群体共享的，没有设立专门的保密制度。有观点认为，从现代知识产权法律制度的视角来看，传统知识既不等同于已经进入公共领域的知识，也不等同于由特定个人或机构掌握的私人知识。❷笔者赞同这一说法，即传统知识不是公有领域的知识。从法经济学的角度上看，共享分为两大类型："开放式共享资源"（open-access

---

❶ 唐广良.遗传资源、传统知识及民间文学艺术国际保护概述 [M]// 郑成思.知识产权文丛：第 8 卷.北京：中国方正出版社，2002：54-57.

❷ 唐广良，董炳和.知识产权的国际保护 [M].北京：知识产权出版社，2002：536-537.

commons）与"限制式共享资源"（limited-access commons）。开放式共享资源，如公海，不是私有财产权之客体，因为任何利用者均无权排除任何其他人利用，也无法将权利转让给其他人。没有人对开放式共享资源享有财产权或准财产权❶，开放式共享资源的利用者只能以自救的方式抵抗其他人的利用，无法像财产权人那般对财产的利用享有排他效力。❷公有领域的知识为"开放式共享资源"，不是私有财产，不能设置财产权。限制式共享资源，如特定村民或会员可以使用的草原、沙滩，有特殊的财产权结构：内部人（村民、会员）对外部人有排他效力，科斯教授描述为"对外的财产权"（property on the outside）❸，但内部人之间无法排斥他人利用，即对内共享。传统知识属于"限制式共享资源"，土著和当地社区对外部人有排他效力。

（3）从权利内容角度来看，传统知识权的主要目的在于对知识产权进行限制。

尽管传统知识属于无形财产，但其与现行知识产权制度难以兼容。知识产权制度主要保护纯粹的经济行为，而传统知识不仅与土著和当地社区群体的经济利益密切相关，更与健康权、发展权等基本人权紧密相连。事实上，传统知识在现代经济发展中发挥着重要作用。许多传统民族通过发现植物的药用功能，积累了丰富的传统医药知识。基于这些传统医药知识，医药公司得以开发出具有巨大商业价值的药物。然而，现行的知识产权制度却将包括传统医药知识在内的传统知识和文化遗产排除在外；与此相反，通过"生物剽窃"所形成的"新"技术却能够以知识产权的形式得到保护。因此，在某种程度上，现行的知识产权制度成为消灭传统知识和文化遗产的"帮凶"。这样的制度设计显然是不合理的，有必要通过确立传统知识权，更好地保护传统知识和文化遗产，促进其与现代知识产权制度的和谐共存。❹正因为传

---

❶ 有观点认为，如果某权利完全没有对世、排他、追及效力，则连准财产都不是。参见张永健．物权法之经济分析：所有权 [M]．北京：北京大学出版社，2019：53.

❷ 例如，牧羊人不能通过法院将其他共享地上的牧羊人赶走，只能让自己的羊和其他人的羊在共享地上彼此争食。

❸ ROSE C M. The several futures of property : Of cyberspace and folk tales, emission trades and ecosystems[J]. Minnesota law review, 1998, 83（01）：129.

❹ 张耕．民间文学艺术的知识产权保护研究 [M]．北京：法律出版社，2007：2.

统知识难以被现代知识产权制度所包容，国际条约保护传统知识的目的，在于限制知识产权的利用。

三、泰国保护传统泰医药的法律

（一）《传统泰国医药保护和促进法》❶

泰国是一个拥有大量传统医药知识的国家，泰国的传统医学不断地代代相传，结合长期的医疗实践发展至今。然而，泰国传统医药大多是口口相传，系统传承非常困难，许多古老的传统医药文献被损坏或丢失。❷近代以来，西医药的兴盛使传统医药在泰国的适用逐步减少，甚至出现了失传的风险。❸有鉴于此，泰国专门制定了《传统泰国医药保护和促进法》，为保存、保护和利用传统泰医药提供法律保护。《传统泰国医药保护和促进法》分为七章，第一章设置了传统泰医药知识保护和推广委员会，第二章是保护传统泰医药知识的规定，第三章是保护草药的规定，第四章至第七章分别规定了申诉程序、主管官员、传统泰医药知识基金和法律责任。其中，第二章和第三章是《传统泰国医药保护和促进法》的核心。

《传统泰国医药保护和促进法》将"传统泰药知识"（traditional Thai medicine intelligence）定义为包括"传统泰药文本"（text on traditional Thai medicine）和"传统泰药配方"（formula on traditional Thai drugs）在内的传统知识。"传统泰药文本"是指在泰国古籍、棕榈叶、石刻或其他材料中书写或记载，或虽未记载但代代相传的有关传统泰药的技术知识。"传统泰药配方"是指含有传统泰药的工艺制法和成分的处方。《传统泰国医药保护和促进法》不仅保护传统药学知识，还保护传统医学知识。

---

❶ Protection and Promotion of Traditional Thai Medecinal Intelligence Act，B.E. 2542（1999）[EB/OL].[2020-10-30].https://wipolex.wipo.int/zh/text/179713. 中文翻译详见附录，笔者译自 WIPO 官网的英文版。

❷ TAWEESAK SUNTORNTANASAT. 泰国传统医药的发展现状 [J]. 亚太传统医药，2005，（04）：51-52.

❸ 刘鑫，黎冬梅，金玲钰，等 . 泰国传统医药保护制度对构建我国傣医药保护机制的启示 [J]. 承德医学院学报，2019，36（06）：532-534.

《传统泰国医药保护和促进法》将传统泰药知识分为国家级、普通级和个人级。首先，传统泰医药知识保护和推广委员会可以将对医学、公共卫生极为有益或极有价值的传统泰药知识登记为国家级传统泰药知识产权。任何人使用国家传统泰药知识产权，以申报药事法规定的药品注册和生产许可、以商业利益为目的进行的新药处方研发和改进、在研究的基础上进行商业开发，均需要事前向许可机关申请，并支付使用费用和报酬。其次，公众广泛使用的或已过保护期的个人传统泰药知识产权可以登记为普通传统泰药知识产权。最后，传统泰药知识的发明人、改进人和继承人，可以登记个人传统泰药知识产权，除非该传统泰药知识已经登记为国家或普通传统泰药知识产权，或者除非运用的是不同于传统泰药理论的其他理论（如使用动物、植物或微生物的非天然提取物或者运用非原始的转化过程）。

权利人对已登记的传统泰药知识产权，享有生产传统泰药的专有权，也享有对传统泰药知识进行研究、销售、开发的专有权。但是，不适用于以下情形：①学习、探索、实验或研究等行为；②传统泰医师根据执业医师处方为特定患者进行配药的行为；③生产家用药物的行为，或者公立医院、政府机构或公立卫生机构生产由公立医院使用的药物的行为，或者公立医院在诊疗过程中使用传统泰药知识的行为。个人传统泰药知识产权的保护期为权利人终生及其死亡后50年，保护期限届满时，个人传统泰药知识产权转化为普通传统泰药知识产权。在《传统泰国医药保护和促进法》的规范下，泰国专利法的新颖性、创造性和实用性等实质审查要件都无关紧要。不过，如果一位医生想要将其持有的传统泰药配方进行商业生产，那么这种药品需要经过泰国的药品管理部门认证。

《传统泰国医药保护和促进法》还致力于保护具有研究价值、经济价值或可能灭绝的草药，并在政府公报通知管制草药的种类、特征、品种和名称。任何人不得学习、研究、出口、销售和转化管制草药，除非获得许可机关颁发的许可证。上述规定不适用于任何国家机构对管制草药的学习或研究，但此类学习或研究应当通知许可机关。许可证的有效期为自颁发之日起至第三年的12月31日。被许可人可以在许可证期限届满前申请续期。为了保护草药及其产地，传统泰医药知识保护和推广委员会可以将涉及自然生态系统或生物多样性的区域列为保护区（conservation area）。政府须遵从法律规定的保护区准入条件，以保存草药的天然条件或价值，避免任何可能影响草药产地的自然生态系统或生物多样性的行为。如果草药产地及该区域的自然生态系统或生物多样性可能因人类的任何行为遭到破坏、影响，并有可能导致草药濒临灭绝，但是该区域还没有被指定为保护区（conservation area），传统泰医药知识保护和推广委员会可以指定该区域为草药保存区（herbs protected area）。草药保存区范围内的土地，不得被政府机关以外的任何人所有或占有，不得建造或构建任何建筑，不得砍伐、劈砍、除草、烧荒或者破坏树木或任何植物群，不得破坏生物多样性或自然生态系统，不得挖掘矿物、石头或土壤，不得改变水道或造成水道、小溪、湿地、沼泽泛滥、干涸，不得使药草产生毒性或危险性，但在草药保存区内进行管理或在许可人的许可下使用草药的行为除外。

有观点认为，泰国对传统药物的特殊保护措施对全球传统知识的保护具有重要意义。❶首先，以传统泰药知识的性质进行分类，而非采取"一刀切"的方式对传统泰药知识予以保护或者不保护，可以平衡不同群体的利益，避免国家、私人和公众的利益失衡。国家传统泰药知识产权的范围是被严格限定的，只有"对医学或公共卫生极为有益或极有价值"的传统泰药知识才能确定为国家级，有利于防止因保护范围过宽而阻碍泰国传统医药知识的进一步开发和利用。国家传统泰药知识产权必须付费才能使用，充实了"传统泰医药知识基金"，有利于促进泰医药的继承和发展。❷其次，在立法上保障了私人对传统泰药知识享有专有权，并规定了与著作权相似的保护期限，即"权利人终生及其死亡后50年"有效，这种规定实际上结合了著作权和专利权的特点。最后，为了确保法律和政策的有效执行，泰国还设立了一个登记机构。泰国有逾70个省级办事处依法进行知识产权注册，注册只收取非常低的注册费，因此不需要支付维护费，降低了泰国传统药品的注册成本，从

---

❶ 张华敏，徐慧，唐丹丽.从泰国传统医药立法探讨我国的中医药知识产权保护方法 [J].国际中医中药杂志，2009，31（03）：215，222.

❷ 车明凤.传统知识保护课题的国际进程 [J].中国中医药信息杂志，2006，13（03）：6-8.

而鼓励传统知识持有者进行注册。❶这也有利于个人将自己持有的传统泰药知识转化为法定上市药品。

（二）登记制度

《传统泰国医药保护和促进法》与我国《中药品种保护条例》相似，通过登记制度创设了一种专有性的财产权，是一种专利制度以外的积极保护方式。然而，前者创设的财产权与著作权更为接近。因为《传统泰国医药保护和促进法》没有对传统泰药知识产权的申请制定严格的实质审查标准，只是采取了一种形式的登记制度。只要个人拥有传统泰药文本或传统泰药配方，均可以将其登记注册为知识产权。这虽然有利于促进个人进行注册申请，通过登记制度将传统泰药知识进行确权，但是这种确权后的知识财产仍是一种传统知识。《传统泰国医药保护和促进法》没有规定对申请的传统泰药知识进行安全性和有效性的审评，其项下的传统泰药无须提交相应的试验数据，难以称之为已满足现代药品的标准，故而这种知识财产实际并非现代药品知识。因此，《传统泰国医药保护和促进法》虽然构建了专利制度以外的财产制度，但是与国际人权公约和印度模式相似，无法促使传统泰药知识现代化。《中药品种保护条例》项下的中药保护品种首先应是取得药品上市许可的药品，且额外制定了更为严格的审评机制。可见，中药保护品种与中药发明所蕴含的中药知识均是一种现代药品知识，而非一种传统医药知识。

四、中国台湾地区保护传统智慧创作

（一）"原住民族传统智慧创作保护条例"

中国台湾地区"原住民族传统智慧创作保护条例"（以下简称"原创条例"）于2017年12月26日实施。"原创条例"是原住民文化资产保护的重要依据。从"原创条例"第3条上看，"原创条例"保护的客体为"智慧创作"，包括音乐、舞蹈、民俗技艺在内的各种成果之表达。如果没有法律赋予原住民族一种排他性权利，那么任何人得以利用原住民族的传统智慧创作

---

❶ 赵琪，曹阳.泰国传统药物知识产权保护研究[J].现代商贸工业，2011，23（03）：253-254.

开展新的创作，而无须取得原住民族的同意或者授权。与此同时，在使用该等传统知识时，无须标识该传统知识所属的特定原住民族，即便利用者对传统知识进行歪曲、割裂、篡改，也不得禁止。因此，"原创条例"通过之前，原住民族传统智慧创作，均存在于公共领域之中，原住民族成为整个社会免费知识的供应者。"原创条例"正式实施以后，经相关部门承认和登记，原住民族对其智慧创作享有一种专有权，即智慧创作专用权。这种权利既包含了所有权的使用、收益等积极权能，又包括排除侵害等消极权能。"原创条例"将原属于公共领域的智慧创作纳为保护客体，创设了新形态的财产权。有观点认为，"原创条例"是一种所有权模式。❶笔者认为，"原创条例"通过登记制度创设了一种专有性的财产权，是一种专利制度以外的积极保护方式。

（二）智慧创作专有权的人权价值

智慧创作专用权是一种集体权利，强调了原住民族照管财产的责任。詹姆斯·戴维斯（James Davis）认为，照管财产职责是"集体的行为是以集体利益，而非以个人利益为主的考量，因此，以集体的方式来管理财产优于个人主义式处理财产的方式"❷。这种职责凸显了管理人的忠诚和义务，而非个人自理行为。这种义务和责任使得管理人承载着忠诚和义务感来照管财产。"智慧创作"与原住民族或部落密切相关，集体意识和利益凌驾于个人利益之上，因此只有族群有权主张智慧创作专用权。即使是个人创作，也被视为族群对集体存在和共同生命的诠释。传统财产权理论无法满足原住民

---

❶ 原住民族传统智慧创作的保护模式包括公共所有模式（全民共享，任何人均可以自由使用与修改）、习惯法模式（通过原住民习惯法进行保护）、认证模式（得到原住民族认证的产品，才能获得认证标志）、商业应用与利益分享模式（首先将原住民族传统智慧创作加以商业化的应用者，就可以获得权利保护）、信托模式（原住民族以外的政府或其他组织作为受托者代表原住民族行使权利）和所有权模式（权利属于原住民族中的群体或个人，类似于知识产权制度）。从"原创条例"的条文内容上看，最后以所有权模式，对于原住民族的传统智慧创作加以保护，赋予"智慧创作专用权"。参见杨智杰.原住民传统文化表达之保护模式比较与建议[J].中正大学法学集刊，2010（30）：47-97.

❷ DAVIS J H, SCHOORMAN F D, DONALDSON L. Toward a stewardship theory of management[M]//Business Ethics and Strategy, Volumes I and II. Routledge, 2018：473-500.

族智慧创作的权利需求，因为它代表群体的利益，而非个人利益。为了回应这样的诉求，有观点在财产法的领域，提出"民族（peoples）"和"族格"（peoplehood）的概念。主流财产法强调所有权模式，即将财产的权利和义务归于所有人的责任，个人对财产拥有完全且排他的控制权；而"族格"观念强调原住民族的智慧创作为族群整体所共有，不应被任意转让或剥夺，这超越了传统财产法的所有权模式。照管财产的职责和"族格"概念共同阐明了智慧创作专用权是以族群为本的利益，因此它是一个集体而非个人主义的概念。❶ 由此可见，"原创条例"所创设的智慧创作专用权也秉承了人权价值，其本质是传统知识保护制度。这样的制度设计更有助于保障原住民族的权益，促进智慧创作的发展与传统知识的传承。

（三）侵权救济

智慧创造专有权在侵权救济方面借鉴了著作权的规定，包括排除侵害请求权、预防侵害请求权和损害赔偿请求权。在传统的财产法领域，权利侵害的救济方式主要局限于经济赔偿。在某些情况下，金钱补偿或许是可以接受的方式，尤其是当研究人员已与原住民族签署了利益分享协议时。这种金钱补偿方式可以使研究人员免于法律责任，甚至有助于提升他们的学术声誉。然而，对于大多数原住民族而言，恢复原状可能是更为满意的权利侵害救济方式，这是因为传统知识和生物遗传资源通常对原住民族具有神圣性和宗教意义。因此，对这些权利的侵害被视为道德上的错误，从而金钱的救济方式显得不恰当。当恢复原状成为可能时，其他替代方式如金钱补偿就不应被考虑。

（四）双轨制的保护方式

中国台湾地区对中药知识采用双轨制保护模式。一是对于中药知识中更为先进的部分，即中药现代知识，通过专利制度进行保护，规定了符合中药特点的新颖性、创造性和实用性的实质审查标准。与此同时，中国台湾地区

---

❶ 林孟玲.智慧创作专用权之性质与使用伦理：给原创条例的几点建议 [J].科技法学评论，2015，12（01）：191-227.

将中药知识中更为传统的部分，即中药传统知识，通过"原创条例"进行保护。"原创条例"没有对传统知识的申请制定严格的实质审查标准，只是采取了一种形式登记制度。这种方式有助于传统知识持有人将传统知识进行登记注册，并在中国台湾地区以原本面貌继承和发展传统知识，但无助于革新传统知识并转化为现代知识。

五、财产规则之进路

（一）构建新型财产权

WIPO《保护非物质文化遗产公约》和《保护传统知识：条款草案》、泰国《传统泰国医药保护和促进法》及我国台湾地区"原创条例"均构建了新型财产权，分别用以保护非物质文化遗产、传统知识、传统医药和传统智慧创作。可见，传统医药知识保护的另一种进路，就是财产规则。传统知识持有人对其传统知识享有财产权，这种财产权会被定义为一种无形财产权或知识产权。

无论是《传统泰国医药保护和促进法》还是"原创条例"，均精心设计了一个独立的制度。不过，在法律问题的解决上，构建新制度应该是最后的方法。实际上，利用现有制度加以调整，比为不适合现有制度的新问题构建新制度要好。因为新制度的构建是一项复杂的任务，必然对现有制度产生无法预料的影响，使整个法律体系变得更加复杂和容易出错。自成体系的知识产权制度，产生的社会成本有时会大于社会收益，这些成本包括阻碍技术共享、减缓后续创新及增加交易成本和诉讼成本。但无论如何，传统知识保护的财产规则，丰富了保护传统知识的法律规则，无妨是一条有价值的进路。

（二）共同发明人

有观点认为，传统医药知识持有人可以与医药公司共同成为发明人，从而为传统知识构建财产权。❶ 在现行专利制度下，由于传统医药知识本身的特性，持有人往往难以直接申请专利。然而，当医药公司对传统医药知识进

---

❶ EILAND M L. Patenting Traditional Medicine[J]. Nomos Verlagsgesellschaft mbH, 2018: 20.

行修饰和改进后，其申请专利的可能性会大幅增加。双方可以通过协商，约定专利权的利用方式和收益分配比例，以实现双方利益的平衡。即使双方在成为共同发明人后未能达成有效协议，也可以依法利用专利权。虽然这种方式可能相对低效，但仍然优于传统医药知识完全无法被利用的局面。因此，这种共同发明人的模式为传统医药知识的保护和利用提供了一种新的思路。

（三）财产规则的担忧

财产权的方法在解决利用人无偿使用传统知识的问题上表现出了其有效性，这主要归功于财产权的排他性特性。通过财产权，持有人有权禁止他人使用传统知识，从而保护自己的权益。然而，也有人担忧，这种方法可能会导致医药公司在传统医药知识的基础上研发新型药物的难度增加，进而损害公众的健康权。毕竟，一旦传统知识持有人拥有了财产权，其议价能力将大幅提升，这可能会限制传统知识的应用和传播，从而产生社会成本。因此，在推动传统知识财产权保护的同时，也需要考虑其对公众健康和社会福利的影响，确保权益保护的平衡和公正。

第五节　中药品种保护与传统知识保护

一、中药品种保护制度与传统知识保护制度

传统知识保护制度通常采用与《生态多样性公约》相似的消极性保护方式。例如，《印度生物多样性法案》和印度传统知识数字图书馆等制度都采用了这种消极性保护方式，其目的在于限制"生物剽窃"行为并防止不良发明申请专利权。然而，正如上文分析所示，仍然有许多国际条约和各国法律通过创设财产权的积极性保护方式来保护传统知识。因此，中药品种保护制度是否为财产权制度，与其是否作为传统知识保护制度并无因果关系。笔者认为，中药品种保护制度并非传统知识保护制度。接下来，笔者将阐述理由以支持这一观点。

第一，中药品种保护制度与传统知识保护制度所欲保护的客体不相同。正如前文所述，传统知识保护制度保护的客体为传统知识，含传统医药知识（中药传统知识）；而中药品种保护制度保护的客体是中药现代知识。泰国《传统泰国医药保护和促进法》和中国台湾地区"原创条例"采取的是积极性保护的方式，通过登记制度创设一种新型财产权。但是，泰国《传统泰国医药保护和促进法》和中国台湾地区"原创条例"均没有设置如专利制度那般的实质审查标准，两者均无法促使传统知识利用现代科学技术向现代知识进行转变。可见，泰国《传统泰国医药保护和促进法》和中国台湾地区"原创条例"保护的客体仍然是传统医药知识。中药品种保护制度设置了有效性和安全性的审评机制，致力于促进传统知识往现代知识的转变，其客体是中药现代知识。

第二，中国台湾地区"原创条例"没有规定智慧创作专有权的保护期限，智慧创作一般不会落入公有领域，体现的主要是人权价值，而非私权价值。《中药品种保护条例》在赋予独占性或寡占性期限的同时，限制了权利期限，与专利制度的特征更为之接近，体现的主要是知识产权国际条约中的私权价值。

区分中药品种保护制度和传统知识保护制度的目的在于贯彻"分门别类、宽严适度"的司法政策。不同的知识产权承载着不同的法律功能，各种知识产权法律也有其特定的定位和职责，相互之间是互斥或不交叉的。传统知识权属于文化类知识产权的范畴，而专利权和中药品种权则归属于科技成果类知识产权。法律通常对科技成果类知识产权设定更高的保护条件，其保护范围相对较小，法律界限也更加明确。由于专利权和中药品种权都是科技成果类知识产权，它们在权利性质上具有相似性，因此可以用于保护中药技术方案。这种分类保护的方式确保了各类知识产权能够得到适当的法律保护，并维护了知识产权法律体系的内在逻辑和一致性。

二、中国保护中药传统知识的法律制度

中药品种保护制度不是保护中药传统知识的法律制度，保护中药传统知识的法律制度主要是《非物质文化遗产法》和《中医药法》。

（一）《非物质文化遗产法》

《非物质文化遗产法》于 2011 年 6 月施行，通过登记制度，确认非物质文化遗产传承人。《非物质文化遗产法》第 31 条规定了非物质文化遗产传承人的义务，如果传承人未履行义务，有可能被取消作为非物质文化遗产传承人的资格。❶ 相对的是，《非物质文化遗产法》没有具体条文规定传承人的权利，传承人的权利是通过第 30 条规定的国家应履行的义务 ❷ 所间接规定的。有观点认为这种权利可称之为"非物质文化遗产权"，是一种超越知识产权的新型民事权利❸；但也存在"文化权利"❹或"传统资源权"❺等不同观点，认为这种权利实际为一种人权。笔者赞同"非物质文化遗产权"就是新型民事权利的观点。

《非物质文化遗产法》明确规定传统医药属于非物质文化遗产，应予以保护。不过，考虑到传统医药具有自身的特殊性，且在《非物质文化遗产

---

❶ 非物质文化遗产传承人应当履行下列义务：①开展传承活动，培养后继人才；②妥善保存相关的实物、资料；③配合非物质文化遗产调查；④参与非物质文化遗产公益性宣传。

❷ 国家的义务包括以下内容：①提供必要的传承场所；②提供必要的经费资助其开展授徒、传艺、交流等活动；③支持其参与社会公益性活动；④支持其开展传承、传播活动的其他措施。

❸ 韩小兵 . 非物质文化遗产权：一种超越知识产权的新型民事权利 [J]. 法学杂志，2011（01）：35-41.

❹ 有观点认为，非物质文化遗产的国际人权保护具有很强的独特性，体现在它的主要内容是保护文化权利，文化权利属于第二代人权，主要规定在《世界人权宣言》《经济、社会及文化权利国际公约》等国际人权文书中。参见郭玉军，唐海清 . 非物质文化遗产的国际人权保护研究：以《保护非物质文化遗产公约》为视角 [J]. 法律科学（西北政法学院学报），2009，27（06）：66-75.

唐海清 . 国外关于非物质文化遗产法律保护前沿问题的研究综述 [J]. 中央民族大学学报（哲学社会科学版），2013（03）：97-101.

❺ 有观点认为，非物质文化遗产是一种传统资源，传统资源权是一个综合的概念，是文化权利和资源财产权利的统筹表达，由人权原则所指导，与文化和生物多样性之间无法割裂。参见李发耀 . 论非物质文化遗产持有人权利保护的内容及其形式：当前立法焦点分析 [J]. 贵州师范大学学报（社会科学版），2009（01）：40-45.

法》施行的 2011 年，作为《中医药法》前身的《中医药条例》已实施了多年，积累了较多的经验，对传统医药的保护也卓有成效，因此法律规定对于传统医药的保护，优先适用《中医药法》的规定，再适用《非物质文化遗产法》的规定。

（二）《中医药法》

《中医药法》规定中药传统知识可以依据《非物质文化遗产法》的规定开展中医药的传承活动。《中医药法》和《非物质文化遗产法》共同构成保护中药传统知识的法律基础，采取的是消极保护方式，通过建立数据库、保护名录、惠益分享机制以及国家秘密等方式，对中药传统知识予以保护。

第六节　小　结

世界正处于"第三次圈地运动"的浪潮之中，在传统医药知识保护的问题上，不仅存在消极性保护方式，亦有通过创设新型财产权的方法进行积极性保护的方式。因此，保护传统医药知识的法律规则，既有责任规则，也有财产规则。从是否保护了中药传统知识的角度上看，中药品种保护制度为特定中药知识设定财产权的方式，防止中药传统知识在传承的过程中逸散，促使传统知识向现代知识转变。也正因为如此，WIPO 将《中药品种保护条例》归类为一种传统知识保护制度，也是可以理解的。

不过，笔者仍然认为中药品种保护制度并非传统知识保护制度，核心的原因在于中药品种保护制度保护的中药现代知识，而非单纯的中药传统知识。专利权和中药品种权均为科技成果类知识产权，权利性质具有相似性，可以用于保护中药技术方案。因此，下一章将以专利制度作为比较对象，分析中药品种保护制度与其的相同之处与差异之处。

第四章　专利权视角下的中药品种保护

中药现代知识（中药技术方案、中药技术成果）是中药品种保护制度的保护客体。专利制度与中药品种保护制度均是以财产权的方式保护中药现代知识。中药品种保护制度的合理建构及嗣后改进，有赖于私法理念的引入和强化。从专利权的角度去认识中药品种保护制度，可使得中药品种保护制度的理论体系更全面、完整。本章的目标在于厘清中药品种保护制度与专利制度的异同及互补性质。

第一节　制度的差异性

专利制度与中药品种保护制度同为保护中药知识财产的法律制度，但是两者的理论深度和立法基础有相当大的差异。专利制度有成熟的法学理论和复合的立法体系，法官处理专利案件时，虽然在事实认定方面相对于传统民商事案件更为复杂，但是在法律适用方面上还是相对清晰的。但是，中药品种保护制度的法学理论是简陋的，目前没有正式出版的法学著作对其进行专门论述；《中药品种保护条例》的具体规定是平面化的，通篇只有26条条文，没有权能和民事责任等相关规定，也没有相关的司法解释进行补充性规定。即便是2022年《中药品种保护条例（修订草案征求意见稿）》，也只有44条条文。自《中药品种保护条例》实施之日起至今近30多年来，中药品种保护制度通过司法实践，法官在处理该类民商事案件过程中的法律解释和漏洞填补，而不断丰富和发展。

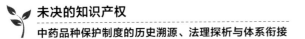

一、法律性质

毋庸置疑的是，知识产权法是私法。虽然意思自治原则在知识产权法中受到了严格的限制，但丝毫没有影响知识产权法的私法本位。只不过知识产权法在权能范围和效力强度受到公权力的限制。同理，《专利法》的私法本位也没有发生动摇。正如前文所述，中药品种保护制度虽然调整中药生产企业平等主体之间的私法关系，但是更多地调整中药生产企业与国家药品监督管理部门之间的非平等主体之间的公法关系。可见，《中药品种保护条例》在整体上仍应归属于公法，体现了政府监督和管理中药的职能。但是两者的差异远不止于此。笔者认为，专利制度是现代知识产权制度，具有明显的现代法律特征，但中药品种保护制度则更接近于前知识产权时期的特许制度。

从历史的角度来看，现代知识产权制度起源于类似于中药品种保护制度的特许制度。在欧洲奴隶制时期，虽然存在有价值的技术成果，但由于工商业者在社会领导阶层中的地位低下，他们无法将禁止模仿或复制的意愿转化为法律制度。在欧洲中世纪时期，宗教教义抑制了人们突出自我个性的倾向，因此长期以来很少有人独立探索新知识或解决方案。工商业者通常受到行会章程的约束，即使有了发明创造，原则上也被视为行会的公共财产，缺乏动力去寻求创新。而行会以外的人则受到行会的限制，难以实施这些发明创造。要制定法律给予发明人和工商业者特殊奖励，禁止随意模仿或复制他们的技术成果，不仅需要技术发展到一定程度，还需要社会和经济结构及公众法律意识的发展达到一定程度。因此，现代知识产权制度的形成不仅是技术发展的必然结果，也是社会、经济结构和法律意识发展的产物。在中世纪结束后，人们的思想普遍取得了突破，工商业领域的发明创造开始获得认可。国家君主和城市政府开始实施新的经济政策，并在一定范围内授予发明创造特许权（或称特权）。特许权不仅限制了第三人的竞争行为，还包括对有关行会章程限制的豁免。在某些情况下，特许权对行会章程限制的豁免具有重要的意义，而限制竞争行为的作用则是次要的或无关紧要的。在 15 世纪到 16 世纪，威尼斯对新的磨坊、抽水泵和挖掘机等发明授予特许权，英格兰对挖掘机械发明也授予特许权。虽然这些特许权被视为君主的恩赐，但君主并不能随意授予特许权。15 世纪到 16 世纪的实践表明，特许权的授予需要满足某些前提条件，如新颖性、可实施性和有用性等。❶ 直到 16 世纪中叶，一些国家才形成了授予特许权的基本原则，这些原则甚至对现代专利制度产生了直接的决定性影响。尽管特许制度促进了知识成果的产生，但其本质仍是一种专制经济政策。国家通过收取特许费为国王的国库开辟财源，同时阻止了进口资金的外流，促进了国内工商业的发展。然而，为了财政利益，一些长期在国内生产的产品也被授予特许权，甚至存在给官员授予特许权的情况。

与欧洲的发展历程相似，在中国，随着印刷技术从雕版印刷发展到活字印刷，作为知识产权雏形的特许权也在中国逐渐显现。根据宋朝学者罗璧所著《识遗》的记载，北宋朝廷曾下令，禁止人们未经国子监同意私自刻印《九经》。这实际上相当于朝廷赋予国子监对《九经》蓝本的刻印出版专有权。然而，这种所谓的"翻印权"是一种钦定的行政庇护，而不是法定的权力保护。❷

在自由主义的影响下，一切形式的垄断都被视为专制经济政策的工具，受到人们的憎恨。法国大革命时期，包括发明特权在内的特权制度甚至被废除。但即便如此，当法国发现保护发明创造有利于技术发展时，又开始为保护发明创造寻找新的理由。支持者认为，知识的创造者对知识财产拥有一种自然财产权，这种财产权可以视为人权的延伸。1791 年《法国专利法》第 1 条就宣告任何发现和新发明都是属于其发明者的财产，法律对此予以保障。随着封建王朝的衰落和私权概念的演变，无形财产的权利形式由特许权向法定权利转变，这也使得知识产权成为一种新型的私权。

在上述历史脉络上看，保护知识财产的法律制度存在从特许制度发展为现代知识产权法的情形。虽然特许制度与知识产权制度没有泾渭分明的区分标准，但是实际上仍有所不同。两者的不同主要在于保护的对象是具体抑或是抽象的，权利主体是特定还是非特定的。

相比较而言，专利制度的保护对象只要是新的技术方案即可，更为抽象；

❶ 鲁道夫·克拉瑟.专利法：德国专利和实用新型法、欧洲和国际专利法 [M]. 6 版. 单晓光，张韬略，于馨淼，译. 北京：知识产权出版社，2016：70.

❷ 刘春霖.知识产权资本化研究 [M]. 北京：法律出版社，2010：25.

而特许制度的保护对象则更为具体，如英国 1969 年《鼓励从玉米中蒸馏白兰地和酒精法》（*An Act for the Encouragement the Distilling of Brandy and Spirits from Corn*）和 1789 年《通过在有限时间内授予设计人、印花工和所有权人以财产权而鼓励亚麻布、棉布、白棉布和平纹细布的设计、印花技术法》（*An Act for the Encouragement of the Arts of Designing and Printing Linens*，*Cottons*，*Calicos and Muslins by Vesting the Properties thereof in the Designers*，*Printers and Proprietors for a Limited Time*）分别保护酒精蒸馏和棉布设计等具体技术方案。特许制度保护对象的具体的，其权利主体一般也是特定的，一般为该技术产品的生产者；而专利制度的权利主体只要为一般民事主体即可。

实际上，尽管特许制度并非严格意义上的知识产权法，但其在保护知识财产方面的历史作用却毋庸置疑。类似地，笔者认为中药品种保护制度，尽管也不是严格意义上的知识产权法，但它已经像特许制度一样，成为知识产权法的雏形，并在保护中药知识财产方面发挥了重要作用，这一点也得到了广泛的认可。

二、权利主体

在权利主体方面，所有民事主体均能平等地申请并获得专利权。专利权的权利主体具有普遍性，这也是现代知识产权不同于前知识产权法时期特许权的一大特征；而中药品种权的权利主体范围更为狭窄，受到公权力的限制更多。依据《中药品种保护条例》第 9 条的文义可知，权利主体只能是中药生产企业，而不能是自然人。也就说，个人无法持有《中药保护品种证书》，也无法获得中药品种权，这与专利法的规定有显著的不同。

《中药品种保护条例》第 9 条规定只有中药生产企业可以获得中药品种权，对于何为中药生产企业《药品管理法》和《中药品种保护条例》均没有对此进行明确定义。笔者认为，"企业"应理解为包括公司和其他企业法人在内的营利法人。实际上，截至 2024 年 8 月，经国家药品监督管理局批准后，可以生产药品的企业共有 8600 余家。❶ 其中，绝大多数企业以"公司"

---

❶ 国家药品监督管理局 . 数据查询 [EB/OL]. [2024-07-31]. https://www.nmpa.gov.cn/datasearch/search-result.html.

为尾缀，即为公司制企业；但仍有极少部分企业以"制药厂"为尾缀，而这些"制药厂"的民事主体性质不一，有如丽珠集团丽珠制药厂是有限责任公司，有如天津中新药业集团股份有限公司隆顺榕制药厂是股份有限公司，有如盈江制药厂是个人独资企业，也有如太仓制药厂是股份合作制企业。

至于权利主体为什么必须是中药生产企业，这是因为2019年修订以前的《药品管理法》规定："药品生产企业在取得药品批准文号后，方可生产该药品。"药品生产企业和药品批准文号在药品生产环节是相捆绑的。一般而言，药品批准文号只能由药品生产企业所获得。如果医药公司、科研院校开发出新药，实际上是难以获得药品批准文号的，要么由医药公司、科研院校与药品生产企业共同申请药品批准文号，要么由药品生产企业单独申请药品批准文号，医药公司或者科研院校仅当药品批准文号的匿名持有人。

2019年《药品管理法》打破了这种桎梏，实施药品上市许可持有人制度，将药品生产企业与药品上市许可的捆绑制转变为分离制。医药公司和科研院校实际也有可能成为药品上市许可持有人。《中药品种保护条例》的规定落后于《药品管理法》的规定，但2022年《中药品种保护条例（修订草案征求意见稿）》也将权利主体修订为"药品上市许可持有人或者生产企业"，与2019年《药品管理法》保持一致。这反映权利主体条文的修订以放宽权利主体限制为导向，让各类型的民事主体均能平等地享有中药品种权。

三、权利客体

谈论药品的法律保护，主要是谈论药品知识财产的法律保护。一是因为作为物理载体的药物，其保护只要适用《民法典》物权编的相关规定即可，鲜有讨论之价值；二是因为相比于物理载体的药物，药品知识财产才是医药公司的核心财产。因此，谈及中药品种保护制度，实际上也是以知识产权的视角对其进行分析，即将中药品种作为一种无形财产（知识财产），而非一种有形财产予以对待。《中药品种保护条例》保护的客体是一种无形财产（知识财产），即中药现代知识（中药技术方案、中药技术成果），不是中药传统知识。

专利法保护新的技术方案，只要该新的技术方案满足新颖性、创造性和实用性，一般均系专利权保护的客体。由此可见，专利制度当然可以保护中药技术方案，但是与中药品种保护制度的保护范围是有所差异的。中药品种保护制度更强调药品的有效性和安全性，但相较于专利制度而言，对中药技术方案的新颖性和创造性的要求较低。

此外，依据《专利审查指南》的规定，符合要求的中药产品、制备方法和医药用途都可以获得专利保护。相比较而言，中药品种保护制度的保护对象限于中药产品，制备方法和医药用途都不能单独获得中药品种保护，即制备方法和医药用途都只能依附于中药产品才能获得中药品种保护，这一点与专利制度有明显的不同。从中药产业链的角度上看，专利制度可以保护研发、试验和上市阶段的全部中药技术方案，而中药品种保护制度只能用于保护上市阶段的中药技术方案。总体而言，专利法的保护客体更具有普遍性。

四、权利载体

《中药品种保护条例》的权利载体是中国境内生产制造的中药品种，包括中成药、天然药物的提取物及其制剂和中药人工制成品。专利法的权利载体显然没有特定性，也没有地域性，范围更加广泛。与专利权相比，中药品种权的权利载体更为具体，只能为特定的中药品种。可见，在权利载体方面，中药品种保护制度与前知识产权法时期的特许制度更为相似。

五、权利内容

（一）权能类型

专利权人对其专利产品或专利方法的"实施"享有专有权。至于何为专利的"实施"，即"为生产经营目的制造、使用、许诺销售、销售、进口"的行为。此外，专利权人还可以对专利进行转让或者许可实施。《中药品种保护条例》只规定权利人对其中药保护品种的"生产"享有专有权，但是没有规定对"使用、许诺销售、销售、进口"享有专有权。这是否就意味着权利人不能行使这些权利？

制造权与销售权具有一体性，没有销售权就意味着否定了制造权。仅仅制造产品，但不能销售，违背商业运行的常理。同理，考虑到制造权的实现，专有权的范围应该包括许诺销售权和使用权。

关于进口权，《中药品种保护条例》是中国特有的行政法规，国际上并没有相对应的条约予以规定。外国医药公司在域外生产与中药保护品种的同款药品，属于该公司的自由。至于中国企业和个人进口该款药品，在条例未明确禁止之前，也属于其自由，不应被禁止。因此，中药品种权的权能不应当然包括进口权。

关于处分权。专利权可以单独处分，而中药品种权与药品上市许可是一体的，难以脱离药品上市许可进行单独转让。《中药品种保护条例》没有规定中药品种权可以转让。不过，2019 年《药品管理法》实施药品上市许可持有人制度，持有人可以委托其他药品生产企业生产药品，也可以转让药品上市许可。因此，虽然《中药品种保护条例》没有转让和许可实施的相关规定，但是中药生产企业依据《药品管理法》的规定，既可以委托他人生产中药保护品种，也可以转让中药保护品种的上市许可。至于中药品种权能否随药品上市许可的转让而转让，笔者认为，依据《中华人民共和国行政许可法》（以下简称《行政许可法》）第 9 条的规定，未经法律明确允许，行政许可是不能转让的。由于《中药保护品种证书》是一项行政许可，在《中药品种保护条例》未明确允许上述许可转让的前提下，中药品种权无法随着药品上市许可转让而变更权利主体。但中药品种权无法转让的性质，与现行《中华人民共和国药品管理法》的立法理念不一致，2022 年《中药品种保护条例（修订草案征求意见稿）》则对此予以修订，第 30 条第 1 款规定："中药保护品种的药品上市许可依法转让的，《中药保护品种证书》应当进行相应变更。"

关于实施许可。笔者认为，权利人可以通过合同许可他人生产中药保护品种。一是既然《中药品种保护条例》规定了强制性实施许可，那么权利人通过合同进行自愿性的实施许可当然并无不可，也有利于双方之间利益最大化。二是中药品种的实施许可有实例为证，在金陵制药厂诉江苏省中医药研究所非专利技术转让合同案❶中，法院认为，原、被告之间关于中药品种"脉络宁注射液"的许可使用合同有效，被告作为许可方对"脉络宁注射液"拥有技术成果所有权，原告作为被许可方拥有生产专用权，即"脉络宁注射液"的独家生产权。2022年《中药品种保护条例（修订草案征求意见稿）》也对此予以明确，第30条第2款规定："中药保护品种的药品上市许可持有人可以委托符合条件的药品生产企业生产中药保护品种。"

（二）权利范围的严格限定性

科技成果类知识产权主要保护的是思想，然而对思想的过度垄断必然会阻碍社会的进步与繁荣。因此，明确并确定其权利范围至关重要，不能随意进行改动。对于中药保护品种而言，其权利范围应具有严格的限定性，仅限于同一处方和同一剂型的中药品种。不应过度扩展至不同处方或不同剂型的中药品种，也不能将权利延伸至进口行为，否则将破坏比例原则，对社会和经济造成不良影响。因此，中药品种保护制度的权利范围必须谨慎界定，以确保在保护知识产权的同时，不妨碍社会的进步与繁荣。2006年《中药品种保护条例（征求意见稿）》在《中药品种保护条例》的基础上，进一步明确中药品种权的权利边界为"一个处方制成的某一剂型的中成药品种"，权能范围为"为生产经营目的制造、使用、许诺销售、销售"的"禁止权"。笔者认为，该征求意见稿已经限定了中药品种权的权利范围，符合比例原则，可以予以采纳。

（三）独占性与寡占性

专利权是独占性权利，具有绝对的排他性。相比之下，中药品种权并非当然的独占性权利：若不存在同品种保护，中药品种保护是独占性保护；若存在同品种保护，中药品种保护则为寡占性保护。

虽然中药品种保护制度没有规定同品种保护的中药生产企业的数量，但是国家中药品种保护审评委员会其网站上回答"多家企业生产的同一品种可以申请中药保护吗"的问题的时候称："虽然《中药品种指导原则》中未对

---

❶ 南京金陵制药厂诉江苏省中医药研究所非专利技术转让合同案，江苏省南京市中级人民法院（1993）宁经调初字第45号民事判决书。

同一品种申报企业数进行限制，但考虑到同一品种生产企业过多则品种可保性不强，且每个企业的产品质量无法确保一致，原则上对多家生产品种不予保护。"● 可见，如果同一中药品种由多家中药生产企业生产，该中药品种的可保性不强，原则上不予保护。从知识产权法的公有领域原则上分析，这是因为如果多家中药生产企业可以同时生产同品种的中药品种，意味着该中药知识财产已经落入公有领域，不宜再对其进行保护。一般而言，只有唯一或少数中药生产企业可以同时对同一中药品种申请中药品种保护，中药品种权是独占性或寡占性权利。

（四）同品种保护

药品监督管理部门核发的药品上市许可是一项行政许可，因此即便多家中药生产企业生产同品种的中药品种，各家企业取得的药品批准文号也是不同的，即不存在多家企业"共有"同一药品批准文号的可能性。

然而，虽然多家中药生产企业无法"共有"相同中药品种的药品上市许可，但是，同时生产同品种的中药品种的情况却长期客观存在。在中药注册分类中，除了中药创新药、中药改良型新药等中药新药，本来就存在古代经典名方中药复方制剂、同名同方药等传统剂型中药。同名同方药自不必说，当然存在多家企业生产的情形。由于古代经典名方属于公有技术，一般不会涉及专利纠纷，因此古代经典名方中药复方制剂也存在由多家企业进行生产的情形。

在同一中药品种可能由多家中药生产企业生产的背景下，《中药品种保护条例》从中直接挑选一家企业授予《中药保护品种证书》，就会直接剥夺其他企业的财产权，对其他企业并不公平。在《中药品种保护条例》施行之初，实际也没有过于强调中药保护品种的创新性（从《中药品种保护指导原则》开始强调创新性），而是强调安全性和有效性。因此，《中药品种保护条例》规定有同品种保护，如果一种中药品种，在获得中药品种权并成为中药保护品种之前，由多家药品生产企业生产的，除了首家申请初次保护的企业

● 多家企业生产的同一品种可以申请中药保护吗？[EB/OL]. [2020-06-21]. http://www.zybh.org.cn/d?xh=139680.

以外，其他企业也可以在期限内申请同品种保护。因此，多家企业实际上因同品种保护可以同时生产同一中药保护品种。

笔者认为，由于中药品种权的范围限于具体的中药产品，而不同药品批准文号的中药品种实际上是属于不同的中药产品，因此初次保护和同品种保护的权利人实际并非"共有"中药品种权，而是各自享有中药品种权。此时的中药品种权为寡占性权利。然而，自《中药品种保护指导原则》颁布以来，申请初次保护的中药品种亦强调为原研药。因此，在首家企业首次申请中药品种保护之前，多家企业同时生产原研药的情形是较为少见的。这从国家药品监督管理局公布的统计年报也可以看出，2014—2018 年的中药品种的同品种保护总数量分别下降为 18 种、17 种、15 种、12 种、4 种。中药品种权的独占性逐渐增强。

六、保护期限

（一）延长保护的限制

专利权的保护期限为申请之日起 20 年；中药保护品种则为分级保护，一级可以为 30 年、20 年或 10 年不等，二级为 7 年，均有延长的规定。但这并不意味着中药保护品种是"终身制"，只有在特殊情况下一级中药保护品种才可以延长保护期限，且延长的保护期限由药品监督管理部门在不超过第一次批准的保护期限内确定。法律法规并未明确规定何为"特殊情况"，但实际上现存的一级中药保护品种只有云南白药、云南白药胶囊和片仔癀三种，保护期限也只为 10 年。❶ 可见，虽然一级中药保护品种仍然存在，但是数量极少，甚至可以说一级中药保护品种的品牌意义大于技术保护的意义。而且，一级品种的保护期限届满，也可以作为二级品种继续受到保护。二级中药保护品种的延长期限无次数和"特殊情况"的限制，中药保护品种由一级降为二级，权利人的利益也并未减损。

---

❶ 截至 2020 年 4 月 20 日，尚在保护期限内的一级中药保护品种仅存 3 种，为云南白药和云南白药胶囊（生产企业：云南白药集团有限公司；保护终止日：2025 年 8 月 18 日）、片仔癀（生产企业：漳州片仔癀药业股份有限公司；保护终止日：2024 年 9 月 15 日）。

即便二级中药保护品种的保护期限可以"无限制次数"地延长，但是也并非如商标权那般近乎无条件地延长。《中药品种保护指导原则》规定，可以延长保护期的中药品种首先应该是比同类中药品种的临床疗效更为显著，其次在药理学上应该比获得中药品种保护之前有明显的改进与提高。可见，品种改进和质量提升是中药保护品种"常青"的关键。

如前文所述，2022 年《中药品种保护条例（修订草案征求意见稿）》彻底改变了中药保护品种"终身制"的问题，第 12 条规定："中药品种保护期届满后，不得再以相同的事实和理由获得保护……"除非中药品种权人对原中药保护品种作出新的显著改进或者提高，否则不能再获得中药品种保护。

（二）提前终止的情形

《中药品种保护指导原则》规定了中药品种保护提前终止的情形，主要有以下几种情形：一是权利主体不符合资格，即中药生产企业的药品生产许可证失效；二是权利客体不符合资格，即中药品种的药品批准文号失效；三是中药生产企业未按规定完成改进提高工作。从上述第三点可见，中药生产企业取得《中药保护品种证书》后并非一劳永逸，即便在保护期限内，也要履行品种改进的义务，如果未按照计划对中药品种开展改进提高工作，则中药品种保护则有可能被提前终止。2022 年《中药品种保护条例（修订草案征求意见稿）》则规定，除了权利主体、客体不符合资格之外，发生重大质量安全责任事故、存在严重不良反应或者权利人不能保障药品稳定供应的中药保护品种，也需要提前终止中药品种权。

中药品种权还涉及权利终止后（包括提前终止和期满终止）的中药品种是否可以再申请中药品种保护的问题。《中药品种保护指导原则》给出了否定的答案。终止保护的中药保护品种已落入公共领域，无论是原权利人还是其他中药生产企业，均不得再次申请中药品种权。对此，2022 年《中药品种保护条例（修订草案征求意见稿）》第 34 条也明确规定："保护期满或者提前终止保护的品种，药品上市许可持有人或者生产企业应当停止使用中药品种保护专用标识。"

七、权利限制

罗伯特·P.莫杰思教授认为，比例原则是指"知识产权给予其持有人的杠杆优势或者力量，总体上不得与其在此情形下应得的权利发生比例适当"❶。洛克强调，所付出的劳动与所主张的财产权应达成基本平衡，这恰恰是比例原则的体现。同样，康德也强调要防止财产权人对其应得回报的不成比例部分提出权利主张，以避免给社会造成过度负担。由此可见，比例原则已经深深嵌入知识产权的基础理论。无论是洛克还是康德的理论，我们都可以找到他们对比例原则的坚定支持，比例原则在权利限制中得到了主要体现。虽然知识产权的主体对其知识财产享有独占权，但这种权利仍然受到公权力和公共利益的限制。一旦权利人在行使知识产权时超越了法律和公序良俗的界限，就会被认为是不当的，甚至有可能侵犯他人和社会公众的利益。因此，为避免违反比例原则，中药品种权应受到相应的限制。

（一）公序良俗

《专利法》规定有悖于公序良俗的发明创造不能被授予专利权。中药品种保护制度并无公序良俗限制的规定，但是依据《行政许可法》第1条的规定，《中药保护品种证书》这一行政许可亦不得损公共利益和公共秩序。

（二）强制许可

《专利法》规定了专利的强制实施许可。中药品种保护制度亦规定了强制实施许可，对于临床用药供应不足的中药保护品种，其他中药生产企业可以进行仿制并向权利人支付合理的使用费。出现临床用药供应不足的原因主要有以下两种：一是权利人未生产或未充分生产该中药保护品种；二是国家出现紧急状态，中药保护品种的需求量急速上涨。中药保护品种的强制实施许可，有利于降低紧缺药品的价格，保障公众的健康权。笔者认为上述强制实施许可的条件仍过于狭窄，可以扩张解释至公众面临重大健康威胁的情

---

❶ 罗伯特·P.莫杰思.知识产权正当性解释[M].金海军，史兆欢，寇海侠，译.北京：商务印书馆，2019：313.

形。例如 2020 年，世界各国出现严重的新型冠状病毒感染疫情，在这种重大健康威胁面前，任何财产权都不应该"挡道"，若是中药保护品种对治疗疫病有效，而权利人又无法大量生产中药保护品种，理应允许对中药保护品种进行强制实施许可。

比例原则可以解释重大健康威胁下的强制实施许可的问题。当药品知识产权导致过度回报时，应通过强制许可来减少药品知识产权所带来的回报。然而，在一般情况下，这个假设并不直接成立。这是因为药品研发和商业化并非总能成功，大多数药品的研发或销售都无法获得利润，甚至无法回收投入的成本。有观点认为，每款成功的药品都需承担多个不成功药品研发项目所投入的资金。❶但在社会面临重大健康威胁、公众健康权面临巨大危机时，一款药品的过度回报就显得不合适，因为这会削弱对公众健康权的保护。此时，实施中药品种权的强制许可是符合比例原则的。在这样的情境下，保护公众的健康权应优先于药品知识产权的回报问题。

2022 年《中药品种保护条例（修订草案征求意见稿）》虽然没有对强制实施许可进行规定，但第 28 条规定："……列入国家短缺药品清单的已实施市场独占保护的中药品种，《中药品种保护证书》持有者应当积极扩大产能，满足临床用药需求。"第 31 条规定，权利人不能保障药品稳定供应的，国务院药品监督管理部门应当终止保护。可见，当权利人不能稳定供应中药保护品种时，药品监督管理部门从有权"强制实施许可"变为有权"终止保护"，实际上对中药品种权人予以更为严格的约束。

（三）权利穷竭

当非物质性的知识产权以物化载体形式出现以后，就会涉及知识产权和物权之间的权利冲突问题。知识产权人希望知识产权的垄断效力延伸至出售

---

❶ 一方面，药品的研发当然是风险很高的，耗资几千万元上亿元的研发项目，会出现在后期临床试验暴露出不可解决的难题而被迫放弃；另一方面，大型医药公司擅长通过药品研发项目组合加以多样化，缓解特定项目的风险；总体而言，药品研发确实风险很高，除了那些非常顶级的药品之外，药品的整体经济回报只能达到标准投资的平均值。参见罗伯特·P. 莫杰思. 知识产权正当性解释 [M]. 金海军，史兆欢，寇海侠，译. 北京：商务印书馆，2019：504.

的商品，而物权人凭借对有形物的所有权进行对抗。各国立法者为解决知识产权和物权的权利冲突，最终决定限制知识产权的垄断效力，以促进知识产品物化商品的流通，这项制度就是"权利穷竭"。所谓权利穷竭，就是指含有知识产权的商品以合法方式进行销售以后，知识产权人不再能控制商品的流通，即权利人一经行使相应的权利，就不能再次行使。❶ 权利穷竭制度消除了知识产权遏制商品自由流通的负面影响，促进了商品贸易的发展。专利权作为知识产权，适用权利穷竭制度。虽然《中药品种保护条例》没有明确规定权利穷竭制度，但是中药品种权作为知识产权，当然也要受到权利穷竭制度的限制。

（四）现有技术

依照公共领域原则的理念，知识产权法律应避免将"现有技术"拨归给私人。在专利法领域，由此演绎的规则就是实质审查的新颖性要件。在《中药品种保护条例》施行之初，中药品种保护的审查要件并不包括新颖性，导致部分处于公共领域的中药传统知识借由中药品种权拨归给某一中药生产企业。因此，《中药品种保护条例》难以被称为符合公共领域原则。但是，《中药品种保护指导原则》开始将先进性（即较低程度的新颖性）纳入品种可保性的审查要件之中。自此，中药品种权开始受现有技术的限制，属于现有技术的中药品种一般是无法获得中药品种保护。

中药保护品种的处方组成一般已经公开且记载于古代或近代的中药典籍之中，为现有技术。因此，公众使用已经公开的中药处方自制中药汤剂，甚至是医疗机构用以配制中药制剂，笔者均认为属于合理使用的范畴，有利于保障公众的健康权，亦平衡了中药生产企业和公众的利益，不宜认定为侵权。

（五）在先使用

在先使用权利，或称为先用权，是指知识产品的在先使用人可以对抗以后基于同一知识产品所取得的知识产权。在专利制度中，在先权用于保护在

---

❶ 郑成思．版权法 [M]．北京：中国人民大学出版社，1990：272.

专利权申请日以前已经在先使用该项技术的相关人员的利益。《专利法》第
75条第（二）项规定，在先使用人在原有范围内继续制造和使用该项技术
的，不视为侵权。《中药品种保护条例》没有规定在先权。由于同品种保护
的存在，未获得证书的其他药品生产企业无法再以在先使用为由继续生产同
品种的中药保护品种。

司法实践亦不支持中药品种权有在先权的限制。在亨新公司与鹏鹞公司
案[1]中，一审法院认为，虽然鹏鹞公司认为其比亨新公司在先生产"抗癌平
丸"，应当依法享有在先权，但是在先权只在《专利法》中有所规定，中药保
护品种不适用《专利法》的规定，也就没有在先权。笔者部分赞同一审法院
的观点，这是因为中药品种保护存在同品种保护一说，同品种保护既是一种
权利，也是一种义务。申请同品种保护的企业，应对相同中药品种完成质量
考核。可见，如果一家企业在先生产他人已申请初次保护的中药品种，有权
对该中药品种申请同品种保护。如果这家企业未申请同品种保护，应视为拒
绝履行质量考核的义务，放弃中药品种保护的权利。该企业嗣后再以在先使
用为由对抗权利人，不符合诚实信用原则，不应予以支持。

（六）实验使用

有观点认为，实验使用例外是以临床试验和药品注册为目的实施专利
的行为，不属于侵权。[2]《专利法》第75条第（四）项对此明确规定。药品
实验例外是为了使仿制药可以在专利药的专利期届满前就开始申请药品上市
许可，从而避免因行政审批而使专利药的实际保护期不合理延长。它能使仿
制药在专利期限届满后立即参与上市竞争，降低该款药品的价格，提高药品
的可及性。在美国礼来公司诉甘李公司专利侵权案[3]中，美国礼来公司拥有

---

[1] 海南亨新药业有限公司诉江苏鹏鹞药业有限公司等中药保护专属权侵权及不正当
竞争纠纷案，广西壮族自治区桂林市中级人民法院（2003）桂市民初字第70号民事判决
书；江苏鹏鹞药业有限公司与海南亨新药业有限公司等不正当竞争纠纷上诉案，广西壮
族自治区高级人民法院（2004）桂三终字第11号民事判决书。

[2] 蒋洪义. "药品实验例外"原则的创立、发展及其在中国的应用 [M]// 易继明. 中
国科技法学年刊：2007卷. 武汉：华中科技大学出版社，2008：127.

[3] 美国礼来公司诉甘李药业有限公司专利侵权案，北京市中级人民法院（2005）二
中民初字第6026号民事判决书、（2007）二中民初字第13419-13423号民事判决书。

胰岛素类似物的制备方法及制剂的发明专利。甘李公司向国家药品监督管理局申请了"重组赖脯胰岛素"和"双时相重组赖脯胰岛素注射液 75/25"的上市许可，并获得了临床研究批件。美国礼来公司认为甘李公司的行为侵犯了其专利权。然而，我国法院认为上述药品尚处在药品注册审批阶段，还不具备上市条件。因此，甘李公司进行临床试验和申请上市许可的行为，与生产、销售该药品的行为不同，不属于侵犯专利权的行为。笔者认为，《中药品种保护条例》只是禁止他人生产中药保护品种，并未禁止对其进行科学研究和实验使用。因此，中药品种权本身并不包含禁止他人实验使用的权能，所以也不会受到实验使用的限制。

（七）非明显创新

公共领域的知识财产和知识产权保护的知识财产的范围并非泾渭分明，中间存在一个性质模糊的"扩张领域"。"扩张领域"的典型例子就是非明显创新。在专利制度中，如果某项发明依现有技术而言是显而易见的，那么任何人都不能获得专利，这就是所谓的创造性（或称"非显而易见性"）要件。

印度在限制药品非明显创新的问题上，于 2005 年《印度专利法》中制定了备受争议的第 3（d）条❶，试图阻止"evergreening"药（常青药）❷ 和

---

❶ 1970 年《印度专利法》第 3（d）条规定的不可申请专利的情形之一，即是"仅仅发现已知物质的任何新性质或新用途，或者仅仅使用已知的工艺、机器或设备，除非这种已知的工艺产生新产品或使用至少一种新反应物"。2005 年《印度专利法》将第 3（d）条修改为："仅仅发现已知物质的新形式，并不会导致该物质的已知功效的增强，或者仅仅发现已知物质的任何新性质或新用途，或者仅仅使用已知工艺、机器或设备，除非这种已知工艺产生新产品或使用至少一种新的反应物。说明：就本条款的目的而言，已知物质的盐、酯、醚、多晶型物、代谢物、纯形、粒径、同分异构体、同分异构体混合物、复合物、组合物和其他衍生物应被认为是同一种物质，除非它们在功效上有显著的不同。"

❷ 有学者将"evergreening"译为"常青"；"常青"药物是指对原专利药的惰性成分、配方以及剂量和组合的活性成分进行微小变化，或研发现原专利药的新用途，从而申请新的药品专利，使得原专利的保护期间实质延长。参见魏想，胡晓红.药品专利"常青化"应对模式的中国选择 [J]. 西北师大学报（社会科学版），2020，57（02）：113-121.

"me-too"药❶等微小创新的药物（下文统称为"改进药"）被授予专利权，基于现有药物或化学实体研发的新发明只有具备"增强已知功效"的特征才能被授予专利权。

《新英格兰医学杂志》（*New England Journal of Medicine*）的前编辑玛西亚·安吉尔（Marcia Angell）称，商业药品几乎没有"真正"的创新，因为医药公司生产的大多为仿制药，这种仿制药有时只是剂量改变了。在产生新分子实体（New Molecular Entities，简称 NME）的为数不多的真正创新中，大多数来自政府或大学的研究，然后授权给医药公司。在西亚·安吉尔看来，1998—2002 年，只有 14% 的美国食品药品监督管理局批准的新药是"真正"的创新，而 86% 的新药是已经存在的。❷甚至有观点认为，如果将《印度专利法》第 3（d）条的规定引入美国专利法，那么将有大量药品专利无效。不过，这也有助于药品研发机构致力于发现新分子实体并对现有药物进行有效的改进，最终为"真正"的创新提供更多的动力。

2005 年《印度专利法》第 3（d）条规定是印度最高法院审理的格列卫案的争议焦点。美国诺华公司在印度就抗癌药 Imatinib Mesylate 申请专利，该款抗癌药对某些形式的白血病有治疗效果。印度专利机构拒绝了 Imatinib Mesylate 的专利申请，理由是这款药物是印度生产的格列卫（Glivec）的改进药，代表的是一种渐进的步骤，而不是一种"真正"的创新。印度药品生产企业一直生产自身的格列卫（在印度称为 Gleevec），印度版格列卫的销售价格仅为每人每年 2 500 美元，而其他地方的价格高达70 000 美元。❸2013 年 4 月 1 日印度最高法院认定该改进药不符合"增强已知疗效"的实质审查标准，依据《印度专利法》第 3（d）条规定，驳回

---

❶ 有学者称"me-too"药物是改进药，是以原型药为基础进行结构修饰或结构改造的新药，致力于避开原药品专利从而申请新药品专利。参见王淑月，王洪亮.浅谈"me-too"药在新药研究中的地位 [J]. 河北工业科技，2003，20（02）：56-58.

❷ HALLIBURTON M. India and the Patent Wars: Pharmaceuticals in the New Intellectual Property Regime[M]. Cornell university press，2017：41-42.

❸ HALLIBURTON M. India and the Patent Wars: Pharmaceuticals in the New Intellectual Property Regime[M]. Cornell university press，2017：47.

美国诺华公司的专利申请。❶ 印度最高法院通过格列卫的判决，否定了对现有药物进行微小改进后的改进药的可专利性。当然，印度是用这种方式保护本国的仿制药产业，排除外国微小创新的改进药申请专利，从而保障了本国仿制药企的利益。

作为联合国健康权问题特别报告员的阿南德·格罗弗（Anand Grover）在评论该案件时称：美国将大量金钱浪费在新形式的旧药物上，但是印度则不会。❷ 来自印度制药公司的两位知识产权专家维杰亚拉加范（Vijayaraghavan）和拉古万希（Raghuvanshi）于 2008 年也声称，新的专利法将刺激印度医药产业的创新，但他们也强烈地捍卫第 3（d）条规定。如果没有第 3（d）条的规定，专利法会保护一种"无关紧要的发明"，这种发明的目的"不是保护一种产品，而是防止其他人提出替代方案"。❸

虽然各国对药品非明显创新的限制仍有争议，但是，《中药品种保护指导原则》在《中药品种保护条例》的基础上，进一步"鼓励创新"，进而对中药品种的非明显创新进行限制。一级中药保护品种需要对"特殊疾病"有疗效，或是对疾病有"特殊疗效"。❹ "特殊疾病"和"特殊疗效"的两点要求，就是对于非明显创新的限制。二级中药保护品种也有近似的规定，需要对疾病有"显著疗效"。❺ 中药品种保护制度虽然没有明确强调"非显而易见性"，但是通过"特殊疾病"和"特殊疗效"两点要求，限制只有微小创新的中药品种获得中药品种权。

---

❶ CIVIL APPEAL Nos. 2706-2716 OF 2013.

❷ HALLIBURTON M. India and the Patent Wars: Pharmaceuticals in the New Intellectual Property Regime[M]. Cornell university press，2017：47.

❸ HALLIBURTON M. India and the Patent Wars: Pharmaceuticals in the New Intellectual Property Regime[M]. Cornell university press，2017：48.

❹ "特殊疾病"是指严重危害公众健康权的重大疑难疾病、烈性传染病和罕见病等。"特殊疗效"是指治疗效果有重大突破性进展，包括目标治愈的患者数量明显增多，对既往没有有效治疗效果的疾病有明显疗效，对重大疾病的终点结局（如病死率、致残率等）有重大改善等。

❺ "显著疗效"指的是应用中药辨证用药理法特色且具有显著临床应用优势，或是治疗效果优于同类中药品种。

八、侵权责任与行政责任

《中药品种保护指导原则》第 6 条规定，没有获得同品种保护的企业，应先停止生产该中药品种；如果仍然继续生产，药品监督管理部门则会吊销该企业这一中药品种的药品批准文号。这实际是一种责令停产停业和吊销许可证和的行政处罚，是一种行政责任。《中药品种保护条例》未直接规定有民事责任。

笔者认为，中药保护品种的侵权问题，涉及应然性和实然性两个层面的问题，即侵害中药保护品种的行为应否承担侵权责任及实际是否会出现侵害中药保护品种的行为这两个问题。

从应然性的角度来看，虽然《中药品种保护条例》并未规定有侵权责任，但是，若是其他企业违法生产中药保护品种，中药生产企业依然可以依据《民法典》侵权责任编的相关规定追究侵权人相应的侵权责任。侵犯中药品种权只有行政责任，而无民事责任，不符合比例原则。这种没有弹性的行政处罚，有时并不利于维护双方的最大利益，甚至会导致利益失衡。因此，行政处罚应向侵权救济让道，让权利人依据自身的最大利益，选择损害赔偿还是停止侵害的侵权救济方式。

从实然性的角度来看，中药保护品种的侵权责任纠纷确有出现，但是从中国裁判文书网的搜索结果上看，并不多见。这类侵权责任纠纷多存在于 20 世纪 90 年代。《中药品种保护条例》施行之初，同品种的中药品种实际上可能由多家企业进行生产，如果其中一家企业获得了中药品种权，而其他企业在没有获得"中药保护品种证书"的情况下依旧生产中药保护品种，中药生产企业之间将会发生侵权纠纷。未获得"中药保护品种证书"的情形主要有三：一是按期申请同品种保护但暂未批准；二是逾期申请同品种保护致使无法批准；三是不符合要求未能申请到同品种保护。《中药品种保护指导原则》规定，已申请同品种保护的企业，在审批期限内可继续生产、销售。即第一种情形已不是违法情形，而在第二种、第三种情形下，指导原则明确规定应中止该中药品种的药品批准文号的效力，即中药生产企业继续生产中药保护品种，涉及的是生产假劣药，不仅会触及《中药品种保护条例》的行政责任，也会触及《中华人民共和国刑法》的生产、销售假药罪。在中药品种权人提起民事救济之前，公权力机关往往已对侵权人进行惩罚。故目前也鲜有单独因第二种、第三种情形产生涉中药保护品种的侵权纠纷。

九、权利数量

一种中药品种只能被授予一次"中药保护品种证书"，即一品种一权利。但是，一种中药品种可能存在有数项专利权。天津天士力制药股份有限公司的二级中药保护品种"养血清脑颗粒"，有多达 9 项关联的已授权专利。❶ 但上述 9 项专利大多数是"监测方法"，只有少数为医药用途专利，而中药产品专利和医药用途专利才是药品创新的核心体现。

十、权利边界

（一）登记制度

财产权（包括知识产权）可以依据占有（possession）或者纸面（paper）两种制度进行确定。物权是通过占有制度确定的典型财产权，而中药品种保护制度和专利制度都是纸面登记制度，通过权属证书确定特定知识财产的权属问题。纸面登记制度假定权利证书载明的权利都归持有人所有，只有通过权利证书的转让才能实现权利的转让。这既有利于知识财产的占有和利用，也有利于其他主体确定特定知识财产的权属人，并与之进行交易。

（二）边界确定方式

相对于传统物权而言，知识产权边界的确定更加困难。物权的权利附着在有形物体上，其物理属性可以被民事主体客观地、清晰地、毫无争议

---

❶ 天津天士力制药股份有限公司的二级中药保护品种"养血清脑颗粒"涉及如下 9 项专利：①养血清脑颗粒的高效液相色谱检测方法；②一种用超高效液相色谱法测定养血清脑颗粒中酚酸类成分含量的方法；③一种同时检测养血清脑颗粒中阿魏酸与芍药苷含量的方法；④一种养血清脑颗粒蒽醌类成分检测方法；⑤养血清脑颗粒对脑血管周围水肿的预防作用；⑥一种养血清脑颗粒的质量检测方法；⑦一种养血清脑颗粒的气相色谱指纹图谱监测方法；⑧一种养血清脑颗粒的 HPLC 指纹图谱监测方法；⑨养血清脑颗粒在制备减少脑梗死区域的药物中的应用。

地感知和界定。然而，知识产权的客体是知识财产，其本质上属于信息的结合，缺乏有形物理属性，因此难以明确界定。知识财产仅存在于人类的思维活动中，无法直接感知，只能通过语言文字等方式进行表达和传达，这使得知识产权的边界确定相对困难。专利权边界的确定主要有以下两种理论，即"周边限定理论"（peripheral definition theory）和"中心限定理论"（central definition theory）。无论依据的是哪种理论，权利要求书均是专利权边界限定的主要依据。

专利权边界的确定，涉及等同原则在专利侵权的适用问题。中国对于专利权边界的确定仍以"中心限定理论"为准。中药技术方案是否等同，是中药专利侵权案件中最为核心的事实认定问题，往往会影响案件的最终判决。在天士力公司诉万成公司专利侵权案❶ 中，诉辩双方生产的"养血清脑颗粒"属于组方相同的中药品种，争议焦点在于两者之间是否属于等同的技术方案。法院认为，即便是同名同方的中药品种，也可能并非专利法意义上的等同技术方案，相互之间并不构成侵权。

中药品种权没有所谓的权利要求书，权利边界限于特定的中药品种，应以"周边限定理论"为原则。中药品种保护只能排斥未取得《中药保护品种证书》的中药生产企业生产相同的中药品种，不能排斥生产其他相似的中药品种。一般而言，同名同方药是相同的中药品种，也就是说中药品种保护可以排斥同名同方药的生产，不能排斥非同名同方药的生产。

关于"同方异名药"与"同名异方药"是否属于同一品种的问题，需要进行详细探讨。所谓"同方异名"，是指中药品种的处方组成完全相同，但药品名称存在差异的情形，如小儿抗惊片与小儿七珍片、胃灵颗粒与胃舒宁颗粒等。而"同名异方"则是指中药品种的处方组成不同，但药品名称却相同的情形，如安神胶囊与安神糖浆、抗骨增生胶囊与抗骨增生片等。在这种情况下，笔者认为中药品种权不能排除同名异方药的生产，但能排除同方异名药的生产。因此，我们不能仅凭药品名称来判断相似的中药品种是否为同一品种。

❶ 天津天士力制药股份有限公司公司诉东莞万成制药公司专利侵权案，北京市第一中级人民法院（2005）一中民初字第5108号民事判决书；北京市高级人民法院（2006）高民终字第01221号民事判决书。

然而，2017年《中成药通用名称命名技术指导原则》规定，同一处方但不同药品名称，相同或相近药品名称但不同处方，必须重新命名。因此，"一方一药一名"原则最终会成为中药品种的命名原则，即名称相同的中药品种会与相同的中药品种画上等号。❶中药品种权的权利边界可以延伸至全部同名同方药。

第二节　制度的关联性

一、相同客体

在《中药品种保护条例》施行之初，中药专利保护的法律和政策尚不健全，主要借鉴西方发达国家的药品专利保护的法律和政策。但是，西方发达国家的药品专利制度主要围绕化学药品制定，这就决定了中药很难在专利制度下获得有效保护。此外，由于许多古方、验方被公之于众，中药品种的处方组成失去了新颖性。中药品种的工艺流程仍然属于传统工艺，技术革新不大，未能取得意想不到的效果，也未能克服长期存在的技术问题，不满足创造性的要求。不过，正如前文所述，随着中药现代化，中药品种保护制度保护的客体不是中药传统知识，而是中药现代知识。中药现代知识是专利制度和中药品种保护制度的共同客体。

这就会产生两个问题：其一，中药现代知识能否获得双重保护；其二，随着中药发明专利的客体范围逐渐扩大，中药发明专利审查标准与中医理念逐步相近，专利制度是否会挤占中药品种保护制度的生存空间。

二、授权的相对排斥性

《中药品种保护条例》第2条第2款规定："申请专利的中药品种，依照专利法的规定办理，不适用本条例。"依据上述规定，似乎专利权和中药品

---

❶ 白晓菊.国家基本药物中有关"同名异方""同方异名"问题的探讨[J].中药药理与临床，2017，33（04）：217-219.

种权无法共存于同一中药品种之中。但事实上，天士力公司的二级中药保护品种"养血清脑颗粒"同时享有9项专利，这似乎也表明中药保护品种也并非不可能获得专利权。

（一）不同观点 ❶

1. 专利权与中药品种权无法共存

该观点的依据是《中药品种保护条例》第2条，即已经"申请专利的中药品种"不能再申请中药品种保护。如果非要申请，则只能予以退审或者驳回。还有观点认为，"在实践中，许多申请专利的中药也得到中药品种保护，造成许多中药品种受到双重保护，既不利于激励企业自身的创新，也对其他企业造成严重的不公平" ❷，进而不赞同两者的共存。

2. 专利权与中药品种权可在不同时期共存

许多专利技术可能因各种原因而不能实施，难以真正转化成为药品。中药品种保护制度保护的是正在生产和销售、符合国家标准、可以真正用于治疗疾病的药品。因此，对于最先开发了新的中药品种并获得药品上市许可的企业来说，完全可以先申请专利保护，待专利保护期届满时再申请中药品种保护，以避免资源浪费，从而延长其市场独占期限，以获得最大的利益。因此，已经"申请专利的中药品种"暂时"不适用本条例"，待专利保护期届满时再来申请中药品种保护。如果非要申请，则可以劝其撤回。

3. 专利权与中药品种权可同时共存

观点3与前述观点2相似，即认为两种权利可以共存。不仅如此，这种观点还认为法律没有明确禁止申请人同时利用两种制度保护其利益，就不应当拒绝这种做法。按照这种理解，只要申请中药品种保护的企业不违反专利法等法律规定，如自身是专利权人或者获得了专利权人的许可，不存在潜在的法律纠纷，就可以申请中药品种保护。

---

❶ 张清奎. 医药及生物技术领域知识产权战略实务 [M]. 北京：知识产权出版社，2008：193-194.

❷ 白岩. 中药品种保护条例与其他法律法规协调问题的探讨 [J]. 中国中医药信息杂志，2006（06）：11.

（二）中药保护品种不能与中药产品专利共存

关于同一中药品种究竟能否同时获得中药品种保护和专利保护的问题，笔者不认同上述三种观点。

首先，中药保护品种为中药产品，中药品种保护与用途、方法专利保护一般不冲突，即中药保护品种可以同时拥有一项甚至多项用途专利和方法专利，如前文所述的"养血清脑颗粒"就身兼了多种用途专利和方法专利。

其次，中药保护品种一般为中药复方，其药效并不是基于单一化合物，一般难以申请新分子实体和新化学实体专利，故中药保护品种与新分子实体和新化学实体专利在实践中不存在共存的情况。不过，中药保护品种实际可以申请复方组合物专利，这是一种中药产品专利。基于《中药品种保护条例》第2条的规定，如果一款中药品种已经获得复方组合物专利，则不能再受中药品种保护，否则会出现双重保护的情形，与该条文的立法目的不符。如果一种中药品种已经获得复方组合物专利且在保护期内，原研药企嗣后再对该中药品种申请中药品种保护，国家中药品种保护审评委员会不应再通过中药品种保护的申请。如果一种中药品种已经成为中药保护品种且在保护期内，原研药企嗣后再对该中药品种申请复方组合物专利，国家知识产权局应授予中药专利，但国家中药品种保护审评委员会应撤销中药品种保护。这是因为专利权的权能比中药品种权更为丰富，且基于国际条约获得了世界各国的承认，有利于中药生产企业充分利用其拥有的中药技术方案生产中药品种并向各国销售，促进中药国际化。此外，由于专利信息公开共享，中药技术方案在专利期届满后落入公共领域，其他中药生产企业也可以在公开信息的基础上研发新的中药品种，这对于整个社会而言也更为有益。

但是，中药品种权和专利权的相对排斥的问题已在2022年《中药品种保护条例（修订草案征求意见稿）》中予以解决。该征求意见稿删除原《中药品种保护条例》"申请专利的中药品种，依照专利法的规定办理，不适用本条例"的规定，并在第42条规定："中药保护品种的专利、商标及地理标志申请，依照国家有关法律法规的规定办理。"由此可见，中药保护品种可同时获得专利权，中药品种保护制度与专利制度不兼容的问题得以解决。

三、权利冲突

（一）原研药专利权与仿制药中药品种权的冲突

如果一种中药品种已经获得产品专利且在保护期内，仿制药企欲仿制原研药并对其申请中药品种保护，是否最终会形成权利冲突？然而，这种权利冲突一般不会发生在现实之中。因为如果与原研药相同或等同的仿制药被批准上市，会涉及侵害原研药的专利权，原研药企一般会提起专利侵权之诉。根据《中药品种保护指导原则》"凡存在专利等知识产权纠纷的品种，应解决纠纷以后再办理保护事宜"之规定，该仿制药不会再被批准成为中药保护品种。

两种相同或者等同的中药品种，分别拥有产品专利权和中药品种权，两者的存废应通过诉讼程序予以解决，若是专利药在专利侵权之诉中胜诉，中药保护品种的中药品种权无效，不能再生产和销售；若是中药保护品种在专利无效之诉中胜诉，专利药的产品专利权无效，不能再生产和销售。

当然，原研药和仿制药之间的药品专利纠纷完全可以通过药品专利链接制度进行解决，即是将药品专利纠纷前置于药品注册申请程序之中。当中国的药品专利链接制度正式实施以后，被批准上市的仿制药涉及的专利纠纷一般已经予以解决，不会再存在专利侵权的问题。故新型中药品种一般不会被认定为与原中药品种相同或者等同，申请中药品种保护不会再受到专利纠纷的桎梏。

（二）原研药中药品种权与改进药专利权的冲突

相同的中药品种一般不能同时获得中药品种保护和中药产品专利保护。那么，发明人基于中药保护品种研发新型中药品种，该新型中药品种能否获得产品专利呢？笔者认为是可以的。在原研药中药品种权与改进药专利权同时存在的情况下，如果中药品种权人和专利权人为相同的中药生产企业，则不会存在权利冲突的问题。如果分属不同的民事主体，则可能会存在权利冲突的问题。

即便改进药获得专利权，中药保护品种的生产、销售权能依旧可以通过专利先用权得以保护。有观点认为，先用权的客体为技术秘密，该客体先于先用权存在，只有等该等技术被他人申请了专利，技术被公开了，技术秘密权则转变为先用权。❶笔者认为，中药品种权的客体就是一种未披露的技术秘密。因此，即使新的中药品种获得产品专利，原受品种保护的中药品种仍可在原范围内继续制造和使用。

但是，先用权的存在是以满足一定的限制性条件为前提的，是不彻底、不完整的保护。这不同于《商标法》第 32 条所规定的在先权利。在先权利（如企业名称权、肖像权）可以对抗商标权，当在先权利存在的情况下，法律更侧重于保护在先权利，不允许商标权侵犯在先权利。但对于专利先用权而言，法律侧重于保护作为"在后权利"的专利权。

第三节　制度的选择

一、现实情形：偏向专利保护

在《中药品种保护条例》施行 30 余年间，中药品种保护制度面对经济社会发展、法律政策变革的新要求，尤其是面对《专利法》对中药知识成果的保护作用日益加强，存在的合理性受到了一定的质疑，法学界对中药品种保护制度能否继续发挥价值和作用存在一定的争议。本书以数据统计的方式调查制度选择的真实情况。

（一）中药保护品种数量逐渐减少

截至 2024 年 8 月，中国现存的中药保护品种仅为 4734 种（含不同剂型的同一中药品种及同品种保护），其中只有片仔癀、云南白药、龙牡壮骨颗粒、六神丸、福字阿胶等（含不同剂型的同一中药品种及同品种保护）14种中药保护品种为一级中药保护品种。根据国家药品监督管理局网站的数据

---

❶ 张峣 . 专利先用权研究 [M]. 北京：知识产权出版社，2017：30.

分析，中药保护品种历年批准数量表 4-1 所示。

表 4-1　2006—2023 年的中药保护品种数量　　　　　　（单位：种）

年份	总数	初次保护	同品种保护	延长保护期	备注
2006	2315	792	541	982	
2007	2469	739	508	1222	
2008	1930	606	267	1057	
2009	1543	462	177	904	
2010	1395	371	139	885	
2011	1221	311	108	802	
2012	913	192	32	689	
2013	504	131	20	353	
2014	376	134	18	224	
2015	317	114	17	186	
2016	267	120	15	132	
2017	237	110	12	115	
2018	192	99	4	89	
2019	6	1	1	4	无官方统计，根据国家药品监督管理局官网的中药保护品种公告自行统计
2020	12	7	0	5	
2021	5	0	0	5	无官方统计，根据国家药品监督管理局官网的中药保护品种公告自行统计
2022	6	5	1	0	无官方统计，根据国家药品监督管理局官网的中药保护品种公告自行统计
2023	16	3	0	13	无官方统计，根据国家药品监督管理局官网的中药保护品种公告自行统计

从表 4-1 中可知，中药保护品种总数、初次保护数量、同品种保护数量和延长保护期数量总体呈逐年下降的态势。

笔者认为，一是因为 2009 年《中药品种保护指导原则》发布以后，申请中药品种保护的技术标准、资料要求更为严格。在初次保护方面，即便多家企业同时生产同一中药品种，为保护原研企业的知识产权和相应的利益，必须由原研企业进行中药品种保护的初次申报，并提交新药证书、新药技术转让有关批准证明等文件；在同品种保护方面，更加注重同品种质量的统一性；在延长保护期方面，其申请比初次保护和同品种保护都更加严格，不仅应证明该中药品种对主治疾病、症候、症状对比同类品种有更为显著的临床疗效优势，还要证明其已完成前一次保护期内的改进提高工作。❶

二是因为专利制度对中药知识成果的保护越来越强，选择专利保护的民事主体越来越多。

三是因为在《中药品种保护条例》施行之前的存量中药品种，若是能够申请中药品种保护的，基本上已经获得过《中药保护品种证书》且保护期限已在《中药品种保护条例》施行的 30 余年时间里届满。根据国家药品监督管理局网站的相关数据显示，中药新药的数量是比较少的。❷ 可见，增量的中药品种及其中能够申请并获得中药品种权的中药品种是极为稀少的。

（二）优良中药品种多选择专利保护

中华中医药学会历年来多次发布《中药大品种科技竞争力报告》，根据科研项目、科研论文、知识产权、科技奖励、国际注册、质量标准、政策保护、临床证据及负面报告等多项指标进行加权分析，以合理地评价中药产品的科技创新活动。其中，2018—2019 年十强中药品种如表 4-2、表 4-3 所示。

---

❶ 李先元，郑永红.《中药品种保护指导原则》技术要求的提高及意义 [J]. 中国医药科学，2011，1（18）：140-142.

❷ 在国家药品监督管理局网站公布的统计年报中，每个年份统计口径不同，部分年份统计了当年的中药、天然药物注册数。2012 年，中药、天然药物注册分类中的 1 至 5 类批准生产 7 个品种，批准临床 2 个品种；2013 年，中药、天然药物注册分类中的 1 至 5 类批准生产 0 个品种，批准临床 0 个品种；2014 年，中药、天然药物注册分类中的 1 至 5 类批准生产 1 个品种，批准临床 4 个品种；2015 至 2019 年无相关数据；2020 年，批准中药、天然药物创新药生产 4 个品种；2021 年，批准中药、天然药物创新药生产 9 个品种；2022 年，批准中药、天然药物创新药上市 5 个品种，2023 年，批准中药、天然药物创新药上市 5 个品种。从上述年份的数据可以得出中药新药数量较少的结论。

表 4-2　2018 年中药大品种（全品类）科技竞争力十强榜

排名	产品名称	生产企业	是否为中药保护品种	保护期限
1	丹红注射液	山东丹红制药有限公司	否	—
2	桂枝茯苓胶囊	江苏康缘药业股份有限公司	否	—
3	参附注射液	华润三九（雅安）药业有限公司	否	—
4	脑心通胶囊	陕西步长制药有限公司	二级中药保护品种	2014.5—2021.5
5	片仔癀	漳州片仔癀药业股份有限公司	一级中药保护品种	2018.2—2024.9
6	疏风解毒胶囊	安徽济人药业有限公司	否	—
7	喜炎平注射液	江西青峰药业有限公司	否	—
8	连花清瘟胶囊	石家庄以岭药业股份有限公司	二级中药保护品种	2013.9—2020.9
9	稳心颗粒	山东步长制药股份有限公司	否	—
10	复方丹参滴丸	天士力制药集团股份有限公司	否	—

表 4-3　2019 年中药大品种（全品类）科技竞争力十强榜

排名	产品名称	生产企业	是否为中药保护品种	保护期限
1	参附注射液	华润三九（雅安）药业有限公司	否	—
2	丹红注射液	山东丹红制药有限公司	否	—
3	桂枝茯苓胶囊	江苏康缘药业股份有限公司	否	—
4	疏风解毒胶囊	安徽济人药业有限公司	否	—
5	片仔癀	漳州片仔癀药业股份有限公司	一级中药保护品种	2018.2—2024.9
6	脑心通胶囊	陕西步长制药有限公司	二级中药保护品种	2014.5—2021.5
7	喜炎平注射液	江西青峰药业有限公司	否	—
8	热毒宁注射液	江苏康缘药业股份有限公司	二级中药保护品种	2014.5—2021.5
9	麝香保心丸	上海和黄药业有限公司	否	—
10	稳心颗粒	山东步长制药股份有限公司	否	—

虽然中药保护品种仅占全部中药的 0.34%，但在 2018—2019 年中药大品种（全品类）科技竞争力十强榜中，中药保护品种占比却高达 30%。这从一个侧面可以反映，中药保护品种相对其他中药品种而言，科技竞争力更高。然而，并非全部中药品种均采取中药品种保护，2018—2019 年的前三名"丹红注射液""桂枝茯苓胶囊"和"参附注射液"均没有采取中药品种保护的途径。经国家知识产权局网站查询，山东丹红制药有限公司拥有的涉及"丹红注射液"专利授权有 4 项，华润三九（雅安）药业有限公司拥有的涉及"参附注射液"专利授权有 3 项，江苏康缘药业股份有限公司拥有的涉及"桂枝茯苓胶囊"专利授权有 2 项。可见，这些科技竞争力排名靠前的中药品种，只有部分应用中药品种保护的方式，而为数众多的中药新药则运用专利制度予以保护。

综上所述，中药保护品种的数量逐年下降，中药生产企业更偏向利用专利制度保护优良的中药品种，中药品种保护制度的实效性逐渐降低。

二、原因分析：可专利范围扩张

近年来，中药保护品种的申请数和授权数逐渐减少，中药品种保护制度的实效性逐渐降低。除了制度本身已经较好完成了历史使命——对中药市场的竞争混乱局面进行控制——的原因之外，笔者认为最主要的原因是可专利的中药技术范围扩张。

（一）中药发明的可专利类型齐全

中药化合物和中药组合物等中药产品、中药制备方法和中药医疗用途均可以作为专利权的授权客体，范围十分广泛。

1. 中药化合物和中药组合物

关于中药化合物。人们从自然界找到的天然药物，属于《专利法》第25 条第 1 款第（一）项规定的"科学发现"，不能被授予专利权。但是《专利审查指南》规定："从天然药物中提取的化合物，如果是首次从自然界分离或提取出来的物质，其结构、形态或者其他物理化学参数是现有技术不曾认识的，能被准确地表征，且在产业上有利用价值，则该化合物以及取得该

化合物的方法均也可被依法授予专利权。"❶

美国专利法的观点也基本与此一致。在 Parke-Davis & Co. v. H. K. Mulford & Co. 案❷中，发明人高峰让吉（Jokichi Takamine）发明了从活生物体提取纯肾上腺素的方法，他要求保护这种从天然物质提取的化合物。尽管腺上肾素盐由碱和酸组成在本技术领域内是已知的，但它们在用于医疗时存在某些副作用。高峰让吉能够以碱的形式分离出它的提取物，这种提取物经证明具有更优越的医疗作用。美国法官勒尼德·汉德（Learned Hand）维持了专利权，认为以前没有人能够分离出该化合物，高峰让吉使之成为可能，它在工业上和治疗上均具有新颖性。正因为如此，从天然药物中分离的中药化合物及取得该中药化合物的方法，是可以获得专利权的。

关于中药组合物，在中国一般不被认为是天然物质。2014 年 12 月，美国专利商标局发布《关于专利保护客体的临时指南》后，部分在中国已获得专利权的中药组合物，在美国申请专利权时受到了障碍。这是因为上述临时指南认为，自然界中存在的天然物质，以及与其特性没有显著区别的人造产品，都不是美国专利法的保护客体。美国专利审查员以此为由，认为中药组合物不属于美国专利法的保护对象。例如，在"一种具有降尿酸功能的中草药组合物"❸的专利申请中，美国专利审查员指出，权利要求中的组合物来源于自然界的植物，与天然对应物没有明显区别。尽管这种组合物在自然界中并不存在，但也没有证据表明其在结构或功能上与其天然对应物有所不同。相比之下，中国专利审查员没有提出类似的拒绝意见。对于美国专利商标局的上述意见，中国专利申请人通常有两种回复方案。第一种方案是提出：虽然中药组合物的单一成分是天然物质，但该组合物并没有天然的对应物。然而，《关于专利保护客体的临时指南》明确规定组合物的天然对应物是指其中的单一成分的天然对应物，因此这一论点无法说服美方。第二种方案是强调：中

---

❶ 中华人民共和国国家知识产权局.专利审查指南：2010[M].北京：知识产权出版社，2010：275.

❷ Parke-Davis & Co. v. H. K. Mulford & Co., 189 F. 95（S. D. N. Y. 1912）.

❸ 美国专利公开号：US2014212519A1，中国优先权专利号：CN103100006A，权利要求：一种具有降尿酸功能的中草药组合物，主要由下述质量分配比的组分制备而成，土茯苓 4-30、菊苣 2-15、车前草 2-15、薏苡仁 2-20、葛根 2-10。

药组合物在治疗特定疾病方面具有独特或更有效的功能，并证明这种功能是单一成分所不具备的性质。这种回复方案更有可能成功，因为它着重强调了中药组合物的特殊疗效和功能性。例如，"一种用于戒毒的药物组合物"❶的回复方案提出"这种组合物可以防止毒瘾成分的再次运作，而单一的洋金花或断肠草就不具备这样的效果"，该论点已说服美方。有观点据此认为中药组合物的专利说明书的撰写影响中药组合物在美国是否能申请专利。❷

由此可见，即便存在一定的障碍，中药化合物和组合物都并非无法申请专利。

2. 中药制备方法

学术界对于制备方法能否作为权利客体，鲜有争议。笔者此处以青蒿素的生产工艺为具体例子予以证明。东晋葛洪的《肘后备急方·治寒热诸疟方》最先记载青蒿可以用来治疗疟疾，其后还有用麻黄羌活汤、清脾饮、柴平汤等中药复方治疗疟疾的记载。至于西方治疗疟疾的化学药，伍沃德（Woodward）和德林（Doering）于1945年以化学方式合成了奎宁，德国拜耳公司则于1934年合成氯喹。然而，以奎宁、氯喹为代表的抗疟药因长期大量使用而使疟原虫产生抗药性。中国著名药学家屠呦呦受上述文献记载的启发，采用乙醚低温提取的方式从黄花蒿中提取分离到青蒿素。1985年4月，中医研究院中药研究所向国家知识产权局提交了该发明的专利申请，专利发明人为屠呦呦，发明名称为"还原青蒿素的生产工艺"。❸除青蒿素的制备方法以外，中国历年实际也批准了大量的中药制备方法专利。

3. 中药医药用途

关于已知物质是现有技术时，其新发现的首个医药用途是否可申请专利

---

❶ 美国专利公开号：US2013209593A1，中国优先权专利号：CN102266426A，权利要求：一种用于戒毒的药物组合物，其特征在于戒毒的药物组合物包括药用植物原料断肠草或其提取物和药用植物原料洋金花或其提取物，和/或适量的药用辅料。

❷ 刘盼，曹雅迪，巩瑞娟，等.基于美国对中药组合物专利保护客体审查规则的应对 [J].中国中药杂志，2018，43（03）：627-630.

❸ 傅晶，赵丽娟，徐静.中医药的瑰宝：青蒿素的知识产权保护之路 [M]// 汪洪，屠志涛.北京中医药知识产权发展报告.北京：社会科学文献出版社，2017：95-96，112.

的问题，德国专利法理论认为，原则上为了治疗和诊断目的使用特定物质的技术方案被视为方法发明。若该物质的使用仅限于医疗服务或诊断目的，则被视为医疗方法，不可申请专利。然而，若该物质的首个医药用途符合《德国专利法》第 3 条第 3 款及《欧洲专利公约》第 54 条第 4 款的特别规定，则该用途是可专利的。

如果已知物质是现有技术，那么该物质新发现的首个医药用途能否申请专利？德国专利法理论认为，为了治疗和诊断目的使用特定物质的技术方案，原则上被认为是方法发明；如果物质的使用只是服务于医疗上的处理，或者为了诊断目的进行，即为医疗方法，是不可专利的。因此，属于现有技术水平的物质的首个医药用途，符合《德国专利法》第 3 条第 3 款、《欧洲专利公约》第 54 条第 4 款的特别规定，是可专利的。

更具争议的是，当物质的首个医药用途已成为现有技术时，其第二个及更多进一步医药用途是否可申请专利。根据 1980 年《德国专利法》第 3 条及 1973 年《欧洲专利公约》第 54 条第 4 款的规定，进一步医药用途是不可专利的。但是，在 2000 年《欧洲专利公约》修正前，德国联邦最高法院通过法律解释否定了进一步医药用途不可专利的观点。该法院认为，已知物质的新颖且非熟知的医疗使用可作为治疗疾病的方法被授予专利。此外，该法院还进一步解释称，《欧洲专利公约》的历史并不能得出缔约国一致认为进一步医药用途不可专利的结论。1980 年《德国专利法》第 5 条对物质医药用途不可专利的限制性解释仅排除了不具实用性的医疗方法。因此，物质的进一步医疗用途与首个医疗用途相同，只要具备实用性，则可申请专利。❶2000 年《欧洲专利公约》修订时，物质的进一步医药用途的可专利性被明确地予以承认。由此可见，即便中药化合物或组合物属于现有技术，但经研究发现具备新的医药用途，这些医药用途均可以申请专利。

综上所述，随着各国专利审查标准的不断更新，中药发明专利的范围实际上变得越来越广泛。无论是中药化合物（含天然药物提取物）、中药组合

---

❶ 20.9.1983（FN 248）；dazu Klöpsch, GRU R1983，733；Pagenberg, GRUR Int. 1984，40；Bruchhausen, GRUR Int. 1985，239.

物（含中成药），还是中药的制备方法和医疗用途，只要满足新颖性、创造性和实用性，都无碍成为专利权的客体。

（二）中药专利审查标准逐步符合中医学理论

1. 中国台湾地区"中草药相关发明"标准

中国台湾地区为扩大与加强对中药专利的保护，在发明专利实质审查标准之中，专章规定"中草药相关发明"的实质审查标准。该标准是一套体系化的标准，较为成熟。

关于新颖性的判断。①口耳相传的验方：对于民间口耳相传但未在文献、典籍等刊物中公开的验方，其是否构成公开使用需视情况而定。若他人仅通过使用该药物无法得知其组分和配比，则不构成公开使用。反之，若他人能轻易得知其组分和配比，则构成公开使用。②固有方剂组分的加减或替代：若中药固有方剂的组分或替代在专利权申请前已公开记载、使用或为公众所知，该发明则不具有新颖性。③固有方剂的新医疗用途：当固有方剂的新医疗用途以西医病名界定新适应证时，需比较与原中医适应证是否相同。由于中医的"证"或"病"与西医的疾病属于不同体系的两种语言，即使病名相同，两者并不当然相等。若原中医适应证与新西医适应证对应，且申请专利的发明与现有技术药物组分和配比相同，则该发明不具有新颖性。

关于先进性的判断。①固有方剂组分的加减或替代：若中药固有方剂的组分或替代在专利权申请前未公开记载、使用或为公众所知，该发明具有新颖性。然而，若现有技术下本领域技术人员能轻易完成加减或替换，则该发明不具创造性。若无法判断是否能轻易完成，可通过与原始处方比较是否产生意想不到的功效来判断。②选择发明：若固有方剂公开了个别组分的用量范围，申请专利的发明将部分或全部组分限定在更小范围，且该限定并非固有方剂已揭露的内容，同时与固有方剂已知功效比较产生了无法预期的功效，则该发明具有创造性。③固有方剂的新医疗用途：即使固有方剂的新医疗用途未记载在原专利说明书中，若根据现有技术公开的原医疗用途的致病机制或药理作用机制，本领域技术人员能够轻易完成新医疗用途，则该发明不具有创造性。

关于产业利用性的判断。如果中药发明含有重金属或有毒中药材，其疗效可能同时对人体造成危害，因此需要谨慎评估其产业利用性。对于毒性问题，如果是因为用量或浓度过高引起的，必要时需明确说明适当的中药材用量。如果毒性可以通过炮制方法、复方中其他中药材的作用而缓和、降低或除去，必要时应说明处理前后毒性的变化情况。

关于中药发明的疗效。专利说明书中的中药发明疗效，既可通过西医治疗的疾病或药理作用界定，也可通过中医治疗的"证"或"病"界定。若采用西医的界定方式，应运用本领域技术人员普遍认可的科学方法，如体外试验、动物试验或临床试验等，以科学数据证实中药品种的疗效，同时需阐明有效成分与疗效之间的关联、药理作用或作用机制。若采用中医的界定方式，除了运用上述西医治疗方法验证疗效外，亦可依据中医辨证论治原则❶推断申请药物对特定"证"或"病"的疗效。然而，在此过程中，还须提出可供验证及评估的客观量测指标，或提供足够证明其疗效的实例。

2.《中药领域发明专利申请审查指导意见（征求意见稿）》

由于《专利审查指南》长期没有专篇规定中药领域发明专利的实质审查标准，专利审查员长期只能适用"关于化学领域发明专利申请审查的若干规定"，对中药发明专利进行实质审查。然而，现代药品专利制度是以化学药品为保护对象设计的。有观点提出，中药发明的"三性"审查标准有以下不足之处：在现行的专利制度下，作为既有智力成果的中药品种，大多处于公开状态，处于公有领域，不具备新颖性。❷从创造性的角度上看，新开发的中药品种，基本上是以古方、验方为基础加以增减，与现有技术相比，其创

❶ 中国台湾地区"发明专利实质审查标准"第十五章中草药相关发明附录规定，中医所谓的辨证论治，实质上即为中医诊断、治疗疾病时的一种思维方法与模式，主要包括辨证和论治两大范畴。辨证是指在中医基础理论（如阴阳、五行、经络等）指导下，针对病患进行诊断，收集各种临床资料（中医称之为证候），综合分析并辨明各种临床资料的内在联系与各种病、症之间的关系，从而求得对该疾病的原因、性质、部位、趋向及正邪之间的关系，进而判断其属何"证"，"证"即是病机的概括。论治是找出明确的"证"，选用适当的治疗方法（包括药物和针灸等），以处理变化多端的疾病，达到疗效作用。

❷ 宋晓亭.中医药知识产权保护指南[M].北京：知识产权出版社，2008：108.

造性偏低。❶ 可见，根据化学药品的专利实质审查标准，中药品种难以满足
新颖性和创造性的要求。这是因为中药发明所含的成分难以有效分辨，并且
难以分离和纯化出特定的化合物。与化学药品的基本理论不同，中药有独特
的单方和复方运用特色。因此，在申请专利的范围界定和审查上，中药发明
难以适用化学药品发明专利的规定。为了解决这一问题，有必要制定适用于
中药发明的特殊实质审查标准。这样的标准能更好地评估中药发明的新颖性
和创造性，并促进中药领域的发展与创新。

2020 年，《中药领域发明专利申请审查指导意见（征求意见稿）》发布，
强调中药领域发明专利的实质审查应遵循中医药发展规律，把握中医药发明
创新的特点和方向，以中医理论为指导、临床价值为导向。该指导意见针对
2008 年《专利法》第 5 条第 1 款、第 26 条第 3 款和第 22 条第 3 款的审查提
出意见，对于妨害公共利益、充分公开发明和创造性等方面予以特殊规定。

由此可见，中药发明专利审查标准与中医理念逐步相近，除了强调"三
性"之外，亦强调该中药发明是否符合中医理念、是否有效、安全。由于中
药领域发明专利的实质审查标准日益完善，凡是中药品种保护制度所意欲保
护的中药知识财产，均可能作为专利制度的保护对象。

在《中药品种保护条例》施行之初，中药化合物和中药组合物申请专利
时面临的较大的障碍，因此中药品种保护制度对于中药保护品种的效能也就
更大。大量无法申请专利的中药品种，选择了中药品种保护之路径。然而，
随着 2020 年《中药领域发明专利申请审查指导意见（征求意见稿）》的发
布，中药化合物和中药组合物申请专利保护的成功率日渐提高，中药生产企
业日渐倾向于中药专利保护。

（三）专利制度更符合现代化、标准化的目标

中药产业追求现代化和标准化，需要抓住中药安全有效、质量可控的
核心，保证物质组成清楚、疗效确定。专利制度与中药现代化和标准化的目
标更相吻合。特别是随着《中药领域发明专利审查指导意见（征求意见稿）》
的发布，专利制度保护中药发明的范围和标准进一步得以明确，致使申请专

---

❶ 严永和.论传统知识的知识产权保护 [M].北京：法律出版社，2006：252-253.

利权的新型中药品种的数量逐渐增加。然而，《中药品种保护条例》在分级保护条件中列出了"特殊疾病""特殊疗效"等概念，却没有明确这些概念的含义，致使中药品种的可保护性条件并不确切，与中药标准化之目标相违背。

在中药现代化、标准化发展的大背景下，中药品种保护制度的使命与任务势必需要进行调整。2019 年全国两会期间，全国政协委员蒋健全明确呼吁：相对西药而言，中药在新颖性、创造性上有较大难度，不过中药品种最终也要走向国际化的道路，中药保护品种制度应当逐渐与国际上的药品知识产权规则进行统一和协调。❶ 但是，也有观点提出疑问：国外没有与中药品种保护制度类似的制度，其实施无法与国际接轨 ❷，因而制度存在的价值不大。

但值得注意的是，中药作为中国传统医药文化的瑰宝，中药品种保护制度不仅是对传统医药知识的尊重和保护，更是推动中药现代化、标准化，乃至国际化的关键一步。在制度调整和完善的过程中，我们应充分考虑国际接轨的需要，同时保持对中国传统医药文化的尊重和保护，让中药在全球医药领域发挥更大的作用。

（四）中药品种权的效力强度不如专利权

《中药品种保护条例》虽然禁止中药保护品种的仿制，但仍不能对中药知识进行全面的保护。第一，《中药品种保护条例》只是"打包"保护中药品种所蕴含的中药现代知识，不能单独保护中药品种的处方组成、工艺流程或其他药品试验数据等知识财产。第二，随着 2020 年《专利法》的修正，药品专利的保护期可以延长至从药品上市之日起 14 年。这使得中药专利的保护期长于主流二级中药保护品种授予的 7 年保护期，实际上挫伤了优良中药品种申请中药品种保护的积极性。

总而言之，按照"圈地运动"的理念，知识产权在诸多创造性成果中圈

---

❶ 郭婷 . 中药品种保护制度与国际知识产权规则接轨 [N]. 中国医药报，2019-03-13（002）.

❷ 孟庆杰 . 中药品种保护与专利保护辨析：从海南亨新诉江苏鹏鹞侵犯"中药品种保护专属权"一案谈起 [J]. 中国发明与专利，2011（10）：97-99.

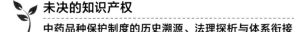
定了一个范围，满足条件的创造性成果落入知识产权法的保护范围，反之则一般落入公有领域。中药品种保护制度这样一个新"圆圈"，将特定的中药知识财产归入其中。但中药品种与植物新品种、集成电路布图设计又有所不同。植物新品种、集成电路布图设计之所以难以纳入专利法"圆圈"之中，是源于专利制度固有设计所限。换言之，若要将植物新品种和集成电路布图设计真正融入专利制度之中，需要完全打破原有制度设计，并重新设计一套圆融的制度。然而，将中药品种纳入专利"圆圈"之中，是不需要对专利制度的固有设计进行大幅变动的。毕竟，中药发明本来就落入专利"圆圈"之中。可见，立法者完全有可能以修订《专利审查指南》的方式拓宽专利法"圆圈"的范围，以纳入原落入中药品种保护的中药技术方案。在2020年《中药领域发明专利审查指导意见（征求意见稿）》发布之际，专利"圆圈"实际上已经纳入更多的中药技术方案，因此，许多原本不能受到专利保护、只能进行中药品种保护的中药技术方案，也可以获得专利权。也正因为如此，中药生产企业选择专利权，而不是中药品种权保护新的中药知识财产。

第四节　小　结

专利制度有成熟的法学理论和复合的立法体系，本章借鉴之，丰富中药品种保护制度的理论认识。专利制度是现代知识产权制度，具有明显的现代法律特征，中药品种保护制度则更接近于前知识产权时期的特许制度。具体而言，专利制度的主体是开放的，客体是抽象的，载体是普遍的；中药品种保护制度的主体是限制的，客体是具体的，载体是特定的。

中药品种权和中药专利权的客体均是中药现代知识。依据现行法律的规定，为防止双重保护，中药品种权与中药产品专利权无法在同一中药品种共存，但并不妨碍与中药方法专利权、用途专利权共存。但随着2022年《中药品种保护条例（修订草案征求意见稿）》的发布，中药品种权与中药产品专利权共存于同一中药品种成为可能。此外，两种相同或者等同的中药品种，分别拥有产品专利权和中药品种权，两者的存废应通过诉讼程序予以解决，若是专利药在专利侵权之诉中胜诉，中药保护品种的中药品种权无效，不能再生产和销售；若是中药保护品种在专利无效之诉中胜诉，专利药的产品专利权无效，不能再生产和销售。

　　由于中药发明的可专利类型齐全，中药专利审查标准逐步符合中医学理论，专利制度更符合现代化、标准化的目标，中药品种权的效力强度不如专利权，因此，新型的中药知识开始选择专利保护，而非中药品种保护。事实上，中药保护品种的数量减少，优良中药品种获得专利权的数量增加，此消彼长。这也意味着，中药品种保护制度的实效性不足，亟须进行修正。

第五章　中药品种权的权利性质

在 2019 年《药品管理法》大幅修正以及 2020 年《中华人民共和国政府和美利坚合众国政府经济贸易协议》加强保护药品知识产权的法律背景下，中药品种保护制度应如何融入知识产权制度，成了一个重要问题。而这个论证的前提，则是论证中药品种保护制度是否创设新型民事权利或知识产权。中国众多著作和论文在面对中药品种保护制度是否创设新型民事权利或知识产权的问题上，均采用了相对保守的概念表达方式，即直接称之为"中药品种保护"。这样的表述方式回避了中药品种保护制度是否创设新型权利的问题，也直接割裂了中药品种保护制度与民商法学、知识产权法学之间的联系。

笔者曾撰文认为，中药品种权是民事权利，更是知识产权。[1]行文此处，笔者欲再行补充论证。

第一节　中药品种权是民事权利

中药品种权是民事权利的核心原因，在于民事权利具有开放性。一切具有财产价值的权利，均无碍认定为是一种民事权利，而中药品种权对于权利人而言是具有经济价值的，故而可以认定为民事权利。除此以外，笔者在此认为仍有几点原因可以予以补充。

一、司法判例的误解

公开的涉及中药保护品种的司法判例寥寥无几，只能从中寻觅司法对

---

[1] 黄国靖. 论中药品种专有权的权利性质 [J]. 医学与法学，2020，12（03）：48-55.

于中药品种权是否为民事权利的观点。争议的讨论必须回归到一宗广西法院的司法案件。在亨新公司与鹏鹞公司案中，广西桂林中级人民法院与广西高级人民法院的一审、二审的判决理由和结果截然相反。两级法院甚至对该案的民事案由也存在不同的认识，一审案由为"中药保护专属权侵权及不正当竞争纠纷"，二审案由则变更为"不正当竞争纠纷"。从一审、二审法院认定的案由上看，两者对于中药品种权是否为民事权利存在相反的意见。

　　广西桂林中级人民法院认定亨新公司的"抗癌平丸"享有中药品种专属权（本书称之为"中药品种权"），这种权利是一种科技成果权。鹏鹞公司知悉亨新公司享有上述排他性的权利以后，仍然违反法律法规的禁止性规定，继续生产和销售同品种的中药品种，存在主观上的过错。鹏鹞公司的行为侵害了亨新公司的中药品种权，属于侵权行为。同时，在亨新公司的"抗癌平丸"获得了中药品种权以后，为社会公众所知悉，成为《反不正当竞争法》规定的知名产品。故鹏鹞公司生产的中药品种使用与"抗癌平丸"相同的名称，容易使消费者产生混淆，其行为属于一种不正当竞争行为。因此，一审法院认定鹏鹞公司的行为既是侵害科技成果权的侵权行为，又是不正当竞争行为，判决鹏鹞公司停止侵害、消除影响和赔偿损失。

　　鹏鹞公司不服一审法院的民事判决书，上诉至广西高级人民法院。二审法院经审查后对该案进行改判，撤销一审法院的民事判决书并驳回亨新公司的起诉。二审法院的主要理由为中药品种保护制度不是知识产权制度，没有赋予权利人民事救济的途径，因此，双方因生产和销售中药保护品种所产生的纠纷，不是民事纠纷，不属于法院民商事案件的管辖范围。

　　尚且不论一审法院的民事判决书是否正确，但是二审法院的判决理由和结果肯定是不妥的。民事案件的受案范围主要是平等民事主体之间的财产权和人身权纠纷。在上述案件的诉讼过程中，《民法典》《民法总则》和《侵权责任法》均未出台，而《民法通则》明确规定除专利权以外的其他科技成果权亦受到民法的保护。原、被告双方均是药品生产企业，是平等的民事主体。双方之间的中药保护品侵权纠纷是财产权纠纷。基于以上理由，双方之间的纠纷应属于民事案件的受案范围。二审法院以《中药品种保护条例》没有规定中药保护品种的民事保护为由，认为该纠纷不属于民事案件的受案范围，是没有法律依据的。如果依照二审法院的判决理由，任何没有法律法规明确规定的自然权利，都无法通过民事司法救济来寻获保护，这不仅与"法官不得拒绝裁判"的理念相反，也不符合《民法典》侵权责任编的相关法理。《民法典》侵权责任编除了保护法定权利，也保护权利外利益。有法院认定中药品种权为公司的私益。在青松公司诉博纳公司技术委托开发合同纠纷案❶中，法院认为，由于博纳公司的违约行为导致青松公司无法再生产中药品种"萃仙丸药品"，博纳公司应当赔偿青松公司购买该药品批准文号的费用。退一步讲，即便中药品种权不是法定的权利，但无疑是权利外利益，也应是侵权责任法保护的客体。

在司法实践中，也有生效的民事判决书持相反意见。在金诃公司与久美公司上诉案中，法院认为，金诃公司在取得"仁青芒觉"的《中药保护品种证书》后，即取得了该中药品种的专营权，其他企业在保护期内不得生产。因此，久美公司生产与"仁青芒觉"同品种的中药品种的行为，违反了《中药品种保护条例》的规定，侵权事实清楚，故判决久美公司停止侵害和赔偿损失。

二、中药品种权是行政特许的民事权利

笔者认为，中药品种权是行政特许的民事权利，但这也是造成各方误解和困惑的缘由。

首先，在学理上，行政许可分为行政特许和普通行政许可。政府授予中药品种权的行为是行政特许，而非普通行政许可。回顾亨新公司与鹏鹞公司案，二审法院将《中药品种保护条例》中的行政特许错误识别为普通行政许可，才会形成上述的判决思路。如果药品生产企业要合法生产药品，应先取得药品批准文号和药品生产许可证。不过，药品批准文号和药品生产许可证这两种行政许可均不具有排他性，也没有数量限制，属于普通行政许可的范畴。一般而言，由于普通行政许可没有资源的稀缺性，故而不具有财产属

---

❶ 抚顺青松药业有限公司与北京博纳西亚医药科技有限公司技术委托开发合同纠纷案，北京市朝阳区人民法院（2013）朝民初字第 2514 号民事判决书。

性。即便药品生产企业生产特定的药品之前，没有取得该种药品的药品批准文号和药品生产许可证，法院也无法认定其侵害其他持有许可的药品生产企业的财产权。因此，其他合法生产的药品生产企业只能通过药品监督管理部门投诉的方式，要求药品监督管理部门对违法企业采取行政处罚措施，从而间接维护自身的私益。

虽然《中药品种保护条例》是《药品管理法》的下位法，属于药事法体系，但是中药保护品种证书的性质与药品批准文号是不一样的。中药品种权具有排他性，也有数量限制，具有稀缺性。当然，这种稀缺性是一种人为的稀缺性，所以中药品种权是药品监督管理部门通过行政特许赋予企业的财产权，当这种财产权受到侵害时，理应获得私法的保护。因此，即便《中药品种保护条例》没有规定侵害中药保护品种的民事责任，也不意味着这种违法行为可以免除侵权责任，中药品种权人可以直接起诉侵权人并要求承担侵权责任。

其次，虽然中国的《行政许可法》没有规定行政特许，但是并不能据此否定中药品种权是财产权。之所以中药保护品种证书性质不同于药品批准文号，根本原因不在于外在的行政特许与普通行政许可之分，而是在于中药品种权具有资源的稀缺性。美国波斯纳法官将财产权视为一种"有价值的资源的排他使用权"，进而认为财产权是与稀缺性是相关联的。❶ 以美国东西部水权制度的差异为例，美国东部各州的水资源充沛，用水的基本规则是所有河岸所有者都有权合理利用水资源，只要没有不当干扰其他河岸所有者使用水资源即可。而美国的西部各州的水资源稀缺，用水的基本规则是建立财产权制度，河岸所有者拥有水资源的专有使用权。正是因为中药品种权是稀缺的，所以围绕中药品种权构建了财产权制度。他人违法生产中药保护品种，必然侵害了权利人的财产权，应承担相应的侵权责任。

三、中药品种权是公法创造的民事权利

《中药品种保护条例》既有公法关系，也有私法关系，但整体上而言仍

---

❶ 理查德·A.波斯纳.法律的经济分析[M].2版.蒋兆康，译.北京：法律出版社，2012：42-48.

然属于药事法这一公法范畴，中药品种权是公法创造的民事权利。不过，将财产权仅限于私法上的权利是财产权观念的最隐蔽的误区，实际上许多重要的财产权已经表现为公法上的权利。这些公法上的财产权一般通过行政许可所创设。美国法学家雷齐于 1964 年在《耶鲁法学杂志》发表《新财产》一文，认为政府创造出薪水与福利（income and benefits）、职业许可（occupational licenses）、专营许可（franchise）、政府合同（contract）、补贴（subsidies）、公共资源的使用权（use of public resources）、劳务（service）等新财产。❶ 这些公法上的财产权具有直接的经济价值，并且可以进行流通和转让，具有极高的"变现"能力。事实上，社会财产的分配主要是公法的使命，而不是私法的使命，私法只赋予公法创造的财产权以私法的效力和保护。❷

四、中药品种权不是特许经营权

中药品种权是行政特许的民事权利，中药品种权与"特许"和"专营"两个概念是相关的，而特许经营权也被称为"特许权"或"专营权"，那么中药品种权是否所谓的"特许经营权"？

有观点将特许经营权纳入无形财产权进行研究，分为政府特许经营权和商业特许经营权。❸ 也有观点认为特许经营权是有别于知识产权，又与知识产权相关联的一项无形财产。❹

政府特许经营权是最早的特许经营模式。"特许经营"一词译自"franchise"，其原意就是指由政府授予个人或公司的一种特权。现代的政府特许经营权已经发生了本质变化，摆脱了垄断的狭隘领域和不公平的手段，旨在综合、高效、优质地利用政府管理的公共资源。政府选择特定企业作为

---

❶ REICH C A. The new property[M]//Private and Common Property. Routledge，2013：73-127.

❷ 王涌. 私权的分析与建构：民法的分析法学基础 [M]. 北京：北京大学出版社，2020：273.

❸ 吴汉东. 无形财产权基本问题研究 [M]. 3 版. 北京：中国人民大学出版社，2013：485-510.

❹ 蔡吉祥. 无形资产学 [M]. 3 版. 深圳：海天出版社，2002：25.

授权对象，特许其从事公共资源的开发和利用。[1]当然，这种政府的特许经营权也已经成为企业经营的重要财产之一。笔者认为，无论是中药品种权还是专利权，实质上都一种政府的特许经营权。但是，各国立法鲜有将专利权归属于特许经营权：一是因为专利制度由国际条约加以确认，各国专利法相对于涉及特许经营的法律法规更加趋同，形成独立的部门法；二是因为国际组织文件和各国法律将特许经营权的概念限缩在商业特许经营权的范畴。

商业特许经营权是当代主要的特许经营模式。国际组织文件和各国法律定义的"特许经营"，一般指的是商业特许经营权，很少涉及政府特许经营权。商业特许经营是一种持续性的合同关系，在大陆法系中一般由合同法进行规定，而非由财产法进行规定。如欧洲特许经营权联合会认为，特许经营是指特许人授予单个受特许人权利，并附加义务，以便依据特许人的概念销售产品或提供服务、技术；特许人与受特许人是法律和财务分离的独立法人，权利范围涉及商号、商标、商业和技术方法等知识产权。

中药品种权不是合同权利，不是商业特许经营权；而且《市政公用事业特许经营管理办法》将政府特许经营权的范围限定在市政公用事业范围之内，所以中药品种权也不是中国法律意义上政府特许经营权。综上所述，笔者认为，不宜将中药品种权认定为特许经营权。

五、知识产权法定主义

中药保护品种是一种知识财产，但是并非所有的知识财产都是知识产权法保护的客体。知识产权法定主义实际有两种意蕴：一是参照物权法定原则意蕴下的"法定"，即主张知识产权的种类和类型是法定的；二是限制法官造法意蕴下的"法定"，即严格限制民法和反不正当竞争法等法律原则在知识产权法领域的兜底适用。有观点认为中药品种权不符合知识产权法定主义，故而不是知识产权。

（一）知识产权种类和内容的开放性

知识产权的"法定"并不是限定知识产权的种类和内容，新型知识产

---

[1] 吴汉东．无形财产权基本问题研究 [M]．3 版．北京：中国人民大学出版社，2013：488-489.

权可以经由国家立法程序陆续创设，而只是强调应避免知识产权法官造法。实际上，进入 21 世纪以来，随着现代科学技术的飞速发展，知识产权的种类和范围发生了空前巨大的变化。就种类而言，集成电路布图设计，既不是专利法上的外观设计，也不属于著作权法上的作品。世界各国以 1989 年《集成电路知识产权条约》为蓝本，在国内采取单行立法的方式，对集成电路布图设计进行知识产权保护。就范围而言，知识产权的客体范围也是随着科学技术的进步和经济发展的需要而不断扩张。在不适用专利保护的技术方案中，部分是因为国家技术、经济发展水平限制而不予保护，如中国、印度等发展中国家原先并不承认化学物质和药品是专利保护的客体。但随着科技和经济的发展，这种不予专利保护技术方案的范围逐渐缩小，现在中国和印度均已承认化学物质和药品是专利保护的对象。综上，知识产权的种类和内容是呈开放性的，无论是理论上还是实践中，都无法同物权一般"法定"。

在另一个角度上看，罗伯特·P. 莫杰思教授认为，"对于知识财产而言，财产权是暂时的；它的自由可获得性，则是永久的"❶，这是知识产权的公共领域原则最好的归纳。知识财产的公共领域是自始存在的，而受到知识产权保护的知识财产只是整体知识财产空间的一个洞。❷ 知识财产在公共领域是常态，受到知识产权保护是例外。知识产权的范围是由法律和法律文件（如专利权利文件）界定的，其界限也就具有很强的弹性和政策性。划定知识产权与公有领域的界限，尤其是划定两者模糊领域的界限，不应仅以法律作为标准，也应以"营造宽松的创新环境、提高国家自主创新能力"这一政策为标准。知识产权的界定和范围因政策需求而有一定的弹性，而非由法律进行严格限定。

---

❶ 罗伯特·P. 莫杰思. 知识产权正当性解释 [M]. 金海军，史兆欢，寇海侠，译. 北京：商务印书馆，2019：279.

❷ 主流观点认为公共领域代表了知识产权空间中的某种剩余性补充，即全部知识财产受到知识产权保护之后所残留下来的部分。知识产权学者大卫·兰格（David Lange）要将公共领域从这种剩余状态中脱离出来，并放在前置位置。参见 LANGE D. Reimagining the public domain[J]. Law and contemporary problems，2003，66（1/2）：463-483. 笔者赞同大卫·兰格的观点。

（二）知识产权法官造法

知识产权的法官造法无论是在中国还是在国外，都不同程度地存在。例如，大陆法系的法官广泛对民法或不正当竞争法进行扩大解释，将知识产权法的客体范围向外扩展。❶英美法系的法官也依据普通法判例中确定的"非法盗用学说"（misappropriation doctrine）对联邦立法保护范围外的知识产权客体提供保护。因此，有观点认为知识产权的"法定"是指应限制知识产权法官造法。

批判知识产权法官造法的理由可以归纳为如下三点。

第一，知识产权法对一些潜在客体拒绝进行保护，其实是一种立法政策。一般而言，只有发明人申请专利并对外公开其技术方案，才可以获得专利权；如果发明人没有申请专利就对外公开其技术方案，该技术方案就变成了公有技术，不能成为知识产权法的保护客体。在北京仪表厂诉汉威公司侵害商业秘密案❷中，法院虽然明确北京仪表厂主张的技术方案不是商业秘密，但是依然认定汉威公司雇佣北京仪表厂的员工获取该技术方案，违背了民法的基本原则和反不正当竞争法。这种以不正当竞争行为的名义，限制当事人应用公有技术的判决，实际违背了知识产权法的立法政策。

第二，破坏了立法者建立的知识产权法的利益平衡机制。立法者通过审慎的知识产权立法政策，平衡对发明人创新的激励与社会付出的成本，防止出现激励和成本失衡。法官造法不可能像立法者那样，在知识产权法的立法过程中，对知识产权客体涉及的权利人、社会公众、国家产业政策乃至国际竞争利益进行通盘考虑以使各方利益平衡。

第三，损害了知识产权法的确定性和公众的预见性。由于无形物比有形物的边界更难以把握，公众非常容易侵害无形的知识财产。虽然各种知识财产都凝聚着创造者的劳动和智慧，但是如果让法官随意对各种知识财产创造

---

❶ CORNISH W，Llewelyn D. Intellectual Property：Patent，Copyright，Trade Marks and Allied Right[M]. London：Sweet & Maxwell，1999：14.

❷ 北京仪表机床厂诉北京汉威机电有限公司侵害商业秘密案，北京市第一中级人民法院北京（1995）一中知初字第 54 号民事判决书。

产权，公众乃至经营者将无所适从，直接导致公众丧失对其行为的预见性。更何况，不同法院对未经法律规定的知识产品进行裁判时，法律解释的路径往往大相径庭。如在亨新公司与鹏鹬公司案中，一审法院和二审法院的判决结果和理由截然不同，这也损害了知识产权法的确定性。❶因此，应限制知识产权的法官造法。

当然，也有观点对知识产权法官造法的合理性进行辩护。知识产权法不可能规定得事无巨细，法官造法是司法能动的体现。虽然司法能动不必然推出可欲的结果，例如在邓某诉曹某莉"首唱权"纠纷❷中，法院错误地将一种合同权利（首唱权）当成是知识产权，并给予某种类似物权的保护，但是，法官造法中的失败不能成为批判法官造法的理由❸。知识产权的客体范围是开放的，法官在个案有自由裁量权，知识产权法官造法是必然的。❹

结合正反观点可知，批判知识产权法官造法的核心理由，在于知识产权法是立法者基于社会各方的利益平衡而制定的带有强烈的政策性取向的法律，法官应审慎地基于个案利益平衡而拓展知识产权的种类和范围。可见，即便是批判知识产权法官造法的观点，也并非排斥而只是限制知识产权法官造法。适当的知识产权法官造法，是司法能动的体现。而且，知识产权法官造法的限度，应视知识产权的类别所定。法律对科技成果类知识财产的保护是穷尽性的，法官一般不能创设新的权利类型和权利内容。

综上，虽然知识产权的种类和内容是呈开放性的，但是科技成果知识

---

❶ 崔国斌. 知识产权法官造法批判 [J]. 中国法学，2006（01）：144-164.

❷ 邓某诉曹某莉"首唱权"纠纷的基本案情：邓某与曹某莉签订《歌曲词协议书》，邓某向曹某莉购买《女娲补天》歌词，费用 5000 元，此费用为首唱使用费，期限为两年。法院认为，邓某通过合同已取得了在两年内首次演唱《女娲补天》资格的独占性专有权，这种"首唱权"属于著作权的范畴，可以对抗任何人。参见鲍建南."首唱权"的纠纷 [J]. 电子知识产权，2002（01）：31-32.

❸ 应振芳. 司法能动、法官造法和知识产权法定主义 [J]. 浙江社会科学，2008（07）：56-63.

❹ 李雨峰. 知识产权民事审判中的法官造法：司法能动的可能及限度 [C]// 最高人民法院. 探索社会主义司法规律与完善民商事法律制度研究：全国法院第 23 届学术讨论会获奖论文集（下）. 北京：人民法院出版社，2011：477-485.

产权一般由法律进行规定，即法官一般不能自由创设新的科技成果类知识产权。中药品种权是一种科技成果类知识产权，不能轻易由法官进行创设。然而，中药品种权实际并非由法官创设，而是由《中药品种保护条例》这一行政法规创设。

第二节　中药品种权是知识产权

一、中药品种权的客体属性

（一）无形财产与知识财产

有形财产与无形财产的区分，在学理上一般认为源自罗马私法关于有形物与无形物的区分。盖尤斯在《法学阶梯》第二篇中称："12. 另外，物分为有形物和无形物。13. 有形物是指看得见摸得着的有体物，如土地、奴隶、衣服、金银及各种各样的其他物品。14. 无形物是看不见摸不着的，只存在于法律当中，如继承权、用益权、各种债权。"盖尤斯和优士丁尼的无形物概念指的是法律权利。因此，所谓的无形物，指代的是无形权利。优士丁尼对无形物明确的含义是，无形物都有其对应的有形物。依据上述无形物的特征，所有权是一种权利，而权利是无形的，故应认定为是无形物。然而，正像罗马法学家们常常指出的，所有权在罗马法中划归为有形物，这似乎是用物取代了所有权，或者是认为物与所有权是可以相互替代的。❶但是不可否认的是，罗马法时期的无形物与现代法律的无形物，并不相同。

只有当各种知识财产被划归为动产，并需要与其他动产的财产权进行区分时，无形权利与真正的无形物之间的联系问题才出现在财产法中。此时，无形物与有形物划分的实质并不是指权利本身的划分，而是权利所指向的客体的划

---

❶ 尼古拉斯之所以如此建议，是因为只有有形物可以被拥有，并没有必要明确区别所有权和它的标的物，由此产生的效果是标的物和所有权被当作可以互换的术语。德劳霍什·P. 知识财产法哲学 [M]. 周林，译. 北京：商务印书馆，2008：54.

分。从现代法律的角度来看，人们已经习惯于把无形物看作是一个物。然而在现代知识产权制度形成之前，无形物并不被认为是一个物，更多地被看作是一种行为或者表现。例如，有人把图书（的表达）看作一种行为或者交流，而不是一个物的概念，它们把一本图书（的表达）描述为一种"表现"。❶可见，无形物是以更为抽象和动态的术语来定义的，这种观念导致人们难以接受知识产权法保护的是借以有形物存在的无形物，而非该有形物本身。

在现代知识产权法中，有形财产与无形财产的区分已不是主要问题，但是仍然需要对知识财产、无形财产和无形资产的概念进行辨析。一般而言，以知识财产为客体的权利，即为知识产权。刘春田教授认为，知识产权客体应分为两类：一类是智力成果；另一类是经营标记。❷吴汉东教授把知识产品分为三类：一类是创造性成果，包括作品及其传播媒介、工业技术；二类是经营性标记；三类是经营性信息。❸

可见，以知识产权名义统领的各项权利，并非都来自知识领域，其客体也并非都是创造性成果，本质只是一种无形财产。随着"财产越来越多地变为无形的和非物质的"❹，"知识产权"面对众多的无形财产越来越显得力不从心，无形财产权（intangible property）一词似乎更利于统领包括创造性成果、经营性标记和经营性信息在内的全部无形财产。有观点认为，无形财产权与知识产权都是在精神领域的民事权利范畴，但是无形财产权较知识产权的外延更广。❺通说承认知识产权的客体包括创造性成果（如著作权和专利权等）和经营性标记（如商标权等），但是知识产权的客体是否包括经营性信息（如特许经营权、信用权和商誉权等）则仍存不同观点。如果对此予以承认，无形财产权与知识产权的外延基本无异；否则，无形财产权的外延较知识产权更广。

中药保护品种中的现代知识具有无形性，当然属于无形财产。至于这

❶ 布拉德·谢尔曼，莱昂内尔·本特利. 现代知识产权法的演进：英国的历程（1760—1911）[M]. 金海军，译. 重排本版. 北京：北京大学出版社，2012：56.

❷ 刘春田. 知识产权法教程 [M]. 北京：中国人民大学出版社，1995：1.

❸ 吴汉东. 知识产权法 [M]. 5 版. 北京：法律出版社，2019：19.

❹ 尹田. 法国物权法 [M]. 北京：法律出版社，1998：19.

❺ 吴汉东. 无形财产权基本问题研究 [M]. 3 版. 北京：中国人民大学出版社，2013.

种中药现代知识是否还属于知识财产，笔者认为，中药保护品种的现代知识的创造性虽然不及中药发明的现代知识，但却有中药传统知识所不能媲美的创造性。《中药品种保护指导原则》规定，药品生产企业在申请中药品种时，需要提交该中药品种对特定疾病的优势疗效证明及对人体的安全性试验报告。这些试验资料可以证明特定中药品种"对特定疾病有特殊疗效"或"对特定疾病有显著疗效"，在人类克服疾病的特定领域有所创新和突破。这些试验资料是药品生产企业通过自身创造性劳动并耗费巨额资金所形成的，理应认定为创造性成果。

中药品种保护制度致力于促进中药创新、保护原研药品。正因为中药品种保护制度亦蕴含促进创新之法律目的，所以中药保护品种的现代知识无疑属于典型的知识财产，而不仅仅是广义上的无形财产，符合中药品种权证成为知识产权的第一个要件。

（二）无形资产

与无形财产近似的概念是无形资产。有国外经济学者称"财产的经济意义就是资产，资产的法律意义就是财产"❶。依上述理论，无形财产的经济学意义就是无形资产。中国经济学者则认为无形资产包括"法定权利、知识产权、优先权、垄断权，或者企业所具有的非凡盈利能力"❷，可见，无形资产不能等同于无形财产。无形资产将租赁权和土地使用权都纳入其中，但是前者为债权，后者为物权，均非无形财产权或知识产权。

关于中药品种权是不是一种无形资产。有观点认为，中药及天然药物的新药注册申请获批后，其研发支出可以进行资本化。❸ 由此可见，药品批准文号可以作为无形资产单独列支在资产负债表之中。不过，中药品种权一般难以单独列支在资产负债表之中，而是依附于药品批准文号。云南白药集团股份有限公司虽然拥有一级中药保护品种"云南白药"，但在资产负债表中并未对中药品种权进行单独列支，而是只列支了药品专利权、药品批准

---

❶ 康芒斯. 制度经济学（上）[M]. 北京：商务印书馆，1962：93.

❷ 吕劲松，曾银青，余采. 无形资产会计 [M]. 北京：中国审计出版社，1998：1-2.

❸ 李志刚，佟小静. 中药及天然药物研发支出开始资本化时点的探讨 [J]. 当代会计，2018（11）：16-18.

文号和药品商业秘密等无形资产，其中 2018 年度非专利技术的价值高达为 2 150 381.86 元❶。

（三）中药品种的知识财产源于传统知识

中药品种是一种中药现代知识，本质上不属于中药传统知识，原因如下。一是中药品种不符合学理上传统知识的群体性和公开性特征，也不符合 WIPO《保护传统知识：条款草案》关于传统知识的定义。二是传统知识保护制度一般保护的是文化表现形式，如《非物质文化遗产法》和"原创条例"，而中药品种保护制度保护的是技术成果。三是中药传统知识处于中药产业链的开端，而中药保护品种则处于终端，中药品种保护制度无法保护中药传统知识。不过即便如此，也不能否认中药品种源于中药传统知识，中药现代知识和中药传统知识是一脉相承的。

（四）中药品种的知识财产主要为非专利知识

中药品种是中药知识财产，既包括《中药品种保护条例》规定的处方组成和工艺制法，也包括《中药品种保护指导原则》规定的药品试验资料。这些中药知识财产若是满足《专利法》的实质审查标准，无疑是可以申请专利的。天津天士力制药股份有限公司的二级中药保护品种"养血清脑颗粒"就多达 9 项关联的已授权专利，这 9 项专利大多数是"监测方法"，只有少数为医药用途专利，这些方法和用途无疑是专利知识。除此以外，中药保护品种蕴含的大部分中药现代知识大部分为非专利知识。不过，随着 2022 年《中药品种保护条例（修订草案征求意见稿）》的发布，法律不再限制中药品种同时获得中药品种权和专利权，因此，中药保护品种蕴含的大部分中药现代知识亦有可能为专利知识。

（五）中药品种的知识财产核心是商业秘密

中药品种权的客体即中药品种，既包括公有领域的知识，也包括技术秘密。至于中药品种中的特定技术方案是否为商业秘密，应视其是否满足《反不正当竞争法》第 9 条规定的商业秘密要件来确定，即是否同时满足"不为

❶ 云南白药集团股份有限公司 2018 年度财务报告。

公众所知悉""具有商业价值"和"已采取相应保密措施"。在此，不妨通过以下三个案例深化对这个问题的认识。

（1）在常德中医院诉德海公司等科技成果权纠纷案❶中，由于双方对中药品种"增光片"的权属发生争议，常德中医院向法院请求确认其享有"增光片"处方的科技成果所有权。法院认为，常德中医院的医生周某于1972年利用该医院的物质条件，依据古代中药治疗眼疾的原理和自身临床实践经验，研发出"增光片"的处方组成。常德中药厂（后并入德海公司）通过与常德中医院签订合同的方式，获得该中药品种的生产权。20世纪70年代以来，常德中药厂通过其不断摸索、总结和反复实践形成"增光片"的工艺制法。1996年《中华人民共和国卫生部药品标准》"中药成分制剂"第11册载有"增光片"的处方和制法等内容。1999年2月，国家药品监督管理局向德海公司颁发《中药保护品种证书》，批准"增光片"为二级中药保护品种，保护期7年，从1995年5月10日至2006年5月10日。依据1993年《中药品种保护条例》第13条的规定，中药品种的核心是处方组成和工艺制法，足可见"增光片"是常德中医院和常德中药厂合作开发的一种智力创造性成果。由于常德中医院和常德中药厂未依据《专利法》申请该药品专利，故常德中医院请求保护的权利属于一种非专利技术秘密或称商业秘密。又由于1996年《药品标准》已经公开"增光片"的处方和工艺制法，上述两项内容已经丧失保密性，不属于商业秘密的范畴。因此，常德中医院对"增光片"处方不享有独占性的所有权，其诉讼请求依法不能获得支持。

（2）在康大公司与辅仁公司等侵犯商业秘密纠纷案❷中，康大公司称双方争议的中药品种"怀参蜜口服液"是获得中药保护品种证书的新药，主张辅仁公司侵犯了其对新药享有的独家生产权。河南省郑州市中级人民法院作为一审法院向康大公司释明后，康大公司明确其诉请保护的合法权益是商业秘密，该商业秘密的内容是与"怀参蜜口服液"相关的研发技术资料。二审

---

❶ 常德市第一中医院诉湖南德海制药有限公司等科技成果权纠纷案，湖南省常德市中级人民法院（2001）常经字第37号民事判决书。

❷ 郑州康大医药开发有限公司与辅仁药业集团医药有限公司等侵犯商业秘密纠纷案，河南省高级人民法院（2012）豫法民三终字第16号民事判决书。

法院认为，国家药品监督管理局已经公开该中药品种的处方、制法、性状、鉴别、检查和含量测定、功能和主治等事项，该技术已属公知技术。因此，案涉的研发技术资料的主要部分不构成商业秘密。

（3）在华龙公司诉老来福公司确认不侵害专利权纠纷上诉案❶中，法院认为，国家药品监督管理局颁布"黑骨藤追风活络胶囊"国家药品标准（试行）的时间是 2002 年 11 月 16 日，该标准的试行时间为 2002 年 12 月 1 日。虽然该标准的颁布时间和试行时间在涉案专利的申请日 2002 年 12 月 2 日之前，但标准颁布件载明的主送和抄送单位各级药品监督管理局和药品检验所及中国药品生物制品检定所、国家药典委员会、国家药品监督管理局药品审评中心、国家中药品种保护审评委员会和有关生产单位均是特定的主体，可见其公开应是在特定范围内的公开，因此不能据此将该标准视为公众所知的技术。因此，中药技术方案是否为商业秘密，关键在于国家是否公开了该技术方案，若只是公开了部分资料，则该部分则不是商业秘密；反之亦然。

综上所述，中药品种源于中药传统知识，其处方组成一般已经为公众所知悉。《中国药典》也会定期公开药品标准，包括处方和制法等药品标准，该内容也会因公开而不再成为商业秘密。不过，由于《中国药典》并非实时更新，中药品种的药品标准可能未纳入公开的《中国药典》而保持保密性。更重要的是，中药生产企业在申请中药品种保护时，需要向药品监督管理部门提交该中药品种对特定疾病的优势疗效证明及对人体的安全性试验报告。药品监督管理部门是特定主体，负有保密责任，因此中药生产企业提交试验资料的行为，不应视为其对该等技术资料主动放弃实行保密措施管理。《中国药典》一般也不会公开药品的试验资料，故这些药品试验资料仍应认定为企业的技术秘密。

二、行政法规创设知识产权

《民法典》共列举了 7 类知识产权客体，与此相对应的 7 类知识产权主要存在三种不同的立法模式：第一类是有专门的法律予以保护，即著作权、

---

❶ 北京京铁华龙药业有限责任公司诉贵州老来福药业有限公司确认不侵害专利权纠纷上诉案，北京市高级人民法院（2011）高民终字第 354 号民事判决书。

专利权和商标权；第二类是有专门的行政法规予以保护，如植物新品种权、集成电路布图设计权等；第三类则是由《反不正当竞争法》明确规定予以保护，如商业秘密等。而中药品种权则是属于第二类，符合知识产权法定性。

结合中药品种的核心是商业秘密，行政法规亦能创设知识产权的结论，笔者认为，中药品种权为知识产权，由《中药品种保护条例》这一行政法规创设。

有观点认为中药品种权是新型知识产权，一是因为一审法院在亨新公司与鹏鹞公司案中认为"中药品种是智力创造性成果"；二是因为《建立世界知识产权组织公约》第2条第（8）项规定知识产权包括"在工业、科学、文学或艺术领域内由于智力活动而产生的一切其他权利"，中药保护品种恰恰是人类在工业领域内产生智力创造性成果。❶上述理由可以归纳为，中药保护品种是智力创造性成果，但是国际组织文件和中国法律明文列举的知识产权范围没有包括中药品种权，应适用兜底条款认定中药品种权是知识产权。笔者对此持保留意见，如下文所述，笔者认为中药品种权的国际法渊源为《与贸易有关的知识产权协定》第39条第3款。

三、中药品种权不是商业秘密权

虽然中药品种权的客体核心为商业秘密，但是中药品种权并非商业秘密权。首先，中药品种保护制度是财产权制度，权利人享有一种排他性的权利，这种权利实际有法律垄断性，未经许可，任何人均不得利用该知识财产。保护商业秘密的法律是责任规则，一般载入各国的反不正当竞争法之中，商业秘密没有法律垄断性，只有物理垄断性。如果权利人对技术成果采取合理措施予以保密，那么任何人不得窃取该知识财产，但是这并不禁止他人经过合法手段，如逆向工程，获取该秘密的知识财产。此后，该商业秘密不再"秘密"，物理垄断性消失，权利人不得禁止该他人利用商业秘密。

其次，商业秘密权的获得无须国家行政部门的审批，商业秘密一经形成，权利人即享有相关的权利；而中药品种权经审批后才能获得。

---

❶ 周晃.论中药品种保护侵权的民事责任：以一起中药品种保护侵权纠纷案为例[J].法律适用，2005（03）：81-83.

再次，商业秘密实际上可以由多个民事主体占用、使用和收益；而中药品种权有独占性和寡占性，权利人一般是唯一的，即便存在同品种保护的情形，权利人也只是少数的。

最后，商业秘密权没有时间的限制，只要商业秘密的秘密性未丧失，保护期限理论上可以无限期延长；而中药品种权是有具体的保护期的，即便保护期可以延长，但也需要符合品种质量提升的要求。

综上所述，笔者认为中药品种权并非商业秘密权。

四、准专利权

中药品种权与专利权同为科技成果类知识产权，且知识产权的理论研究中确有"准专利权"这一概念。那么中药品种权是否需要归入"准专利权"这一概念之中，无妨先从既有权利与"准"权利之间关系开始分析。

（一）准契约和准私犯

早在罗马私法的古典时期，准契约和准私犯这两个概念，就已经是立法者为了维持"债之二分"这一逻辑框架所应用的立法技术。在优士丁尼《法学阶梯》之中，"债之二分"是债法的核心逻辑框架，即债分为契约之债和私犯之债。然而，除了上述契约之债和私犯之债，仍有不少类型的债不能简单归入契约和私犯。因此，为了保持债法逻辑的统一，与契约性质相似的债，被归入准契约之债，与私犯相似的债，被归入准私犯之债。债划分为契约之债、准契约之债、私犯之债和准私犯之债。在罗马私法中，这种被加"准"字的概念成了一个杂类，许多彼此性质颇异的权利被拉拢进这一类概念之中。有观点甚至认为，"准"字除了具有"杂类"的含义外，还有"指鹿为马"的含义。❶

优士丁尼《法学阶梯》I.3，27pr 规定："在列举了契约的种类后，朕也探讨确实不被严格地认为产生于契约，但由于其存在不是产生于非行，被认为是产生于准契约的债。"罗马法上的准契约之债，主要包括无因管理、监护、法定共有物分割之债、分割遗产、继承人的转移遗产义务等。准契约将

---

❶ 徐国栋.优士丁尼《法学阶梯》评注 [M].北京：北京大学出版社，2019：477.

没有契约关系的双方视为彼此间有契约关系，并参照契约关系调整双方之间的权利义务。例如，罗马法将无因管理归入准契约，《法学阶梯》I.3，27，1规定："严格地说，这些诉权不是从任何契约产生的，因为这些诉权产生于某人在未受委任的情况下自荐于他人事务之管理的情况。由此，其事务被管理的人，即使不知情，也受债的约束。"准契约或准合同的概念一直作为一种立法技术为各国所应用，《民法典》也将不当得利和无因管理纳入为准合同。总体而言，准契约与契约之间个性大于共性，共性处于不重要的地位，法律效果差异较大。

如果说准契约在本质上不是契约，那么在现代侵权法的视角中，准私犯本质上恰恰是私犯。准私犯之债，包括倒泼和投掷责任、堆置和悬挂责任等。私犯注重过错，而准私犯不注重过错，但是准私犯具有同私犯相类似的客观事实，即不法致他人损害。在《法国民法典》上，准侵权行为与侵权行为之间的共性，与罗马法上的准私犯与私犯的共性基本一致。《德国民法典》已经不再使用准侵权行为的概念，将《法国民法典》的准侵权行为都叫作侵权行为。总体而言，准私犯与私犯之间共性大于个性，法律效果基本相同。

（二）准物权

在德国民法上，准物权的概念旨在表明其与物权都是绝对权。有观点认为，权利抵押权和权利质权为准物权。❶在物权法中，担保物权以有形物作客体为原则，以权利作客体为例外。换言之，权利抵押权和权利质权尚不能称之为典型物权。如果以客体是有形物还是权利作为判断标准，权利抵押权和权利质权被称为准物权无可非议。然而，多国物权法已将权利质权直接纳入其中，权利抵押权和权利质权与典型物权均居于绝对重要的位置。权利抵押权和权利质权独有的规范较少，准用乃至适用物权之规范。如《德国民法典》第1273条规定，除法律对权利质权有特别规定以外，其他无规定的部分准用动产质权的相关规定。因此，多数学者不把权利抵押权和权利质权叫作准物权，而是直接以物权称之。

也有观点称，"准物权不是属性相同的单一权利的称谓，而是一组性质

❶ 王泽鉴.民法物权通则·所有权（总第1册）[M].台北：三民书局，1992：6.

有别的权利的总称，由探矿权、采矿权、取水权等组成。"❶ 这些准物权都具有绝对性、支配力、对抗效力、物权请求权，都奉行物权法定主义。所以，准物权是与典型物权有所不同的物权，而非物权以外的权利，仍然属于物权的范畴。《民法典》物权编亦将这些准物权纳入用益物权的范畴。因此，准物权和物权之间也是共性大于个性，法律效果基本相同。

从上述分析可知，以"准"字作为标志的概念在民法教义学中并不鲜见，且与既有概念之间既有共性，又有个性。

（三）准专利权

1. 准专利权与专利权期待权

有观点认为，"准专利"是指在专利审查过程中已经公布专利申请但尚未获得专利权的专利。大陆法系国家专利制度实施"早期公开、延迟审查"机制，《专利法》也规定专利申请最迟应自申请日起满 18 个月公布。自专利申请公布到专利正式授权期间，专利申请文件中所记载的技术信息已经向社会公布，丧失了保密性。任何人都可以通过阅读专利申请文件的内容来实施或模仿该专利技术。由于专利尚未被正式授权，因此专利申请人实际不是专利权人，无法以专利权人的身份要求实施方停止侵害。《专利法》为了对专利申请人的利益进行公平保护，规定了"临时保护"机制，即专利申请人有权在其专利申请公布后向实施方要求支付适当的费用。

依据《关于审理侵犯专利权纠纷案件应用法律若干问题的解释（二）》的精神，只有专利正式授权后，专利权人才可以向法院主张该实施费用；如果专利申请经实质审查被驳回，这些专利的申请人无权向法院主张该实施费用。❷ 而且，该实施费用并非赔偿，而是补偿。德国专利法理论认为，由于专利法没有向"准专利"授予排他权，因此即使实施方未经专利申请人的同意实施了该技术，也不属于违法，专利申请人也就不存在任何的禁止权。如果实施行为并非违法，这种所谓的"要求支付适当的费用"就不能理解为损害赔偿请求权，也不能理解为不当得利请求权，而是一种补偿

---

❶ 崔建远. 准物权研究 [M]. 2 版. 北京：法律出版社，2012：18.

❷ 王迁. 知识产权法教程 [M]. 5 版. 北京：中国人民大学出版社，2016：315-316.

请求权。补偿不必等同于完全的损害赔偿，它仅能覆盖最小的损害。❶ 正是"临时保护"机制的效力较弱，有观点主张为已经公布专利申请但尚未获得专利权的专利设立准专利制度，赋予准专利权人在临时保护期内一种法定权利——"准专利权"，他人未经许可实施准专利的行为，应承担侵权责任。❷

笔者认为，这种"准专利权"称之为专利权期待权更为合适。"期待权"一词最早见于物权期待权，物权期待权不是法律规定的概念，而是在司法实践中出现的概念。《关于建设工程价款优先受偿权问题的批复》第 2 条规定，消费者在购买商品房的时候，如果支付了该商品房的全部或大部分对价之后，即便该商品房尚没有登记在消费者的名下，消费者也拥有对抗承包人对该商品房拥有的工程价款优先受偿。消费者拥有的这种权利就是所谓的物权期待权。❸《关于人民法院办理执行异议和复议案件若干问题的规定》第28 条也规定，即便不动产登记在被执行人名下，但如果同时满足一定的条件，即不动产购买人与被执行人（出卖人）签订合法有效的书面合同、支付全部价款、有权占有不动产、未过户非因购买人之过错，申请执行人也无法实际要求法院执行该不动产，这也称为无过错不动产购买人的物权期待权。在务实公司与曾某等案外人执行异议之诉案❹ 中，最高人民法院称上述权利为物权期待权。之所以司法实践创设物权期待权的概念，是因为基于中国不动产登记制度的不完善，购买人进行物权登记的时间，一般会晚于双方签订合同的时间，甚至会晚于购买人实际占有该不动产的时间。在这段时间里，出卖人仍然是法律上的不动产所有权人。如果只是将购买人当作普通的债权人，购买人将无法对抗出卖人的其他债权人。因此，最高人民法院优先保护无过错的不动产购买人。

---

❶ 鲁道夫·克拉瑟.专利法：德国专利和实用新型法、欧洲和国际专利法 [M].6 版.单晓光，张韬略，于馨淼，译.北京：知识产权出版社，2016：1109-1110.

❷ 李玉香.准专利的法律保护 [J].人民司法，2004（01）：56-58.

❸ 最高人民法院执行局.最高人民法院关于人民法院办理执行异议和复议案件若干问题规定理解与适用 [M].北京：人民法院出版社，2015：432.

❹ 东莞务实沙县有限公司与曾某等案外人执行异议之诉案，最高人民法院（2018）最高民法终 1147 号民事判决书。

德国学者也在所有权保留买卖中创设了物权期待权的概念，用于指代未满足约定条件而暂未取得所有权的买受人的权利。1954 年，德国联邦法院第四民事法庭在判决中，称所有权保留买卖中的买受人在条件成就之前没有取得物权，其享有的是一种期待权，这种期待权处于逐步成为所有权的过程中，期待权是完整权利的预备阶段。有观点曾以胎儿与人的关系类比期待权与既有权的关系，期待权相当于"胎儿"之法律地位，胎儿不是法律主体，但是必须在法律主体之下对胎儿的法律地位作出规定。❶

可见，这种"准专利权"实质是专利权期待权，是专利权完整取得前的先期阶段，与专利权具有同一性质。然而，准契约与契约、准物权与物权等，两者却并非同一性质的权利。因此，笔者不赞同将专利权期待权称为"准专利权"。

2. 准专利权与"非专利"

还有观点认为，"准专利"是指没有达到专利标准的技术方案；准专利制度是一种参照专利制度，并对那些没有达到专利标准但确有一定技术和智力含量的技术方案，予以确认、评定和登记的制度；准专利是具有创造性的知识财产，但不是专利，而是专利以外的创造性成果；准专利制度能调动大多数科技人员的积极性，从而加速技术创新。❷

专利权具有严格的法定性，在专利保护范围之外的技术方案，一般应认定为"非专利"，而非"准专利"。如果笼统地为这种"没有达到专利标准的创造性成果"制定"准专利"制度，直接会打破专利制度设定的"激励—成本"的平衡阀，可能使大量未达到专利标准的创造性成果获得近似于专利权的权利，对技术创新可能造成反作用力。况且，对于促进科技人员的积极性，中国也并非只有知识产权法，《中华人民共和国促进科技成果转化法》等法律也提供了相应的法律支持，在一定程度上防止"重理论成果、职称评定，轻成果应用、市场需求"的现象。

❶ Serick R. Eigentumsvorbehalt und Sicherungsübertragung[J]. Band I，Heidelberg，1963：248.

❷ 林培栋. 调动科技人员的积极性 实施"准专利"制度 [J]. 航天技术与民品，2000（10）：33-34.

综上所述，随着知识产权客体范围不断扩张，原系"非专利"的科技成果类知识财产，如植物新品种、集成电路布图设计或本书所述的中药品种，开始逐步由专门法进行保护。这些植物新品种权、集成电路布图设计权和中药品种权等权利，与专利权同为科技成果类知识产权。从这个范畴上看，植物新品种权、集成电路布图设计权和中药品种权，都可称之为"准专利权"。

但是，笔者仍然认为无须创设"准专利权"的概念，将许多彼此性质颇异的科技成果类知识产权归入其中。罗马法创设准契约和准私犯的概念，将不能简单纳入契约和私犯的"杂类"之债纳入其中，目的是不破坏"债的二分"结构，保持债法的逻辑统一。然而，知识产权法保护的专利权、著作权和商标权等典型知识产权，本来也并非按照逻辑之划分。无论是植物新品种权、集成电路布图设计权，还是中药品种权，都可以直接归入知识产权的"根目录"之下，而不需要先归入"准专利权"的范畴内，再将"准专利权"归入知识产权的"根目录"。不过，由于中药品种权与专利权都是科技成果类知识产权，权利性质有一定的共性，对中药品种权的研究也无妨借鉴专利权的相关理论。

第三节 中药品种权的权利分析

传统的财产法已无法容纳新财产，而霍菲尔德的权利分析理论就为新财产提供了一个有力的研究框架。

一、霍菲尔德的权利分析思想

霍菲尔德提炼出法律概念额关系的最小公分母，认为其他所谓复杂的法律概念和关系只不过是它们的不同组合。[1] 霍菲尔德的基本法律概念和法律关系如表5-1所示。

---

[1] 霍菲尔德.基本法律概念[M].周林，编译.北京：中国法制出版社，2009.王涌.私权的分析与建构：民法的分析法学基础[M].北京：北京大学出版社，2020.

表 5-1　霍菲尔德的基本法律概念和法律关系

法律上的相反关系 Jural Opposite	权利 right	特权 privilege	权力 power	豁免 immunity
	无权利 no-right	义务 duty	无权力 disability	责任 liability
法律上的关联关系 Jural Correlative	权利 right	特权 privilege	权力 power	豁免 immunity
	义务 duty	无权利 no-right	责任 liability	无权力 disability

表 5-1 所列的权利元形式，每一种形式的法律利益都必有一种相关的法律负担。特权的确定的法律含义是指一个人可以做某事的自由。因此，权利的相关法律负担是义务，自由的相关法律负担是无权利，权力的相关法律负担是责任，豁免的相关法律负担是无权力。而中药品种权的权利元形式如下。

第一，（狭义）权利—义务。权利人有权利要求他人不生产、销售中药保护品种，不妨碍权利人生产、销售中药保护品种；他人都有义务不生产中药保护品种，不妨碍权利人生产中药保护品种。

第二，自由—无权利。权利人有生产中药保护品种的自由，他人都无权利要求权利人生产或不生产中药保护品种。在同品种保护的情况下，初次保护的权利人则无权利要求同品种保护的权利人不生产、销售中药保护品种，同品种保护的权利人有生产中药保护品种的自由。

第三，权力—责任。权利人有权力委托他人生产中药保护品种，受托人有责任承受因委托合同而产生的法律关系。

第四，豁免—无权力。在强制许可的情况下，他人享有对抗禁止生产中药保护品种的豁免，权利人无权力禁止他人生产中药保护品种。

二、财产权谱系下的中药品种权

霍菲尔德认为，所有权是民事主体对于他人享有的权利、特权、权力和豁免的法律利益的总和。在所有权与其他非所有权之间应该存在种种形态，他们具有家族的相似性。当然，权利分析思想下的"所有权"并不总是与有体物相关，而是可以解释一切具有对世性、排他性、优先性的权利。

王涌教授参照霍菲尔德的术语，建立一个财产权谱系，将财产权分为以下六大类："1. 公物；2. 具有物理垄断性，不具有法律垄断性的财产；3. 具有物理垄断性，法律保护其物理垄断性，但不直接赋予其法律垄断性的财产（如商业秘密）；4. 具有法律垄断性，但不具有任何处分权的财产；5. 具有法律垄断性，具有许可的权力，但不具有转让权的财产；6. 具有法律垄断性，具有许可的权力和转让权的财产。"❶王涌教授将公物置于财产权谱系，只是为了确定某一"财产"在财产体系中处于什么位置。

（一）专利权

专利权具有法律上的垄断性，不仅可以许可，也可以整体转让，属于上述第 6 种财产权，即权利分析思想下的"所有权"，权能最为广泛。

（二）传统知识权

首先，传统知识权不是第 1 种财产权。若以霍菲尔德的术语表达"公物"，即任何人都无权利要求他人不使用、占用该物。严格地说，这种所谓公物不是财产权，因为它不具有垄断性，在法律效力上不具有对世性和排他性。传统知识是"限制式共享资源"，具有一定的对外性和排他性，也就具有了一定的物理垄断性❷。因此，传统知识不属于第 1 种财产。《保护传统知识：条款草案》对此也有所印证，第 5 条替代项 1 明确规定公共领域的传统知识不属于草案的保护范围。

其次，原本传统知识权只是具有物理垄断性，因为秘密的传统知识一旦泄露，其物理垄断地位自然瓦解，故属于第 2 种财产权。这也是中药传统知识往往师传身授的重要原因。

---

❶ 王涌. 财产权谱系、财产权法定主义与民法典《财产法总则》[J]. 政法论坛，2016，34（01）：103-118.

❷ 物理上的垄断性系指由于物理上的原因使得某主体对于特定的标的享有排他性的利益，如爱因斯坦的天赋；法律上的垄断性系指，根据法律的规定，某主体对于特定的标的享有排他性的权利，如专利权。财产权只是法律上的概念，一种利益如仅具有物理上的垄断性，它并不构成法律意义上的财产权，因为它不具有法律上的排他性。

最后，随着国际条约和各国法律开始对传统知识进行专门保护，传统知识权从第 2 种财产权，转变为第 3 种财产权。传统知识权具有物理垄断性和间接的法律垄断性。法律对传统知识进行保护，不同于专利保护，并不赋予传统知识权以法律上的排他性，但是却禁止任何以不正当的手段获取传统知识的行为。不同于上述第 1 种和第 2 种财产权，传统知识持有人除了享有自由之外，还享有要求他人不得以不正当的手段获取该传统知识的权利，利用者则负有不得以不正当的手段获取该传统知识的义务。但是该权利并不是要求其他人不得使用传统知识，如果其他人是正当手段取得则不在此限。传统知识权作为"限制式共享资源"的对外排他性，是源于物理垄断性，而非源于法律垄断性。❶ 国际条约和各国法律规定：利用者可以在"事先知情同意"和"惠益分享"的基础上，合理利用传统知识。传统知识权本质上不是严格意义上的财产权，传统知识持有人的"事先知情同意"和"惠益分享"只是一种合同行为。

（三）中药品种权

中药品种权为第 5 种财产权，具有法律上的垄断性，但不具有可转让性。权利人有权要求他人不得占有、使用和侵犯其中药保护品种，即具有对世性、排他性的权利。但是，权利人并不具有转让权。不妨在此进行设想：权利人将中药品种权单独转让给他人，该转让是否会产生法律效力？中药品种权只能授予已取得药品批准文号的中药品种，权利人即便将中药品种权转让给他人，也依旧拥有该中药品种的药品批准文号，具有生产该中药品种的资格；而受让人即便取得中药品种权，也没有获得该中药品种的药品批准文号，实际也就不具有生产该中药品种的资格。

中药品种权因为未经单独打包，不像专利权和商标权的整体转让那样，经转让后，转让人就彻底"出局"。可见，《中药品种保护条例》没有单独赋予中药品种权以"可转让性"。笔者认为，中药品种权设置的主要目的是维护正当竞争和帮助消费者识别商品。如果将中药品种权设定为一种可单独转

---

❶ 王涌 . 私权的分析与建构：民法的分析法学基础 [M]. 北京：北京大学出版社，2020：244-247.

让的财产权，将使法律关系复杂化，需要巨大的维护与保护成本。试想，转让人拥有该中药品种的药品上市许可，受让人却拥有该中药品种的中药保护品种证书，受让人可以禁止转让人继续生产已上市的中药品种，自己却又无法生产该中药品种，已经超出了消费者的普遍认识，扭曲了中药品种权的立法目的。

在财产权谱系之中，专利权、中药品种权、传统知识权的权能是有区别的，具体而言：专利权＞中药品种权＞传统知识权。

王涌教授将"真正"的财产权简化为两种主要类型：一是为有对世权利但无转让权力的财产权（第4种、第5种）；二是有对世权利且有转让权力的财产权（第6种）。财产权是具有排他性的对世效力的权利，这种对世的权利只能通过法律规定而产生。中药品种权当然具有对世效力的权利，但却不具有转让权力，属于王涌教授上述的有对世权利但无转让权力的财产权。❶2022年《中药品种保护条例（修订草案征求意见稿）》赋予了中药品种权一定程度的"可转让性"，即中药品种权可以随药品上市许可之转让而转让，但是中药品种权仍无法脱离药品上市许可进行单独转让。

第四节　小　结

《中药品种保护条例》是财产权规则，通过行政特许的方式创设新型民事权利，即中药品种权。中药品种权是公法创造的民事权利，将财产权仅限于私法上的权利是财产权观念的最隐蔽的误区，许多重要的财产权已经表现为公法上的权利。

中药品种权不仅是民事权利，更是知识产权。一是因为作为客体的中药品种是一种源于中药传统知识的中药现代知识，核心为未披露信息（商业秘密），是知识财产。二是因为行政法规创设知识产权是一种常见的立法现

---

❶ 王涌.私权的分析与建构：民法的分析法学基础[M].北京：北京大学出版社，2020：255.

象，符合知识产权的法定主义。但是，中药品种权不是商业秘密权和特许经营权。

中药品种权是科技成果权。科技成果权的保护模式在不断变化。在传统的保护模式下，科技成果一般受到专利法保护，不在专利保护范围内的，要么由所有者秘密控制，要么进入公有领域。由此可见，专利制度的反向作用是：①公开的非专利创新，属于价格竞争和自由模仿的范围；②未公开的非专利创新可以自由逆向工程，但不能窃取；③在没有混淆的情况下，反不正当竞争法不得阻止产品模仿。但是，随着新形态的技术的发展，有的科技成果难以受到专利法的保护。于是知识产权保护格局发生了调整，其中一是通过降低创造性要求纳入专利保护范围，如生物基因方法、计算机程序；二是通过降低著作权标准或扩大著作权保护范围进行保护，如将计算机软件、数据库纳入作品；三是通过专门立法进行特别保护，如集成电路布图设计。而中药保护品种这等科技成果是通过第三种方式予以保护的。从这个范畴上看，中药品种权可称之为"准专利权"。但笔者仍然认为无须创设"准专利权"的概念，将许多彼此性质颇异的科技成果类知识产权归入其中。无论是植物新品种权、集成电路布图设计权，还是中药品种权，都可以直接归入知识产权的"根目录"之下，而不需要先归入"准专利权"的范畴内，再将"准专利权"归入知识产权的"根目录"。

在财产权谱系之中，不难发现，中药品种权的权能比传统知识权要强，但比专利权要弱，处于两者之中，是一种有对世权利但无单独转让权力的财产权。

第六章　中药品种权和药品资料专属权

中药品种保护制度核心保护的是药品未披露信息，那么中药品种保护是否就是商业秘密保护？笔者认为答案是否定的，因为中药品种保护制度是财产权制度，而商业秘密法并不创设财产权，是一种责任规则。在中药品种权是知识产权的结论下，中药品种权又是何种性质的知识产权，有待本章对此进行证成。有学者认为中药品种保护制度可借鉴国外药品试验数据保护制度。❶ 药品资料专属权的国际法渊源是《与贸易有关的知识产权协定》第39条第3款，保护的是药品未披露信息。中药品种权属于药品资料专属权的特殊形态，成为本章论证的关键。

第一节　《与贸易有关的知识产权协定》下的药品资料专属权

一、《与贸易有关的知识产权协定》第39条第3款的规定

《与贸易有关的知识产权协定》第二部分第五节（第28条至第34条）规定了"专利"，第七节（第39条）规定了"对未披露信息的保护"。其中，第39条第3款规定："各成员如要求，作为批准销售使用新型化学个体制造的药品或农业化学物质产品的条件，需提交通过巨大努力取得的、未披露的试验数据或其他数据，则应保护该数据，以防止不正当的商业使用。此外，各成员应保护这些数据不被披露，除非属为保护公众所必需，或除非采取措施以保证该数据不被用在不正当的商业使用中。"

---

❶ 杨悦.现行专利制度下的中药品种保护制度 [N].中国医药报，2019-09-10（03）.

《与贸易有关的知识产权协定》第 39 条第 3 款规定的药品试验数据属于未披露信息，应受到保护。《与贸易有关的知识产权协定》和各国药事法提供了不同类型的药品资料专属权。《与贸易有关的知识产权协定》第 39 条第 3 款规定了药品资料保护的国际最低标准，各国法律对于该规定的移植并不相同。

二、药品试验数据保护的义务

《与贸易有关的知识产权协定》为保护药品试验数据，规定了"不披露"和"不依赖"两种义务。"不披露"是指不披露药品试验数据，防止该数据被泄露；"不依赖"是指不依赖药品试验数据，防止该数据被不正当商业使用。由于药品试验数据是未披露信息，即商业秘密，"不披露"义务实际上是一种保密义务，一般是由《反不正当竞争法》予以规制，真正需要在药事法中予以单独规定并由药品行政部门履行的义务是"不依赖"。有观点认为，药品试验数据制度的核心义务在于"不依赖"，即在一定时间内，禁止仿制药企"依赖"原研药企向药品行政部门提交的新药试验数据而获得仿制药的上市许可。❶

《与贸易有关的知识产权协定》第 39 条第 3 款原文未涉及任何排他性和专属权的问题，也就是说，《与贸易有关的知识产权协定》并未强制各国施行药品试验数据专属保护。依据《与贸易有关的知识产权协定》的要求，各成员国的法律无须比《与贸易有关的知识产权协定》更严格或者更具有限制性。不过，从各国落实《与贸易有关的知识产权协定》第 39 条第 3 款的情况上看，基本上赋予了原研药一定期间的独占权。

第二节　欧盟和北美药品资料专属权

一、欧盟药品资料专属权

（一）欧盟《2004/27/EC 指令》

欧盟在条约（treaty）的框架下制定了规定（regulation）、指令（direct）

---

❶ 中国药学会医药知识产权研究专业委员会 . 药品试验数据保护制度比较研究 [M].
北京：中国医药科技出版社，2013：19-20.

和决定（decision）等约束性法律。其中，指令属于指导性法律，各成员国在不违反指令原则的基础上，可以制定具体的实施办法。

欧盟《2004/27/EC 指令》第 8 条第 1 款规定："如果申请者能够证明其仿制药是仿制某一成员国或欧共体内根据第 6 条规定已获许可上市至少 8 年的参照药品，则无须提交临床前试验和临床试验结果。依照本规定许可的仿制药品，在其参照药品获得初始上市许可后的 10 年后方可上市销售。然而，如果在这 10 年期限的前 8 年内，上市许可持有者获得了一个以上新适应证的许可，同时许可前的科学评价表明新适应证方面能够提供比现有疗法更显著的临床疗效，那么 10 年的期限最多可延长至 11 年。"

由此可见，在欧盟，新药上市后有 8 年药品资料专属期，在此期间，仿制药的上市申请均不予受理和批准，除非自行获得全部试验数据并申请上市。8 年药品资料专属期届满后的 2 年，药品行政部门可以受理仿制药的申请，但不予批准。在新药上市后的 8 年内，如果新药获得一个以上的新适应证的许可，则可以获得延长的 1 年药品资料专属期。

二、北美药品资料专属权

（一）案例分析

美国"资料专属权"由美国涉及农药的司法判例逐步形成。美国药品和农药的上市申请制度非常相似，美国食品药品管理局和环境保护局（Environmental Protection Agency，简称 EPA）使用原始资料权利人试验资料的方式和限制也大致相同。因此，Chevron v. EPA 案和 EPA v.Monsanto 案虽然是农药资料专属权的相关案例，但是作为研究药品资料专属权的具体案例，有相当的意义。❶

---

❶《美国 Hatch-Waxman 法案》的资料专属权立法模式甚为详细、明确，且美国最高法院已于 EPA v. Monsanto 案中表明对于政府参考原始资料权利人的试验资料的看法，故实务上并无挑战《美国 Hatch-Waxman 法案》中资料专属权是否合宪的案例。参见杨代华.处方药产业的法律战争：药品试验资料之保护 [M]. 台北：元照出版有限公司，2008：128.

1. Chevron v. EPA 案 ❶

1947 年，美国通过了《美国联邦杀虫剂、杀真菌剂、灭鼠剂法案》(*Federal Insecticide, Fungicide, and Rodenticide Act*，以下简称《FIFRA 法案》)。在该时期，《FIFRA 法案》只是涉及农药的授权和标示的法律，要求所有跨越州界和国界的农药交易必须先在美国农业部进行注册登记，申请人必须根据美国农业部的要求提交包含该农药配方在内的试验资料。然而，《FIFRA 法案》明确禁止农业部公开这些试验资料。1970 年，相关职权从农业部移交给 EPA，由 EPA 负责审核农药的注册登记。1972 年，美国国会通过 1972 年 FIFRA 修正案，将《FIFRA 法案》从一个有关农药标示的法律，转变为一套管制农药的法律。依据 1972 年 FIFRA 修正案，申请人可以将农药注册申请资料中的任何部分，指定为营业秘密 (trade secret) 抑或是商业或财务秘密 (commercial or financial information)，EPA 一般不得公开上述资料。此外，根据 1972 年 FIFRA 修正案建立了强制资料授权制度，若在先申请人已就某种农药进行了注册，那么在后申请人只需向在先申请人作出适当补偿后，EPA 在审核相似成分农药的注册申请时，即可参考在先申请人提交的营业秘密以及商业或财务秘密。随后的 1975 年 FIFRA 修正案进一步明确规定："只有在 1970 年 1 月 1 日以后提交的农药注册申请资料才适用公开揭露和强制授权的规定。"

1978 年 FIFRA 修正案则对 1972 年和 1975 年 FIFRA 修正案的上述规定进行修正："针对 1978 年 9 月 30 日之后提交的农药注册申请资料，EPA 在该农药的注册登记之日起的 10 年内，不得将其作为参考来支持后续的农药注册申请，除非在先申请人予以许可。"也就是说，原始资料权利人在 1978 年以后的资料享有 10 年的专属权。在这 10 年的专属保护期限届满后，EPA 可以在未获得原始资料权利人同意的情况下，自由参考这些资料以支持后续的农药注册申请。然而，在 10 年专属保护期届满后的 5 年内，后续申请人

---

❶ Chevron Chemical Company v. Douglas M. Costle, Administrator, United States Environmental Protection Agency. Civ. A. No. 79-532, United States District Court, D. Delaware, cited as Chevron Chemical Co. v. Costle, 499F.Supp.745 (D.C.Del.1980). 杨代华. 处方药产业的法律战争：药品试验资料之保护 [M]. 台北：元照出版有限公司，2008：107-117.

如若提出相似成分农药的上市申请，仍需向原始资料权利人支付补偿。至于如何处理在 1969 年 12 月 31 日之前提出的农药注册申请资料，1978 年的 FIFRA 修正案并未作出任何具体说明。

Chevron 公司自 1955 年开始，为了"naled"和"paraquat"农药的注册申请，先后向 EPA 提出多份试验资料。Chevron 公司以秘密方式保管这些试验资料，EPA 也不否认这些试验资料中有 Chevron 公司的营业秘密。Chevron 公司的"naled"和"paraquat"农药的专利于 1978 年 2 月到期后，一些竞争者为了推出与这两种产品具有相似成分的农药，向 EPA 提交了农药上市注册申请。这些竞争者表示愿意补偿 Chevron 公司 1970 年以后提交的资料，但拒绝补偿 1969 年以前的资料。然而，在实际操作中，EPA 并没有将这些资料提供给后续申请的竞争者查阅，也没有泄露这些申请资料的内容给后续申请者。EPA 仅引用了 Chevron 公司提交的资料，以评估竞争者相似成分农药的安全性和有效性。

Chevron 公司向美国法院提出了一项临时性禁止令，要求禁止 EPA 使用其 1969 年以前的资料。Chevron 公司主张，EPA 为了竞争者的私人利益而使用其试验资料的行为，构成了美国宪法第五修正案所规定的"征用"。这种"征用"在《FIFRA 法案》中并未明确授权，并且违反了美国宪法第五修正案的公益征用条款。而 EPA 则辩称，使用 Chevron 公司 1969 年以前资料的"征用"行为不应被禁止，因为该行为已经得到了《FIFRA 法案》的授权，并且是基于公众目的。

根据 1978 年 FIFRA 修正案的立法背景，法院认定修正案的立法目的在于避免农药专利的独占期间变相延长，并降低《FIFRA 法案》的限制竞争效应。基于这个目的，EPA 被授权可以参考原始资料权利人的资料。因此，国会有可能相信 EPA "参考资料的范围不会涉及 1969 年以前资料"，才遗漏就 1969 年前资料进行明确规定。

据此，法院认定，根据 1978 年的 FIFRA 修正案，EPA 有权在无须原始资料权利人的许可，且在后申请人未给予补偿的情况下，在审核时参考 1969 年以前的资料。此外，法院还认定，EPA 参考 1969 年以前资料的行为属于美国宪法第五修正案的"征用"行为。

同时，美国法院进一步认为，国会在 1978 年修订 FIFRA 法案的过程中，已经意识到 1972 年和 1975 年 FIFRA 修正案关于 EPA 不得参考原始资料的规定，已经变相地延长了农药产品基于专利制度所拥有的市场独占期，从而阻碍了农药产品的市场竞争。因此，国会有权认定修正前的《FIFRA 法案》阻碍了市场竞争，并赋予 EPA 参考原始资料的权力，以降低修正前《FIFRA 法案》对市场竞争的妨碍效应。这种立法行为是国会基于公众利益的考量而进行的授权"征用"，符合美国宪法第五修正案的"公众目的"。

从上述案例可以得知，原始资料权利人所拥有的农药注册申请资料被视为其私有财产。EPA 在使用这些原始资料权利人的 1978 年前的资料时，其行为符合美国宪法第五修正案所规定的公益征用条款。而 1978 年的 FIFRA 修正案中关于资料专属权的立法目的，主要在于防止农药产品因专利制度而变相延长其市场独占期，从而避免对农药产品市场竞争造成阻碍的后果。这样的立法设计有助于确保农药市场的公平竞争，同时维护原始资料权利人的合法权益。

2. EPA v. Monsanto 案 ❶

Monsanto 公司是研究农药使用新化学分子并对于这些化合物进行试验、研究的公司。Monsanto 公司向 EPA 提出农药注册申请时，以《FIFRA 法案》中有关资料参考（data-consideration）和资料公开（data-disclosure）的规定剥夺公众的财产却没有补偿，违反美国宪法第五修正案的公益征用条款为由，向下级法院诉请发出一项禁止令，豁免其提出的资料适用上述关于资料参考和公开的规定。Monsanto 公司花费了 2360 万美元，用于向 EPA 提交《FIFRA 法案》所要求的健康、安全和环境方面的资料，以满足农药注册申请的需求。这些资料不仅有助于申请农药注册，还能为 Monsanto 公司所利用，助力其开发其他农药最终产品，同时，也能促进其已登记农药产品的新

---

❶ William D. Rucklshaus, Administrator, United States Environmental Protection Agency v. Monsanto Company, No. 83-196, Supreme Court of the United States. Cited as Ruckelshaus v. Monsanto Co. 467 U.S. 986（1984）. 杨代华. 处方药产业的法律战争：药品试验资料之保护 [M]. 台北：元照出版有限公司，2008：118-128.

用途的研发。不论是对 Monsanto 公司自身，还是对其竞争者来说，这些资料都具备着相当的价值。因此，Monsanto 公司采取了严密的保密措施，确保这些农药注册申请资料不被泄露。

经过下级法院的审理，法院认为 Monsanto 公司对其提交的农药注册申请资料拥有财产权，特别是具有排除他人未经授权参考及公开这些资料的权利。下级法院观点认为，1978 年 FIFRA 修正案的资料参考条款剥夺了原始资料权利人的财产，且是基于私人利益，与该法案旨在增进的公众利益并不相符。对于 1978 年 FIFRA 修正案的资料公开条款，下级法院同样认定为侵犯了原始资料权利人的财产权。这是因为公众对于农药产品安全性和有效性的要求，可以通过 EPA 对农药注册申请的审核程序来确保。而 1978 年 FIFRA 修正案赋予公众查看农药注册申请资料的权益，并不足以平衡原始资料权利人因营业秘密资料被公开而导致的财产利益损失。

美国最高法院认为 Monsanto 公司提出的健康、安全与环境资料，属于密苏里州《侵权法重述》第 757 节评论 B（757 Comment b, of the Restatement of Torts）所规定的营业秘密❶。Monsanto 公司对于该等营业秘密具有财产利益。Monsanto 公司的该营业秘密属于无形财产，无疑应受到美国宪法第五修正案中关于公益征用条款的保护。然而，营业秘密的界限实际上是由权利人通过保密措施来避免对他人公开的程度确定的。一旦权利人将营业秘密泄露给没有保密义务的第三方，或对公众公开该营业秘密，权利人对该营业秘密的财产权就此丧失。

在关于 1978 年以后的资料方面，美国最高法院指出，根据 1978 年 FIFRA 修正案，EPA 在 10 年的资料专属保护期届满后，有权参考和公开这些资料，而 Monsanto 公司应对此有所了解。然而，尽管知道这一点，Monsanto 公司为了获得农药注册登记的经济利益，仍自愿将这些资料提供给 EPA。因此，EPA 后续参考和公开这些资料的行为，并不构成美国宪法第五

---

❶ 该法条对营业秘密定义如下：在商业中使用的任何公式、模式、设备或信息汇编，并使他有机会获得比不知道或不使用它的竞争对手更有利的优势。（any formula, pattern, device or compilation of information which is used in one's business, and which gives him an opportunity to obtain an advantage over competitors who do not know or use it.）

修正案所定义的"征用"行为。

至于 1972 年以前的资料，《FIFRA 法案》并未明确规定 EPA 能否使用和公开这些资料。当时有效的营业秘密法仅是为了阻止公务人员将公务上取得的营业秘密泄露给他人并谋取利益。该营业秘密法并未保证这些资料会受到秘密保护，因为农药产业受到公众的高度关注和政府的严格监管。即使政府目前尚未公开涉及健康、安全与环境的农药注册申请资料，未来为了公众利益，政府仍有可能选择公开这些资料。因此，Monsanto 公司无法依据营业秘密法要求 EPA 不公开这些资料。

此外，在 1972 年 FIFRA 法案修正之前，EPA 经常参考原始资料权利人的资料来审核后续申请人的农药注册申请。因此，根据 1978 年 FIFRA 修正案的规定，EPA 后续参考这些资料以审核后续农药注册申请的行为，或向公众公开这些资料的行为，并不属于美国宪法第五修正案所定义的征用行为。

关于 1972 年 10 月 21 日至 1978 年 9 月 29 日期间提交的资料，根据当时有效的 1972 年 FIFRA 修正案，Monsanto 公司有权将其申请资料指定为商业秘密或商业及财务秘密，并有充分理由相信 EPA 不会公开这些资料，因为这些资料属于 Monsanto 公司的私有财产。从法律保护的财产权角度看，排除他人使用的排他权是财产权最为核心的权利。一旦这些资料被公开或被他人使用，原始资料权利人的财产权将受到严重损害。因此，EPA 公开或参考这些资料的行为，破坏了 Monsanto 公司对这些资料享有排他权的合理投资期望，从而构成了美国宪法第五修正案所规定的"征用"行为。

从立法背景来看，1978 年 FIFRA 修正案的使用条款旨在减少高昂的重复实验费用，加速农药注册申请程序，消除农药市场的进入障碍，提升农药市场的竞争水平，并使消费者能够更快地获得新型农药。同时，1978 年 FIFRA 修正案的公开条款也为公众监督 EPA 的农药注册审核程序提供了有效方式，使得公众能够自行权衡使用农药产品的利弊。这无疑体现了公益目的。综上所述，EPA 参考和公开这些资料的行为，是基于公众目的的"征用"，旨在平衡公众与私人利益，确保农药市场的公平竞争和消费者权益的保护。

从上述案例可以得知，药品试验资料被视为一种无形财产，但前提是这些资料必须被认定为商业秘密。如果相关法规没有明确规定 EPA 有权参考和公开原始资料权利人的试验资料，那么 EPA 的参考和公开试验资料的行为将被视为违反美国宪法第五修正案的"公益征用"规定。如果法规确实规定了资料的专属权，EPA 有权在 10 年专属保护期限届满后参考和公开原始资料权利人的试验资料。鉴于原始资料权利人在这种情况下没有合理期待 EPA 不参考或公开这些资料，因此 EPA 的行为不构成"征用"。

3. 加拿大拜尔案 ❶

相比于 Chevron v. EPA 案和 EPA v. Monsanto 案，加拿大拜尔案是直接与药品资料专属权相关的案例。《加拿大食品与药品规则》（*Food and Drug Regulations*）规定了"新药上市申请"（new drug submission，NDS）和"简化新药上市申请"（abbrebiated new drug submission，ANDS），与《美国 Hatch-Waxman 法案》的"新药申请"（new drug application，NDA）和"简化新药申请"（abbrebiated new drug application，ANDA）程序相似。依据《加拿大食品与药品规则》第 C.08.004.1（1）条，符合下列三项前提条件下，在原始药品上市后五年内，不得就后申请人的"新药上市申请"和"简化药上市申请"核发新药上市许可：①为确定申请上市新药的安全性和有效性，药厂需要提交"新药上市申请""简化新药上市申请"或补充上述两项程序文件的申请；②在新药上市申请时，研发者申请上市的新药必须具有先前未经核准在加拿大内销售的化学或生物成分，并经过加拿大卫生部长对该药品研发者所提交的资料或文件进行审查；③为了支持其他药商的上市申请，加拿大卫生部可以依赖研发者在上市申请文件中所提供的资料作为佐证。

拜尔公司根据《加拿大食品与药品规则》的规定，向加拿大卫生部长提交了新药上市申请。尽管拜尔公司是该药品的研发者，但该药品并不具有专利权。关于该药品所提出的试验资料是否能获得资料专属保护的问题，为了

---

❶ Bayer Inc. v. Canada（Attorney General），155 F.T.R. 184，84 C.P.R.（3d）129（1999）；Bayer Inc. v. Canada（Attorney General），243 N.R. 170，87 C.P.R.（3d）293（1999）.

避免规则解释适用上的歧义，拜尔公司以加拿大卫生部为被告，向法院提起诉讼，请求针对第 C.08.004.1（1）条的含义以及其在法律上的适用问题作出简易判决。

加拿大联邦初审法院提出以下观点：加拿大卫生主管部门并不一定会引用原研药的资料，只有当加拿大卫生主管部门实际审查并引用这些资料时，原研药企才能享有该资料的专属权。此外，加拿大卫生主管部门无须等待 5 年，只要仿制药企提供的资料符合"简化药上市申请"程序的规定，即可核发上市许可证。加拿大联邦上诉法院提出了以下观点：立法者对资料专属权的设定，要求卫生主管部门必须审查并引用新成分新药的试验资料，才能赋予 5 年的资料专属权。资料专属权并非专利权，如果无论加拿大卫生主管部门是否实际引用原研药的试验资料，原研药企都可获得 5 年的资料专属权，那么这样的效果等同于给予专利保护，这并不是加拿大食品与药品规则的立法目的。

由此可见，只有当加拿大卫生管理部门审查并引用原研药的试验资料时，原研药企才能获得资料专属权。《加拿大食品与药品规则》所规定的药品资料专属权与专利权不同，因为它不具有市场垄断性。因此，在加拿大的药品管理体系中，资料专属权的获得与加拿大卫生主管部门的审查和引用行为密切相关，并且该专属权并不等同于专利权，避免了市场垄断的问题。

（二）《美国 Hatch-Waxman 法案》

从北美的三个司法案例可知，药品试验资料是私有财产，更是无形财产，但前提是该资料是一种商业秘密。只有政府部门审查并引据原研药的秘密试验资料，原始资料权利人才可以获得一定期限内的禁止权，以禁止引据原研药试验资料的仿制药上市。这也意味着，资料专属权并非当然的市场专属权，如果他人就仿制药自行提出试验资料，则资料专属权无法禁止仿制药上市，这就是所谓"资料专属"之要义所在。

《美国 Hatch-Waxman 法案》规定：①批准上市的新化学实体可获得 5 年的资料专属期；②作为已批准上市新药申请的补充，药品的新适应证、新剂型、新剂量可获得 3 年的资料专属期；③第一个申请"简化新药申请"的仿制药企可获得 180 天的资料专属期。

《美国孤儿（罕见）药品法案》(the Orphan Drug Act)，为了保护罕见疾病的孤儿药❶，即便仿制药企主动提交仿制药的药品试验报告，也不会批准该仿制药上市。笔者认为，原研药企的孤儿药所取得药品资料专属权已经强化为一种"市场专属权"。由此可见，在特定情形下，药品资料专属权的权能可以进一步强化，从"资料专属"迈入"市场专属"，以更好地维护特定药品的利益。

三、资料专属权对非专利药品知识的保护

有学者总结资料专属权发挥市场独占效力的情况主要如下：一是药品申请专利后继续研发和上市审查的时间特别长，药品上市后的专利保护期限短于药品资料专属保护期间，致使药品资料专属权可以发挥市场独占效力，但是由于 2020 年《专利法》采纳了药品专利保护期限延长制度，这种情形实际在中国难以发生；二是传统药难以获得专利保护，资料专属权则可以发挥市场独占效力；三是特定国家的专利法，如 2005 年以前的《印度专利法》，未将药品产品纳入专利权保护的客体范围，跨国医药公司可以通过资料专属权，为原研药获得市场独占效力。

综上所述，从北美药品资料专属权的法律和案例上看，药品试验资料是原研药企的私有财产，是未披露信息，故药品资料专属权的客体是商业秘密。药品专利权和资料专属权的逻辑圆融，可以共同保护药品创新。但与专利权不同的是，资料专属权不是当然的"市场专属"，没有市场垄断性地位。药品资料专属权是规定在药事法之中，最终在非专利药领域得以发挥特殊的市场独占作用。资料专属权在维护特定药品利益的时候，会突破"资料专属"的固有限制，迈入"市场专属"，如美国的孤儿药的市场专属权。

---

❶ 所谓罕见疾病是指符合以下条件的疾病：①在美国患有该疾病的人低于 20 万人；②在美国患有该疾病的人高于 20 万人，但是无法合理期待在美国地区销售这种药品的利润，足以弥补为使这种药品上市所必须投入的成本。

第三节　药品资料专属权的权利性质

一、中国法的规定

中国药品资料专属权主要由《药品管理法实施条例》所规定，第 34 条将可以获得试验数据保护的对象限定为"新型化学成分"药品。《药品试验数据保护实施办法（暂行）》在征求意见的过程之中，第 3 条则将可获得药品试验数据保护的对象扩大为创新药、创新治疗用生物制品、罕见病治疗药品、儿童专用药和专利挑战成功的药品 5 类。

依据《药品管理法实施条例》《药品注册管理办法》和《药品试验数据保护实施办法（暂行）》的规定，药品试验数据保护需要符合"自行取得"的要求，等同于《与贸易有关的知识产权协定》规定的"相当之努力"。"自行取得"强调受保护的试验数据应具有独立性和原创性。尽管药品试验数据在本质上是试验过程和结果的客观记录，不是人为创造的产物，不符合专利权或著作权所要求的新颖性或独创性，但同样反映了人类的智力活动。

药品生产企业将试验数据交给药品监督管理部门之后，药品监督管理部门对受保护的试验数据没有所有权，也不能对其进行使用、收益和处分，只能对其审查和保密性占有[1]，药品试验数据仍然处于"未披露"的状态。

二、知识产权的否定观点

有观点否认资料专属权是一种知识产权，认为资料专属权与其说是有利于促进创新，不如说是为了保护药品研发过程中的投资，药品创新只是附属产品，而不是最初目标。

首先，专利权人可以阻止其他人未经授权擅自使用其发明，但是，资料

---

[1] 闫海，王洋，马海天. 基于药品可及性的专利法治研究 [M]. 北京：法律出版社，2020：87.

专属权并不是阻止其他人直接或间接使用其药品试验数据，而只是防止药品行政部门使用该等药品试验数据。不是资料专属权，而是行政法中规定的保密义务，防止药品行政部门提供未经授权的药品试验数据。

其次，资料专属权对药品研发确实产生了有利影响，但它并未有针对性地推动药物创新。新药研发的唯一前提是药品的安全性与有效性，但这些并不是知识产权的要求，而是公共健康的基本要求。如果一款药品无法确保安全有效，就不能被授予上市许可。然而，在药品的临床研究中，通常需要严格遵循正式的程序，几乎没有给创造性方法留下任何空间，因此实际上并未为创新药物提供有针对性的激励。如前所述，资料专属权在药品专利即将到期时显得尤为重要，因为它实际上延长了专利保护期。然而，由于缺乏知识产权的要求，资料专属权可能会损害药品专利和药品创新的吸引力。在阻碍仿制药竞争方面，资料专属权的实际效果与药品专利相似，但其要求却不太严格。投资相对简单、创新性较低的药品，基于资料专属权也可以有效阻碍模仿性竞争，其风险低于投资相对复杂但可专利的药品。这种情况可能导致部分投资从真正创新的药品转移到可以获得资料专属权的药品上，从而使医药产业的发展面临停滞不前的风险。尽管资料专属权缺乏直接和有针对性的激励，事实上它对于药品的研发还是产生了有益的效果。只要有市场，资料专属权就能使任何药物的开发具有经济吸引力。但是，这种效果不应被夸大。

最后，药事法并未要求公开披露资料专属权的信息。除了药品及其效果在药典或药品数据库中进行概括描述以外，只有药品行政部门能够获取相关知识。然而，药事法缺乏知识传播的功能。换言之，如果药品行政部门所掌握的大量信息无法向全球的研究人员提供，这些信息无法更有效地推动经济发展。因此，有必要进一步改进药事法的信息公开制度，以促进知识的传播和经济的发展。

三、药品资料专属权是知识产权

笔者认为，资料专属权不仅是对药品研发的一种投资保护，更是一种知识产权。欧洲法院将资料专属权定义为一种"独占权利"，一种"与药理学、毒理学和临床数据相关的财产权"。❶资料专属权在药品不能获得专利或者药品专利已经过期的情况下发生实际效果。在实践中，资料专属权通常充当无效的或者不充分的专利保护的替代品。此外，资料专属权是知识产权的理由主要如下。

1. 符合洛克劳动价值理论

正如前文所述，药品资料的形成需要进行大量的临床前和临床试验，这是通过原研药企大量的"劳动"所形成的。可见，药品资料符合洛克的劳动价值理论，实际是一种私人财产，运用知识产权制度这一财产权制度对其进行保护，符合知识财产法哲学的理念。况且，药品资料专属权是一种对药品研发的投资保护，与药品资料专属权是一种知识产权，实际并不冲突。

2. 符合知识产权法定主义

面对知识产权与公共领域的界定问题，知识产权的确定主要有两种方式。一是按照《与贸易有关的知识产权协定》等国际条约的要求，制定或修订国内知识产权法律，如药品产品专利保护的从无到有就是这种典型产物。二是根据各国创新和发展的实际和要求，自主制定知识产权法律制度，中药品种保护制度就属此类。资料专属权的确定属于第一类，其国际法渊源是《与贸易有关的知识产权协定》第 39 条第 3 款，符合知识产权的法定原则，是一种知识产权。

第四节　中药品种保护纳入资料专属保护初探

就中药品种而言，专利保护是对于原研药企研制出的中药新药、开发出新剂型或者发现新药用部位所付出的努力，而资料专属保护则是针对中药品种上市之前，为保证其安全性、有效性、稳定性所作的一系列试验所付出的努力。假设没有中药品种保护制度，中国存在的大量传统中药古方、验方无

---

❶ 约瑟夫·德雷克斯，纳里·李.药物创新、竞争与专利法 [M].马秋娟，杨倩，王璟，等译.北京：知识产权出版社，2020：122.

法满足专利权的"三性"要求，依据知识产权的公共领域原则，这些中药知识财产应处于公共领域。这些传统的中药古方、验方，有待现代化的试验数据验证，使其焕发生机。资料专属保护可以激励中药生产企业进行临床等一系列试验，以此来获得基于古方、验方的中药产品的资料专属权，从而取得高额利润，甚至帮助企业走向国际化发展的道路。[1] 笔者认为，中药品种权可以认定为一种特殊的资料专属权。

一、中药保护品种为中药新药

《药品管理法实施条例》第 34 条将可以获得试验数据保护的对象限制为"新型化学成分"药品。可见，药品试验数据保护对象仅限于化学药，未对中药予以关注。而《药品试验数据保护实施办法（暂行）》则第 3 条将可获得药品试验数据保护的对象扩大为包含创新药在内的 5 类药品。

中药保护品种一般为中药新药，包括中药创新药或改良型新药。如果中药保护品种是创新药，将其直接纳入资料专属保护的范围并无不妥。即便中药保护品种是改良型新药，由于中药保护品种必然是有特殊或显著疗效、质量可控性强的中药品种，且有观点认为"在中药领域，渐进式所形成的药品改良有利于老药新用及中医药传承，其地位与作用并不逊于药品的重大创新"，因此，但将其扩大解释为资料专属权的保护对象也有一定的合理性。

当然，最好的方式并不是将中药保护品种解释为一种创新药，从而适用药品试验数据保护。罕见病治疗药品、儿童专用药被明确列举为第 3 类、第 4 类保护对象。如本章第二节第三点所述，这是为了维护上述药品的利益。既然罕见病治疗药品、儿童专用药明确是资料专属权的保护对象，那么参照之，为维护中药的利益，将中药保护品种明确列举为第 6 类资料专属权的保护对象，也有一定的合理性。

二、权利客体同属商业秘密

依据《与贸易有关的知识产权协定》第 39 条第 3 款的规定，药品资料

---

[1] 袁红梅，王海南，杨舒杰 . 专利视域下的中药创新 [M]. 上海：上海科技技术出版社，2019：69-73.

专属权的客体是商业秘密，这并无异议，在此不再赘述。而正如前文所述，中药品种权客体亦是商业秘密。关于"自行取得"，初次申报中药品种保护的主体必须为原研企业，因此为上市申请而提交的药品资料必然为"自行取得"的资料。关于"未披露"，为中药品种保护审评所提交数据，属于相对未披露的状态，药品行政部门对提交的中药技术方案和试验数据没有所有权，也不能对其进行使用、收益和处分，只能对其审查和保密性占有。由此可见，中药品种权和药品资料专属权的客体均是商业秘密，这也为中药品种保护融于资料专属保护奠定了逻辑兼容的基础。

不过，两者的客体内容实际并不相同。资料专属权的客体单指药品试验数据这一未披露信息。中药生产企业在申请中药品种保护时，也需要提交该中药品种对特定疾病的优势疗效证明及对人体的安全性试验报告。这些秘密的安全性和有效性的试验数据均是中药品种权的客体。然而，中药品种权的客体却不止于此，还包括中药处方组成、工艺制法之中的秘密资料。虽然两者的客体有所区别，但不能掩盖资料专属权和中药品种权的客体均属于《与贸易有关的知识产权协定》第39条第3款规定的未披露信息。

三、市场专属是资料专属的特殊形式

严格而言，中药品种权不是"资料专属"，而是"市场专属"。在加拿大拜尔案中，法院认为只有政府部门引据试验资料，才可赋予5年资料专属权，资料专属权不是专利权，如果无论政府部门是否实际引据原研药的试验资料，原研药都可获得5年的市场专属权，那么资料专属权的效果就等同于专利权，这不是药事法的立法目的。因此，资料专属权一般情况下只能禁止仿制药在未提交试验数据的情况下被批准上市。当仿制药企愿意进行药品试验并提交数据，原研药的资料专属权则无法排斥仿制药的上市、生产和销售，资料专属权不是当然的"市场专属"。由此可见，中药品种权与资料专属权的权利性质并非完全一样。

不过，中药品种权和资料专属权都是规定在药事法之中，最终在非专利药领域得以发挥特殊的市场独占作用。另外，资料专属权在维护特定药品利益的时候，如罕见病治疗药品、儿童专用药，会突破"资料专属"的固有限

制，迈入"市场专属"。可见，特殊形式的资料专属权会是一种市场专属权。而中国为了维护中药的特定利益，也赋予了中药保护品种以市场专属权，与罕见病治疗药品、儿童专用药的立法理念颇为相近。

四、知识产权法和药事法的圆融

各国的经验表明，专利法和药事法可以对药品创新进行双重保护。但是，两种制度存在不同的审核标准。专利法规定的专利权之审核，对药效要求的门槛较低，申请人一般不需要临床试验的数据。药事法规定药品上市许可之审核，除需要提供基本的药效资料之外，还需要提供临床试验、毒性和副作用等完整资料。❶

中药品种保护制度是中国药事法体系中的一环。专利制度与中药品种保护制度共同对中药创新进行保护，与各国立法的趋势相同。鉴于中药品种权需要提供完整的药品试验数据，中药品种权与药品资料专属权的客体有相似性，将中药品种权明确定义为一种特殊的药品资料专属权，有利于中药品种保护与专利保护的逻辑圆融。

有观点认为，中药品种权意欲保护的是未能达到专利高度的中药"次级发明"❷，而这种中药"次级发明"原本是应落入公共领域的知识财产。中药品种保护制度为了促进中药品种的安全性和有效性，保护了未披露的药品试验数据等信息，但实际上却同时保护了原属于公共领域的中药处方组成和工艺制法。可见，中药品种权确实附带保护了这种所谓的中药"次级发明"。为此，无妨将中药品种权明确定义为一种资料专属权，只能用于保护试验数

❶ 关于药事法和专利法对中药新药审查标准的问题上，中国台湾地区曾有一场争论。台湾于 1990 年 1 月核准的一项中药专利，专利权人向相关部门申请该药品的上市许可，未获标准，故向该部门提出抗议：中药专利无法获得药品上市许可，岂非存在两套审查标准。1992 年 9 月，相关部门开会沟通达成两点结论：①"卫生署"推荐一位中医药教授兼任"标准局"的专利审查委员，协助中药专利的审查；②专利核准书的说明栏强调取得专利权后，其实施如果需要其他法令规定须取得许可证的，应取得后才可以实施。参见张仁平.台湾中草药专利保护之回顾与前瞻（上）[J].智慧财产权，2001（35）：18-44.

❷ 罗霞，岳利浩，潘才敏，等.中药品种权保护相关法律问题研究 [J].中国应用学，2021（04）：13-14.

据这一未披露的信息。在这一基础上，资料专属权和专利权保护的客体相对独立，不容易产生逻辑误区悖论。

综上所述，中药保护品种完全可以借助药品试验数据保护而获得数据专属权，其能达到的法律效果与现行的中药品种权相似，具有一定的独占性和排他性。因此，将中药品种保护融入资料专属保护，是具有一定的可行性的，也符合现代专利法和药事法共同保护药品创新的立法潮流。

第五节　小　结

在资料专属权的发展历程中，北美的司法案例明确药品试验数据是私人财产，虽然私人已将药品试验数据提交给公权力机关用以申请药品上市许可，但是该数据未丧失保密性，仍属于商业秘密。药品试验数据是商业秘密的一种特殊形式，普通商业秘密规定在《与贸易有关的知识产权协定》第39条第1款和第2款，而药品试验数据则规定在第39条第3款。由于商业秘密的特性，法律一般不禁止竞争者自行试验取得数据并据此申请药品上市许可。因此，资料专属权也并非如专利权那般当然具有市场垄断性。

不过，鉴于自行取得药品试验数据的时间和金钱成本较大，仿制药企往往待资料专属期间届满，才对原研药进行仿制。这使得资料专属权实际取得了如专利权那般的市场垄断性。资料专属权在维护特定药品利益的时候，会突破"资料专属"的固有限制，迈入"市场专属"，真正禁止竞争者以任何方式在资料专属期间内生产原研药，如美国孤儿药制度。这样使得某种特定类型的资料专属权如专利权那般真正成为市场专属权。不过，专利权与资料专属权的保护期间重合计算，资料专属权也就往往在非专利药上更能发挥市场独占效力。

中药保护品种主要为创新药，本来就属于资料专属权的保护对象。中药品种权和资料专属权的权利客体为商业秘密，权利内容也颇为相近，特别是如美国的孤儿药制度那般，中国为了维护中药的特定利益，也赋予了中药保护品种以市场专属权，即中药品种权。因此，将中药品种权解释为一种资料专属权也未尝不可，即中药品种权的国际法渊源亦是《与贸易有关的知识产权协定》第 39 条第 3 款。

药品试验数据保护制度一般在一国的药事法中予以规定。明确中药品种权属于资料专属权的特殊形态，厘清中药品种保护制度是药品试验数据保护制度的分支制度，有利于消减专利制度和中药品种保护制度的相互排斥。毕竟，纵观各国保护药品技术创新的立法趋势，均是采用结合专利法和药事法的双重保护模式。

第七章　中药品种权的私法保护

中药品种保护制度赋予权利人一种排他性的市场专属权，权利人可以独占性地生产和销售该中药品种，并获取经济利益。当前中药品种保护制度只规定了刑事保护和行政保护，而未规定民事保护，且有观点认为侵害中药品种权的行为，只需承担上述公法责任，无须承担民事侵权责任。❶本章将对这一观点予以反驳，并进一步阐释民事救济的内容和程序。

第一节　侵害中药品种权的民事责任

一、民事救济的法律路径

（一）权利与权利外利益

《民法典》规定侵害"民事权益"的行为应当承担民事责任。这里的"民事权益"主要是指民事权利，且一般指绝对权。但是，随着经济社会的发展，侵权法不可能只保护上升为"权利"的民事利益，还可能保护"权利"外的民事利益。这些权利外利益通过侵权救济上升为法益。由此可见，侵权法还兼具权利生成功能。❷王涌教授也认为，民法上的利益救济一般存在两种模式：一是利益经由明确的权利而获得救济，即"利益——明确的权利——救济"；二是利益通过救济而成为明确的权利，即"利益——救

---

❶ 江苏鹏鹞药业有限公司与海南亨新药业有限公司等不正当竞争纠纷上诉案，广西壮族自治区高级人民法院（2004）桂民三终字第 11 号民事判决书。

❷ 王利明 . 侵权行为法研究：上卷 [M]. 北京：中国人民大学出版社，2004：11.

济——明确的权利"。❶

　　侵权人如违法生产和销售中药保护品种，则应当承担民事责任。但是，这究竟是侵害绝对权的侵权行为，还是由于《中药品种保护条例》保护的客体主要为商业秘密，因此是侵害商业秘密的不正当竞争行为？侵害商业秘密的行为由《反不正当竞争法》予以规制，这种侵权行为致使权利人的利益（纯粹经济利益）受到损害，纯粹经济损失的问题源于权利和权利外利益的区分，即源于各国法律对侵权行为一般条款的不同规定。

（二）宽泛式的侵权责任一般条款

　　《法国民法典》1382条规定："任何行为致他人受到损害时，因其过错致损害发生之人，应对该他人负损害赔偿之责任。"就普通侵权行为而言，任何过错（包括故意或过失）致害均成立侵权责任，这是一个相当宽泛的一般条款，其中权利和利益在法律保护上，至少在形式上，并未加以明显区分，《日本民法典》以及中国《民法典》也采纳了这一模式。此模式在救济方面并未预先排除某一类别的"利益"，因此受到保护的不仅限于权利，还涵盖了权利外的利益。这赋予了法官在个案中极大的自由裁量权。进入20世纪后，法国法呈现出更为宽泛的趋势，其保护范围扩展至几乎所有法律上的利益，包括纯粹经济利益。❷

　　即便如此，这也并不代表侵权法没有权利和利益的区分。最高人民法院有观点认为，侵权责任法主要保护的仍是绝对权，对于其他利益，不能与绝对权同等保护，而应考虑该利益是否被特别的保护性法律所保护，考虑侵权人的主观状态，以及考虑双方是否有紧密关系，从而避免过多地限制行为自由。虽然中国《民法典》采用的模式与法国相同，但是在司法实践中对利益的保护仍需考虑其是否被特别的保护性法律所保护，这也就有《德国民法

---

❶ 王涌. 私权的分析与建构：民法的分析法学基础 [M]. 北京：北京大学出版社，2020：389.

❷ 毛罗·布萨尼，弗农·瓦伦丁·帕尔默. 欧洲责任体系：表象及内部构造 [M]// 毛罗·布萨尼，弗农·瓦伦丁·帕尔默. 欧洲法中的纯粹经济损失. 张小义，钟洪明，译. 北京：法律出版社，2005：94.

典》第823条第2款之意蕴。❶

（三）狭窄式的侵权责任一般条款

《德国民法典》的侵权责任一般条款与《法国民法典》的模式大为不同，《德国民法典》第823条第1款❷、第2款和826条❸采取递进式的方式规定侵权责任的成立形式：首先是"故意"或"过失"侵害他人生命、身体、健康、所有权等绝对权；其次是违反以保护他人之目的的法律侵害他人；最后是"故意"且"违背善良风俗"侵害他人。《德国民法典》第823条第1款保护的是绝对权，而第823条第2款和第826条保护的是纯粹经济利益。"为了逻辑周延，人们经常会运用二分法，进行'A'与'非A'的分类。纯粹经济损失就是这样一种'非A'，指非因绝对权受到侵害而发生的财产性损害。"❹

《德国民法典》第823条第1款最初是为了保护绝对权而设立的。绝对权是由法律规定的，具有确定性，不需要进行利益衡量。对于非物质性人格利益和纯粹经济利益，在缺乏第823条第2款规定的保护性法规的情况下，只能依据第826条寻求保护。然而，由于德国判例的推动，非物质性人格利益逐渐形成了"一般人格权"的概念，因此第826条只能调整除了"一般人格权"之外的纯粹经济利益。与企业经营相关的纯粹经济利益最终发展成为"营业权"，而在不正当竞争领域的纯粹经济利益则受到《德国反不正当竞争法》的特别规制，这导致第826条的调整范围进一步被压缩。

反不正当竞争法对多种不正当竞争行为进行了规制，这些不正当竞争行为所导致的营业损失，实际上就是纯粹经济损失。当侵权人违法生产和销售

---

❶《德国民法典》第823条第2款规定："违背以保护他人为目的之法律的人，负有相同的义务。依法律内容，即使无过错仍然可能违背此种法律的，仅在过错的情形，始发生赔偿的义务。"

❷《德国民法典》第823条第1款规定："故意或者因过失不法侵害他人的生命、身体、健康、自由、所有权或者其他权利的人，对他人负有赔偿由此发生之损害的义务。"

❸《德国民法典》第826条规定："以违背善良风俗的方式，对他人故意造成损害的人，对他人负有赔偿损害的义务。"

❹ 葛云松.纯粹经济损失的赔偿与一般侵权行为条款 [J]. 中外法学，2009，21（05）：689-736.

中药保护品种时，同样会导致权利人的营业损失。在中国的《民法典》中，并没有"营业权"这一概念。事实上，"营业权"的概念在商业领域的法律（如反不正当竞争法）中也未得到充分发展。只有当营业权需要保护企业的纯粹经济利益时，其才能体现足够的价值。鉴于中国的《反不正当竞争法》已经率先发展，因此《民法典》也就没有必要再规定"营业权"了，中药保护品种也就无法借道"营业权"以寻获保护。

中药品种权不是营业权，中药品种权的客体主要是商业秘密，那么侵害中药品种权是否就是侵害商业秘密，造成的是纯粹经济损失？为回答这一问题，可以从侵权法上权利和利益如何区分的问题为起点进行分析。

二、"侵害权利"的救济逻辑

（一）形式区分的不合理

中药品种权是一种新型知识产权，甚至是一种具有排他性的绝对权。但是当我们去判断"中药品种权"是不是一种侵权法上的权利时，则不能轻易用"立法规定者为权利，未规定者即为利益"这种纯形式化的方式来推断。正如占有不是权利，但是有权占有在侵权法上享有绝对权的保护；而宪法规定有受教育权，但受教育权不是侵权法上的权利。

（二）齐某苓受教育权案 ❶

在此无妨先回顾齐某苓受教育权案，被告陈某琪伪造原告齐某苓的档案材料，冒名顶替原告上学，毕业后继续使用原告的姓名在银行工作，后原告主张被告赔偿损失。山东省高级人民法院在最高人民法院的批复下，以被告侵害原告受教育权为由，判决被告向原告赔偿损失。虽然该批复已经被撤销，但该案仍有参考之价值。

德国学者以归属效能、排除效能和社会典型公开性来区分侵权法上的权利和利益。福克斯认为，能够归入"其他权利"者"必须如同所有权一样具

---

❶ 齐某苓诉陈某琪、陈某政、山东省济宁市商业学校、山东省滕州市第八中学、山东省滕州市教育委员会姓名权纠纷案，山东省高级人民法院（1999）鲁民终字第258号民事判决书。

备积极的归属效能和消极的排除效能"。❶受教育权人有不受他人干涉其受教育机会的自由，并可以主张排除他人之干涉。可见，受教育权如所有权那般有归属效能和排除效能。问题在于社会典型公开性，受教育权不像物权和人格权有可感知的实体，也不像知识产权对客体的边界进行明确公示，缺乏可普遍感知的客体。因此，受教育权不能认定为侵权法上的权利，是一种不具社会典型公开性的利益。

（三）中药品种权不是纯粹经济利益

中药品种权也有归属效能和排除效能，而且国家药品监督管理局会在其官方网页上公示中药保护品种名单。可见，中药品种权如专利权那般通过公示获得了社会典型公开性。因此，笔者认为侵权人违法生产和销售中药保护品种的行为，侵害的是侵权法上的权利，属于"侵害权利"的逻辑模式，并非"违反保护他人的法律"的逻辑模式，也即中药品种权并非侵权法上的纯粹经济利益，也无须由《反不正当竞争法》予以特别规制。

三、民事救济的具体内容

民事权利分为绝对权和相对权，那么民事救济（请求权）也就分为绝对权请求权和相对权（债权）请求权。其中，绝对权请求权包括物权请求权和知识产权请求权。原权和作为救济权的请求权处于权利链条的首末两端。原权利为第一位的权利，请求权则是第二位的权利。当知识产权原权利受到侵害，则知识产权的民事救济则应运而生，包括知识产权请求权和知识产权损害赔偿请求权。由于本书认定中药品种权是一种知识产权，因此权利人可以主张知识产权请求权和损害赔偿请求权。

（一）请求权基础

专利权、集成电路布图设计权和植物新品种权的请求权基础为特别规则。例如，《专利法》第65条规定，专利权人可以请求未经其许可实施其专利的侵权人停止侵权行为。《集成电路布图设计保护条例》第31条规定：集成电路布图设计权人可以请求未经其许可使用其布图设计的侵权人停止

---

❶ 于飞.权利与利益区分保护的侵权法体系之研究 [M].北京：法律出版社，2012：56.

侵权行为。《植物新品种保护条例》第 39 条规定：植物新品种权人可以请求未经其许可，以商业目的生产或者销售其植物新品种的侵权人停止侵权行为。

中药品种权是知识产权，是科技成果权。在《民法典》和《民法总则》实施之前，请求权基础为《民法通则》第 118 条，即科技成果权受到侵害的，权利人有权要求停止侵害，消除影响，赔偿损失。可见，中药品种权的请求权基础为一般规则。

由于《民法典》再无规定有技术成果权，需要另行寻觅请求权基础。在《民法典》实施之后，请求权基础应为第 1165 条："行为人因过错侵害他人民事权益造成损害的，应当承担侵权责任。"

（二）请求权内容

1. 知识产权请求权与损害赔偿请求权

中药品种权作为一种知识产权，其权利人既可以选择行使知识产权请求权，也可以选择行使损害赔偿请求权，甚至可以两者并用，这两种请求权是中药品种权权利人在民事救济方面的两种不同途径。然而，需要注意的是，知识产权请求权和损害赔偿请求权是基于不同的权利基础形成的，因此在构成要件和归责原则上存在区别。具体而言，知识产权请求权属于绝对权请求权，而损害赔偿请求权则属于相对权（即债权）请求权，后者是先有侵权之债，然后才会产生债权责任。实际上，侵权责任请求权就是损害赔偿请求权。总而言之，知识产权请求权是基于知识产权的绝对性和专有性产生的，而损害赔偿请求权则是基于侵权之债产生的。❶

2. 知识产权请求权的具体内容

（1）停止侵害请求权和排除妨碍请求权。

知识产权与物权同为绝对权，两者的请求权有相同之处。《德国民法典》第 985 条和第 1004 条规定了返还请求权、排除和停止侵害请求权。中国《民法典》第 235 条至第 237 条规定了返还原物请求权、排除妨害请求权、

---

❶ 杨明.知识产权请求权研究：兼以反不正当竞争为考察对象 [M].北京：北京大学出版社，2005：127-133.

物权复原请求权等。由于知识产品具有不同于有形物的特性，无法通过返还而恢复原有权利的状态，因此，知识产权请求权一般不适用返还原物请求权和物权复原请求权。当知识产权受到损害时，权利人可以请求侵权人除去已经产生之侵害或者可能出现之侵害，即享有停止侵害请求权和排除妨碍请求权。中药品种权人亦不例外。

（2）废弃请求权。

日本在物权法及专利法、反不正当竞争法等知识产权法中，均规定了差止请求权。这种差止请求权不仅涵盖了停止侵害请求权和排除妨碍请求权，还引入了废弃请求权。所谓废弃请求权，即权利人有权要求侵权人废弃侵权产品和用于制造侵权产品的原材料、设备。排除妨碍请求权适用于侵权行为尚未实际发生，但具有高度可能性的情况。如果行为人已经持有侵权产品或直接用于生产侵权产品的原料和设备，那么其在客观上发生侵权行为的可能性就很高。因此，权利人可以通过行使废弃请求权来排除这些侵权产品及原料、设备对其知识产权的妨碍。例如，根据《日本商标法》第36条规定，商标权人有权要求废弃侵权行为所形成的物品，并拆除为实施侵权行为所提供的设备。之所以规定废止请求权，是因为知识产品可以被多人使用，为了维护知识产权的专有性并彻底排除妨碍，必须废弃侵权产品及侵权人准备的相应原料和设备。这样的制度设计有助于保护知识产权权利人的利益，确保知识产权的有效实施。

废弃请求权有目的性限制，权利人不得随意扩大废弃的范围：一是侵权产品已经销售给第三人，而第三人不知情，则权利人不能行使废弃请求权；二是废弃的原料和设备应限定于直接生产侵权产品的范围内，否则权利人不得请求废弃。❶除此以外，笔者还认为，由于中药保护品种是药品，如果该侵权产品已经取得药品批准，且该药品有利于维护公众的健康权，则权利人不宜行使废弃请求权。在中国，由于《民法典》没有明确规定废弃请求权，笔者认为可以对排除妨碍请求权进行扩大解释，进而包括废弃请求权的内容。

---

❶ 杨明.知识产权请求权研究：兼以反不正当竞争为考察对象 [M].北京：北京大学出版社，2005：121.

（3）消除影响请求权。

《民法通则》规定知识产权请求权包括消除影响请求权，《民法典》规定的民事责任也包括消除影响、恢复名誉和赔礼道歉。中药品种权的权利人为中药生产企业，若是其生产的中药保护品种受到侵害，其商誉的损失并不是损害赔偿就可以完全补偿的。因此，权利人可以要求侵权人在一定范围内采取一定的措施以消除影响和恢复名誉，如在公开发行的报纸和刊物上发表赔礼道歉声明。

综上，中药品种权的知识产权请求权的具体内容为停止侵害请求权、排除妨碍请求权、废弃请求权和消除影响请求权。

（4）知识产权请求权的归责原则。

知识产权请求权需要满足两个构成要件：一是侵权行为客观存在；二是侵权行为具有违法性，且行为人没有违法阻却事由。行为人在权利人权利独占期间内违法生产和销售中药保护品种，除非存在"仿制临床用药紧缺中药保护品种"的违法阻却事由以外，无论行为人是否具有主观过错，都应该承担民事责任。

3. 损害赔偿请求权的具体内容

（1）损害赔偿请求权的归责原则。

知识产权请求权的归责原则是严格责任，而损害赔偿请求权的构成要件包括"过错"。吴汉东教授认为，过错责任原则不宜全面适用于侵犯知识产权的行为之中，适宜采用特殊的过错推定原则，即"侵权人不仅要证明自己已尽到注意义务，而且要证明其有法定抗辩事由的存在，如此证明自身无过错"❶。由于侵犯知识产权的行为范围广泛、类型多样且含有较强的技术性，有时适用过错责任原则对权利人非常不利，以一般过错责任为原则，以过错推定为补充更为适宜。

以中药品种权为例，考虑权利人和行为人举证的难易程度，药品生产企业违法生产中药保护品种的侵权行为认定，应适用过错推定，由生产方举证自身没有过错；而其他销售该违法生产的中药保护品种的侵权行为的认定，

---

❶ 吴汉东.知识产权保护论 [J].法学研究，2000，22（01）：68-79.

应适用一般过错责任，由权利人举证销售方有过错。

（2）损害赔偿数额的确定。

中国知识产权法对损害赔偿数额的认定，设置了四种方法，即实际损失、侵权获利、许可使用费倍数及人民法院根据侵权情节判决的赔偿。上述四种损害赔偿的计算方式有严格的先后顺序。❶

《中药品种保护条例》没有规定具体的损害赔偿计算方式。笔者认为，当中药保护品种不存在同品种保护时，实际损失、侵权获利、许可使用费倍数等三种计算方式均可使用，若是存在同品种保护，则侵权获利方式不宜适用。一是因为《专利法》规定法定赔偿的范围为 3 万元至500 万元，《关于审理侵犯植物新品种权纠纷案件具体应用法律问题的若干规定》规定法定赔偿的范围为 50 万元以下。但是，《中药品种保护条例》并没有明确规定法定赔偿的具体范围，因此，中药品种权的损害赔偿数额不宜适用法定赔偿的计算方式。二是存在同品种保护，则侵权获利方式不宜适用。这是因为当存在同品种保护的时候，中药品种权不具有唯一性，可能存在数个权利人。此时，若中药保护品种受到侵害，可能只有一个或部分权利人向法院提起诉讼。如果从民事诉讼法的角度上看，法官当然可以通过追加未起诉的权利人作为有独立请求权的第三人参加诉讼，一次性解决侵权获利分配的问题。但是，从民事实体法的角度上看，权利人是否起诉或者是否嗣后起诉，均是权利人的权利。当部分权利人不起诉时，由于侵权获利数额是固定的，届时则会产生侵权获利数额如何分配的问题，究竟是起诉方完全分配侵权获利数额，还是起诉方和未起诉方共同分配侵权获利数额（即起诉方只能按比例分配侵权获利数额），尚无定论。各权利方是平均分配该获利数额，还是按照自身实际损失的比例分配该获利数额，也有争议。况且，若是能按自身实际损失的比例分配获利数额，表明各方实际是能计算得出各自的实际损失的，这与"实际损失无法确定的前提下才能适用侵权获利的计算方式"的法律规定存在明显的逻辑悖论。

---

❶ 吴汉东 . 知识产权精要：制度创新与知识创新 [M]. 北京：法律出版社，2017：510.

（三）请求权主体

1.权利人

当发生知识产权发生侵权时，权利人当然是请求权的主体。因此，中药品种权的权利人当然是请求权的主体。

2.同品种权人

《中药品种保护条例》还规定有同品种保护权。由于数家中药生产企业都拥有该中药保护品种的《中药保护品种证书》，都有禁止他人生产中药保护品种的权利，因此无论是中药品种权人还是同品种权人都享有停止侵害请求权、排除妨碍请求权、废弃请求权和消除影响请求权等知识产权请求权。

关于赔偿损害请求权。当两人以上共有知识产权的时候，各共有人可以独立地行使请求权保护知识产权，而原中药品种权人和同品种权人不是同一中药保护品种的共有人，故不宜适用知识产权共有人的规则主张赔偿损害。因此，侵权人违法生产中药保护品种，原中药品种权人和同品种权人有权分别向侵权人承主张担赔偿损失。结合前文所述"损害赔偿不宜适用侵权获利的计算方式"的结论，这并不会过于扩大侵权人责任。

3.受托生产人不是请求权主体

依据《药品生产监督管理办法》的规定，药品上市许可持有人可以委托其他药品生产企业生产上市药品，双方成立委托合同关系，受托生产人无法基于委托合同关系主张知识产权请求权和损害赔偿请求权。

第二节　中国药品专利链接制度与中药品种保护

医药公司之间的竞争，主要围绕药品知识产权而展开。专利侵权之诉与专利无效之诉相互交织，致使涉药专利诉讼的整体审理时间长达数年，即便是最后的胜诉方也会损失相当多的利益。更何况，药品注册行政许可之诉也使传统的涉药专利诉讼更加复杂。但是，由于立法上存在脱节，程序上缺乏有效的衔接，导致上述三类案件（即专利侵权之诉、专利无效之诉、药品注册行政许可之诉）审理机制的衔接并不理想。特别是在药品专利链接制度的发展趋势下，如何科学构建合理的涉药专利民事与行政诉讼衔接程序，成为法院面临的一个问题。

一、2008 年《专利法》的涉药专利纠纷解决机制

（一）药品注册申请程序与专利诉讼的不衔接

1. "Bolar 例外"条款和专利侵权之诉

专利权系原研药企从原研药中获取利润的最重要因素，但是药品专利所涉及的专业知识关乎公众的健康权，专利的排他性效力使药品专利权人与社会公众之间处于一种紧张对立的关系。为缓解这种对立关系，加快价格低廉的仿制药上市，《专利法》在 2008 年修改之时，第 69 条第 1 款第（五）项增加了"Bolar 例外"条款，即医药公司为行政审批所需要的信息，制造、使用、进口专利药品的行为，不视为侵犯专利权的行为。❶《北京市高级人民法院专利侵权判定指南（2017）》第 136 条进一步明确"行政审批所需要的信息"是指药事法规定的实验资料、研究报告、科技文献等相关材料。由于仿制药企可以在药品专利期间进行药品试验行为，在理想的情况下，仿制药在专利药的保护期限届满之时即可上市，大大提早仿制药的上市时间。

在石药集团诉丽珠集团侵害发明专利权纠纷一案❷中，石药集团是发明专利"丁苯酞环糊精或环糊精衍生物包合物及其制备方法和用途"的专利权

---

❶《专利法》在 2008 年修订之前，在原告英国葛兰素集团有限公司诉被告西南合成制药厂侵害专利权纠纷一案中，被告为提供药品行政审批所需要的实验数据而生产原告的专利药，法院认定该行为属于为生产经营目的实施专利的行为，侵犯了原告的专利权。参见英国葛兰素集团有限公司诉西南合成制药厂侵害专利权纠纷案，重庆市第一中级人民法院（1995）重经初字第 406 号民事判决书。

❷ 石药集团恩比普药业有限公司诉丽珠集团利民制药厂侵害发明专利权纠纷案，北京知识产权法院（2017）京 73 民初 1584 号民事判决书，北京市高级人民法院（2018）京民终 474 号民事判决书，最高人民法院（2019）京民申 2178 号民事裁定书。

人。2010 年，国家食品药品监督管理总局对石药集团的原研药"丁苯酞氯化钠注射液"颁发了新药证书和药品注册批件。2016 年，丽珠集团向广东省食品药品监督管理局（以下简称"广东食药监局"）提出生产仿制药的申请，在申请书"专利情况"一栏中载明该仿制药涉及的专利情况，声明本申请对他人专利不构成侵权。广东食药监局随后受理丽珠集团的仿制药申请，作出《药品注册申请受理通知书》。石药集团请求：判令丽珠集团撤回在国家食品药品监督管理总局药品评审中心的仿制药注册申请，停止侵害石药集团发明专利的行为。一审、二审法院驳回了石药集团的诉讼请求，石药集团不服并提起再审。再审阶段，最高人民法院适用"Bolar 例外"条款，认为丽珠集团向药品评审中心申请注册仿制药，该行为在本质上系请求行政机关给予行政许可的行为，不属于"实施专利"的行为，不构成侵害专利权；在向药品评审中心申请注册仿制药的过程中，即便丽珠集团实施了制造、使用、进口专利药品等行为，如只为了提供主管行政机关需要的信息而实施上述行为，该行为也不应被视为侵害涉案专利权的行为。

"Bolar 例外"条款使药品注册申请程序与专利诉讼脱节，原研药企无法在仿制药注册申请程序之中，通过专利侵权之诉阻碍仿制药企研发和上市仿制药的步伐。

2. 另辟蹊径：药品注册行政许可之诉

由于 2008 年《专利法》"Bolar 例外"条款，仿制药企为提供行政审批所需要的信息使用专利药品，不视为侵犯专利权。原研药企另辟蹊径，通过药品注册行政之诉，以达到延后仿制药上市时间的目的。

在上述石药集团诉丽珠集团侵害发明专利权纠纷一案中，法院驳回了石药集团的诉讼请求。因此，石药集团提起了药品注册行政许可之诉。在石药集团诉广东食药监局不服行政许可纠纷案❶ 中，石药集团认为，广东食药监局受理仿制药注册申请的行政行为是违法的，造成石药集团的专利药市场

---

❶ 石药集团恩比普药业有限公司诉广东省食品药品监督管理局、第三人丽珠集团利民制药厂不服行政许可纠纷案，广州铁路运输法院（2017）粤 7101 行初 4138 号行政裁定书（不予立案）；广州铁路运输中级法院（2018）粤 71 行终 495 号行政裁定书（指令立案）；广州铁路运输法院（2018）粤 7101 行初 4227 号行政判决书。

估值下降，给石药集团造成巨大经济损失，并请求撤销广东食药监局作出的丽珠集团仿制药《药品注册申请受理通知书》。这一案件历经广州铁路运输法院裁定不予受理、广州铁路运输中级法院裁定指令一审法院立案之后，广州铁路运输法院作出一审行政判决，认为依据2007年《药品注册管理办法》第18条和第19条之规定，广东食药监局未对仿制药注册申请的时限条件予以审查，也未将申请人提交的专利不侵权声明予以公示，侵害了专利权人的相关利益；至于广东食药监局主张其只进行形式审查，且丽珠集团已声明对他人专利不构成侵权，若对专利权产生纠纷，应按专利法的规定进行救济的意见，理据不足，亦不能构成免除其应依法核查仿制药注册申请时限条件的理由。据此，广州铁路运输法院判决撤销广东食药监局作出的《药品注册申请受理通知书》。

广州铁路运输法院依据2007年《药品注册管理办法》第18条、第19条的规定，判决药品监督管理部门撤回仿制药注册申请的受理。从个案分析角度来说，广州铁路运输法院的行政判决并无不妥。不过，这实际与2007年《药品注册管理办法》第18条第2款"药品注册过程中的利权纠纷依专利法处理"的理念相悖。仿制药注册申请程序不应过度受到药品专利纠纷的影响。这是因为，药品监督管理部门虽有义务审慎审查仿制药涉及的专利信息，但并不具有判断仿制药是否侵犯专利权的能力和职责。更为关键的是，药品注册行政许可之诉无法真正解决原研药企和仿制药企之间的药品专利纠纷，反而使仿制药的上市时间延后，不利于社会公众获得廉价的仿制药。

3. 回归正途：《药品注册管理办法》的修订

《药品注册管理办法》于2020年修改，2020年《药品注册管理办法》取消了2007年《药品注册管理办法》第18条和第19条的规定。据此，《药品注册管理办法》不再限制仿制药只能在原研药专利到期前的2年内申请注册，不再强制要求仿制药企提交关于仿制药不侵犯专利权的声明，也不再约束药品监督管理部门在原研药专利到期后才能核发仿制药的药品上市许可。2020年《药品注册管理办法》甚至全文不再出现"专利"一词，可见，原研药企无法再以药品监督管理部门未审慎审查仿制药涉及的专利信息，通过行政诉讼撤回仿制药注册申请的受理和批准。昙花一现的药品注册行政许可之诉，也在 2020 年 7 月之后落下帷幕。

2020 年《药品注册管理办法》删除原第 18 条和第 19 条的规定，不仅是为了加快仿制药的上市速度，更是为了与药品专利链接制度进行协调。药品专利链接制度致力于推进药品审评程序与专利诉讼程序双轨进行，将涉药专利诉讼前移至药品评审阶段进行，避免仿制药上市后的专利诉讼。

（二）专利无效与专利侵权诉讼的二元分立

在仿制药上市之后，仿制药企当然可以生产和销售仿制药。若是原研药企认为仿制药侵犯其专利权，可以对仿制药企提起药品专利侵权的民事诉讼，以禁止仿制药企继续生产仿制药。仿制药企除了在上述专利侵权之诉中提出抗辩，也能向国家知识产权局专利局复审和无效审理部（以下简称"复审和无效审理部"）宣告专利无效，若是维持该专利有效，仿制药企还可以提起专利无效的行政诉讼，力争使原研药的专利权无效而继续生产仿制药。

因此，专利无效行政程序、诉讼程序有可能与专利侵权诉讼程序同时进行，前者的结果甚至影响专利侵权之诉的审理。

1. 复审和无效审理部宣告专利无效阶段

在专利侵权之诉的审理过程中，若是复审和无效审理部不支持被告对药品专利的无效申请，当然无碍于专利侵权之诉的继续审理。这是因为法院在专利侵权之诉奉行的是专利权有效原则。如果若是仿制药的技术方案落入药品专利的权利要求保护范围，法院会认定该仿制药的技术方案侵犯专利权。

若是复审和无效审理部对药品专利作出《无效宣告请求审查决定》，法院奉行的是"先行裁决、另行起诉"的审理机制。❶ 在法院作出专利侵权之诉一审判决之前，如果复审和无效审理部宣告该专利无效，法院可以裁定驳回专利权人的诉讼请求；如果复审和无效审理部的无效宣告嗣后被生效的行政判决撤销的，专利权人可以重新提起诉讼。

---

❶ 曾莉，付雪旻 . 我国药品专利链接制度的实践难题与解决路径 [J]. 中国发明与专利，2019，16（08）：13-17，24.

在法院作出专利侵权之诉一审判决之后但未作出二审判决，如果复审和无效审理部宣告该专利无效，一般应在撤销一审判决的同时，裁定驳回专利权人的起诉。复审和无效审理部的无效决定被生效的行政判决撤销时，专利权人可以再次提起诉讼。

当然，这也有例外的情形。如果专利权人针对无效宣告提起行政诉讼，法院在综合考虑证据和诉辩意见的情况下，可以对专利侵权之诉中止审理。此时，有可能会产生下文所述的平行诉讼的问题。

2. 专利无效之诉受理阶段

复审和无效审理部宣告专利无效后，原专利权人可以向法院提起专利无效之诉，以推翻复审和无效审理部的专利无效宣告；复审和无效审理部宣告专利有效后，仿制药企也可以向法院提起专利无效之诉，以推翻复审和无效审理部的专利有效宣告。与此同时，原专利权人还可能在起诉仿制药企侵权的过程中，即专利无效之诉与专利侵权之诉可能同时进行。

最高人民法院未禁止专利侵权之诉与无效之诉同时审理。《最高人民法院关于对江苏省高级人民法院〈关于当宣告专利权无效或者维持专利权的决定已被提起行政诉讼时相关的专利侵权案件是否应当中止审理问题的请示〉的批复》认为，在专利侵权之诉和专利无效之诉同时进行时，人民法院可以不对专利侵权之诉中止审理；除非人民法院认为专利侵权之诉和专利无效之诉的结果可能发生冲突，且经当事人申请，人民法院可以对专利侵权之诉中止审理。当然，中国法院沿用了大陆法系的民事诉讼和行政诉讼二元分立机制，专利侵权之诉适用民事诉讼程序，专利无效之诉则适用行政诉讼程序。专利侵权之诉和专利无效之诉可能由同一法院审理，也有可能由不同法院审理。

不过，笔者认为，两者同时审理的情形一般存在于复审和无效审理部维持专利有效，仿制药企继续提起专利无效之诉的情形。这是因为如果复审和无效审理部维持专利有效，法院最终认定专利无效的案件数量较少。此时，法院更关注专利侵权案件的审理效率，积极促进市场活动的顺畅和安全，因此，法院一般不会因此中止专利侵权之诉的审理，形成专利无效之诉和专利侵权之诉同时审理的客观情况。

若是复审和无效审理部宣告专利无效，不待专利权人提起行政诉讼，法院一般会裁定驳回民事诉讼。即便是在二审期间宣告专利无效，权利人针对无效决定提起行政诉讼，法院也可以裁定中止审理。这是由于专利权已被宣告无效，法院再也难以基于专利权有效原则继续审理专利侵权之诉，最为稳妥的处理方式是等待专利无效之诉的审理结果后，再另行处理。

综上所述，原研药企提起专利侵权之诉后，如果专利局复审和无效审理部维持专利有效，依据专利权有效原则，且为提高审判效率，即便仿制药企提起专利无效之诉，专利侵权之诉和专利无效之诉也可以同时审理。如果复审和无效审理部宣告专利无效，法院一般会驳回原研药企的专利侵权之诉，待原研药企通过专利无效之诉撤销专利无效决定，原研药企可以另行起诉。

（三）小结

在2020年《专利法》实施以前，药品注册申请程序、专利侵权诉讼程序及专利无效行政、诉讼程序没有合理的衔接机制，弊端显而易见。一是专利药和仿制药之间的矛盾与纠纷无法在药品注册申请程序中解决，只能在仿制药上市后集中爆发。仿制药企因担心浪费高额的研发成本和诉讼成本，首仿药迟迟不得面世，社会公众也无法第一时间获得价格低廉的仿制药，这不利于促进公众的健康权。即便仿制药通过药品监督管理部门的安全性和有效性审评而上市，如果因专利纠纷导致不能生产和销售，仿制药企和社会公众的利益都将受到损害。二是专利无效之诉和专利侵权之诉没有合理的合并审理机制，导致涉药专利诉讼审理时间过长，不合理地增加了企业的成本。

二、中国建立药品专利链接制度的必要性

药品专利链接制度本身不必然影响原研药或者仿制药之间的力量平衡，但是中国制定药品专利链接制度仍有一定的必要性。

（一）维护各方利益的平衡

随着《国务院关于改革药品医疗器械审评审批制度的意见》（国发

〔2015〕44号）的发布，新上市的仿制药需要提交与原研药一致的生物等效性数据。此外，中国医保制度也在发生变革，在原研药进入医保的情况下，通过生物等效性评价的仿制药也自动进入医保。这些因素使得原研药与仿制药之间成为可以替换、相互直接竞争的产品。中国药品市场竞争程度加强，一方面有利于公众获得更低价格的药品，另一方面也提高了专利侵权的风险。由于仿制药与原研药之间需要保持生物一致性，仿制药与原研药有较大可能成为相同或等同的产品，仿制药利用原研药专利的可能性大幅度上升。

如果原研药企认为仿制药企已向政府部门申请仿制药的上市许可，由于《专利法》没有规定"拟制侵权"，原研药企实际无法在仿制药上市之前追究仿制药企的责任。

不仅原研药企面临仿制药侵权所造成的损害，对于仿制药企而言，即便仿制药获得上市许可，也将面临原研药企提起专利侵权之诉的风险。所以仿制药企出于投资安全的考虑，主要制造大量复制的低水平药物，这种药物没有任何侵权风险，而忽略了高水平仿制药的研发。对于公众而言，由于仿制药上市后侵权诉讼的存在，导致省级采购平台对引入仿制药持有观望态度，客观上延迟了仿制药上市销售的时间，影响公众的药品可及性。

因此，如果中国引入专利链接制度，具有一定的合理性。药品专利争议将会提前到药品上市许可之前，会避免仿制药上市后的专利纠纷，防止损害原研药企、仿制药企和公众的利益受损。

（二）《中美经贸协议》的外在要求

中国和美国于2020年1月15日签订的《中华人民共和国政府和美利坚合众国政府经济贸易协议》（以下简称《中美经贸协议》）中有关药品知识产权的约定，是国际药品知识产权制度的一个缩影。《中美经贸协议》第1章第3节专门对药品知识产权进行规定，强调：双方应保护药品知识产权，包括专利和未披露的试验数据；如果中国允许药品上市申请人提交他人上市药品的安全性和有效性信息作为审批资料，中国应通知相关的专利权人，允许专利权人在被指控侵权药品上市前提起民事诉讼；为了补偿药品在专利授权和上市审批导致的药品专利期限的不合理缩短，中国应延长专利期。由此可见，中美双方在药品知识产权的博弈中，主要达成以下一致意见：一是政府不得无故泄露药品试验数据等商业秘密；二是应缩减药品专利上市的审批时间，维护专利权人的利益；三是专利诉讼时间前移，从药品上市后阶段前移到药品上市审批阶段，保障上市药品尽量不存在专利侵权的问题。可见，当前国际药品知识产权制度，主要围绕药品专利和药品未披露数据而构建，核心措施是延长专利权人的专利保护期限和赋予专利权人民事救济的可能性。

由于《中美经贸协议》要求中美建立等效的药品知识产权纠纷快速救济机制，因此中国药品专利链接制度必然也受美国制度的影响。《美国 Hatch-Waxman 法案》对中国完善药品专利链接制度有参考价值。

（三）药品政策的内在推动

2017《关于深化审评审批制度改革鼓励药品医疗器械创新的意见》和《关于鼓励药品医疗器械创新保护创新者权益的相关政策（征求意见稿）》均建议设立药品专利链接制度。2020 年《药品注册管理办法》取消了关于药品专利的相关规定但是，这并不意味着药品注册申请程序与药品专利完全脱钩。

相反，2020 年《专利法》除了规定有药品专利补偿期以外，还明确规定专利权人（原研药企）和利害关系人（仿制药企）可以提起请求就申请注册的药品相关技术方案是否落入他人药品专利权保护范围作出判决，且原则上规定有药品专利链接制度。2020 年 7 月 4 日国家药品监督管理局综合司、国家知识产权局办公室发布《药品专利纠纷早期解决机制实施办法（试行）》，2021 年 7 月 4 日最高人民法院发布《关于审理申请注册的药品相关的专利权纠纷民事案件适用法律若干问题的规定》，以及 2021 年 7 月 5 日国家知识产权局发布《药品专利纠纷早期解决机制行政裁决办法》，进一步细化 2020 年《专利法》第 76 条的药品专利链接制度。

综上所述，利益平衡、国内政策和双边协议的共同要求，中国建立药品专利链接制度势在必行。

三、中国药品专利链接制度

随着 2020 年《专利法》修订及药品专利链接制度的司法解释、规范性文件的出台，中国药品专利链接制度已基本建立，主要特点如下。

（一）中国上市药品专利信息登记平台

如同《美国 Hatch-Waxman 法案》的橙皮书制度，上市药品专利信息登记平台亦是药品专利链接制度的基础。《药品专利纠纷早期解决机制实施办法（试行）》亦规定建立中国上市药品专利信息登记平台，包括药品名称、专利状态、专利权人等信息。

值得注意的是，《药品专利纠纷早期解决机制实施办法（试行）》第 15 条规定了法律责任，如果药品上市许可申请人作出不实的专利信息登记，则会受到失信联合惩戒，在一年内不再申请该品种的注册申请。

（二）确认落入专利权保护范围之诉

《美国 Hatch-Waxman 法案》允许仿制药企提起专利挑战，同时允许专利权人针对专利挑战的仿制药企提起侵权之诉，以在仿制药被批准上市前解决专利纠纷。依据"Bolar 例外"条款，由于仿制药尚未上市销售，仿制药企申请药品上市的行为难以被认定为民事侵权行为。因此，《美国 Hatch-Waxman 法案》规定仿制药企在申请仿制药上市过程中提起声明Ⅳ（即专利挑战声明）的行为是一种"拟制侵权"（Artificial Infringe）的行为，并将其作为原研药企提起专利侵权之诉的依据。

考虑到仿制药企在提出专利挑战声明时已经意识到潜在的侵权风险，仿制药注册申请的行为可以被立法者认定为一种侵权"促成"行为。尽管这种"促成"行为不符合专利侵权的构成要件，但其客观上具有对专利权人利益造成实质性损害的现实危险，且行为人主观上对侵权风险是明知状态，仍具有法律上的可责性。❶ 不过，法律拟制是危险的，具有一种扩张的倾向。❷

---

❶ 何培育. 知识产权侵权促成性事由探究 [J]. 法商研究，2011，28（01）：88-94.

❷ 卢鹏. 法律拟制正名 [J]. 比较法研究，2005（01）：138-143. 郑淑凤. 专利链接中拟制侵权的理论基础与实施问题 [J]. 电子知识产权，2019（12）：82-94.

2020 年《专利法》仍坚持 "Bolar 例外" 原则，即仿制药企为提供行政审批所需要的信息而制造、使用专利药的行为不属于侵犯专利权的行为，原研药企在仿制药注册申请阶段主张仿制药企侵权其专利权，没有相应的法律依据。不过，2020 年《专利法》第 76 条规定专利权人和利害关系人有权提起确认落入专利权保护范围之诉。这种确认落入专利权保护范围之诉符合《民事诉讼法》第 108 条的要求，为积极确认之诉，属于法院民事案件的受理范围。事实上，在传统的专利侵权之诉中，既包括确认之诉（确认被诉技术方案是否落入专利的权利要求保护范围），也包括给付之诉（给付损害赔偿）。在药品注册申请过程之中，由于仿制药尚未上市，未对专利权人造成实质损害，专利权人只提起确认之诉，其诉的利益也并未受损。

确认之诉还有以下两个优点。一是避免仿制药上市后的 "双重诉讼" 问题。如果专利权人在确认落入专利保护范围之诉的中败诉，该确认之诉的生效判决对专利侵权之诉中的确认之诉也构成约束，依据 "一事不再理" 原则，专利权人实际也难以再主张损害赔偿。这也符合药品专利链接制度关于减少仿制药上市后专利纠纷的理念。二是与 "Bolar 例外" 条款不冲突。即便法院确认仿制药落入专利保护范围，也不与仿制药注册申请行为不是专利侵权行为的 "Bolar 例外" 条款相冲突。

因此，最高人民法院也无妨在专利权权属、侵权纠纷下增设 "确认落入专利权保护范围纠纷" 的民事案由，以进一步明确该类纠纷属于民事纠纷的范畴。

（三）涉药专利诉讼的集中管辖机制

在药品专利链接制度之下，涉药专利诉讼与药品评审程序同步进行，涉药专利纠纷一般可以在药品注册申请程序予以解决，进而规避仿制药上市后的涉药专利诉讼。在专利无效行政、诉讼程序和专利侵权诉讼的二元分立机制下，审理专利侵权之诉和无效之诉的法院往往并非同一法院，不同法院在审理程序、事实认定和法律适用等问题上难以协调统一。不过，依据《最高人民法院关于北京、上海、广州知识产权法院案件管辖的规定》，专利无效之诉的一审法院为北京知识产权法院，二审法院为北京市高级人民法院。

与之保持一致的是，《最高人民法院关于审理申请注册的药品相关的专利权纠纷民事案件适用法律若干问题的规定》第 1 条也明确规定，依据药品专利链接制度提起的落入专利权保护范围之诉和确认不侵害专利权之诉的一审法院为北京知识产权法院。这样可以推进案件的快速合并审理机制，缩短涉药专利诉讼的审理时间，减少企业的成本。

（四）专利权人未提起确认之诉的补救机制

专利权人如果没有在药品专利链接制度之中提起确认落入专利保护范围之诉，当然也可以在仿制药上市后提起专利侵权之诉。这在《药品专利纠纷早期解决机制实施办法（试行）》的第 14 条也予以明确规定。由于仿制药在上市之前，未实际侵害原研药的专利权，故专利侵权之诉的诉讼时效应从仿制药上市之日开始计算。不过，这样会导致仿制药企处于不安的境地，也不符合药品专利链接制度的立法目的。《最高人民法院关于审理申请注册的药品相关的专利权纠纷民事案件适用法律若干问题的规定》第 4 条规定，即便是专利权人未提起确认之诉，仿制药企也有权挑战专利有效性或者挑战不侵害专利权，以明确仿制药是否会侵犯专利权。

如果仿制药企挑战不侵犯专利权，即认为药品专利是有效的，只是认为仿制药不落入专利保护范围之内，仿制药企可以提起确认不侵害专利权之诉。仿制药企提起确认不侵害专利权之诉，根本目的在于消除其与专利权人之间法律关系的不稳定状态。原告的诉讼目的是希望通过法院的判决，确定其行为的合法性，从而消除专利权人对其所提出的侵权指控或者将来可能承担赔偿责任的风险。确认不侵害专利权之诉的判决使原、被告之间本处于危险或不稳定状态的权利或法律关系予以消灭。❶ 笔者认为，仿制药企可以在 45 天诉讼期届满之日起一个月内提起不侵害专利权之诉。

2009 年《最高人民法院关于审理侵犯专利权纠纷案件应用法律若干问题的解释》第 18 条明确规定确认不侵害专利权之诉的受理条件，主要有三点：①原告遭受明确的侵权警告；②权利人未在合理的期限内提起诉讼或者

---

❶ 夏璐 . 消极确认诉讼研究：从知识产权确认不侵权之诉展开 [M]. 北京：法律出版社，2014：33.

撤回警告；③原告的合法权益受到或者可能受到损害。仿制药企向原研药企提出四类声明❶，专利权人在接到通知后的 45 日内没有向法院提起诉讼，应认定为未在合理期限提起诉讼；且仿制药企可能面临仿制药上市之后的专利侵权之诉，其合法权益可能受到损害；因此，仿制药企提起确认不侵害专利权之诉符合条件②和条件③。至于条件①，笔者认为可以对该条文进行扩张解释。原研药企将原研药纳入中国上市药品专利信息登记平台，可以视为其警告仿制药企不得侵犯其药品专利，进而认定为符合上述条件①。

如果仿制药企挑战专利有效性，即认为药品专利是无效的，当然可以向专利复审委员会申请宣告专利无效或者提起专利无效之诉，上述法律程序的开展并不受药品专利链接制度相关期限的约束。专利无效之诉的判决也可以作为药品监督管理部门作出是否准许仿制药上市的依据。

（五）以生效判决或行政裁决作为准许仿制药上市依据

《药品专利纠纷早期解决机制实施办法（试行）》第 9 条规定：超过等待期，药品监督管理部门未收到法院生效判决和国务院专利行政部门行政裁决，则可将化学仿制药转入行政审批环节。法院的生效判决难以被推翻，以此作为是否转入行政审批环节是没有疑义的。然而，法院的生效判决可能会推翻行政裁决，导致以下两种情形。一是如果行政裁决认定仿制药不落入专利权保护范围或专利权无效，仿制药将转入行政审批环节并获得药品上市许可；若生效判决认定仿制药落入专利权保护范围或专利权有效，药品上市许可决定不予撤销，专利权人可以依据《专利法》主张侵权责任。二是如果行

---

❶《药品专利纠纷早期解决机制实施办法（试行）》第 6 条规定："一类声明：中国上市药品专利信息登记平台中没有被仿制药的相关专利信息；二类声明：中国上市药品专利信息登记平台收录的被仿制药相关专利权已终止或者被宣告无效，或者仿制药申请人已获得专利权人相关专利实施许可；三类声明：中国上市药品专利信息登记平台收录有被仿制药相关专利，仿制药申请人承诺在相应专利权有效期届满之前所申请的仿制药暂不上市；四类声明：中国上市药品专利信息登记平台收录的被仿制药相关专利权应当被宣告无效，或者其仿制药未落入相关专利权保护范围。"第 7 条规定："专利权人或者利害关系人对四类专利声明有异议的，可以自国家药品审评机构公开药品上市许可申请之日起 45 日内，就申请上市药品的相关技术方案是否落入相关专利权保护范围向人民法院提起诉讼或者向国务院专利行政部门请求行政裁决。"

政裁决认定仿制药落入专利权保护范围或专利权有效，药品监督管理部门将作出暂缓批准决定；若生效判决认定仿制药不落入专利权保护范围或专利权无效，仿制药企可以继续申请药品上市许可。

不过，法院生效判决可以作为是否批准药品上市许可的依据，但相对的，等待期设置的时长是否合理，是有待商榷的。《关于鼓励药品医疗器械创新保护创新者权益的相关政策（征求意见稿）》规定的等待期为 24 个月，在正常情况下，法院可以在 24 个月等待期内作出生效判决。因此，以生效判决作为是否批准药品上市许可的依据是合理的。但是，《药品专利纠纷早期解决机制实施办法（试行）》却将等待期的时间大幅缩短至 9 个月。毕竟，民事普通程序的审理期限为 6 个月，初审和终审合计的实际审理时间合计起来将大概率超过 9 个月。这样最终会导致大量仿制药因等待期届满而直接进入行政审批程序的情形，这反而导致药品专利链接制度形同虚设。等待期设置的时长是否合理，有待《药品专利纠纷早期解决机制实施办法（试行）》的试行结果予以考证。

（六）中药同名同方药和生物类似药不设置等待期

《药品专利纠纷早期解决机制实施办法（试行）》第 8 条对化学仿制药设置 9 个月的等待期，药品监督管理部门不停止技术审评，但是会在等待期内等待法院判决和专利行政部门行政裁决，以决定是否转入行政审批环节。但是，中药同名同方药和生物类似药不设置等待期。因此，药品监督管理部门可以依据技术审评结论，直接决定是否批准药品上市。当然，在行政审批程序完成前，专利权人通过法院和专利行政部门确认中药同名同方药和生物类似药的相关技术方案落入专利权保护范围的，药品监督管理部门应注明专利期限届满后方可上市销售。

四、药品专利链接制度下的中药品种保护

（一）专利药与新型中药品种的专利纠纷

如果原研药企认为其他药企生产的新型中药品种为其专利药的同名同方药，进而侵害其专利权，那么，两者的专利纠纷能否通过药品专利链接制

度予以解决。首先，中国的药品专利链接制度对中药同名同方药未设置 9 个月的等待期，这意味着中药品种上市的审评审批不会因专利权人的异议而停滞。也正因为如此，两者的专利纠纷实际上难以通过药品专利链接制度予以解决，专利权人只能通过专利侵权之诉主张其权利。其次，依据《中药品种保护指导原则》第 2.3 条的规定，即便中药品种获得药品批准文号，也要待专利纠纷全部解决后，才能再申请中药品种保护。陷入专利纠纷的新型中药品种无法申请中药品种保护，从另一个角度上说，已获中药品种保护的新型中药品种，一般与其他专利药不会有专利纠纷。

（二）中药保护品种与同名同方药的纠纷

中药品种保护的初次申报，应由原研企业进行。可见，初次保护的中药保护品种一般为原研药。其他药品生产企业仿制中药保护品种，无疑会侵害中药保护品种的合法权益。笔者认为，中药品种保护制度可以借助中国上市药品专利信息登记平台，将中药品种保护的信息也登记于平台之中。

中药品种在提交药品上市许可申请时，也应当对照平台载明的中药品种保护信息提出四类声明。第一类声明：没有同名同方的中药保护品种的信息。第二类声明：同名同方的中药保护品种已终止保护。第三类声明：有同名同方的中药保护品种的信息，同名同方药申请人承诺在中药品种保护期限届满前暂不上市。第四类声明：有相关的中药保护品种的信息，但中药品种权无效或同名同方药不侵权。中药品种权人可以对上述声明提出异议，药品监督管理部门核查后，对于存在故意提交不实声明等弄虚作假情况，应作出申请人在一年内不得再次申请该品种的注册申请的行政处罚。

对提交第一类声明、第二类声明的中药同名同方药的注册申请，国务院药品监督管理部门可以依据技术审评结论，决定是否批准上市；对提交第三类声明的中药同名同方药注册申请，技术审评通过的，作出批准上市决定，同时注明应当在中药品种保护期限届满后方可上市销售。对提交第四类声明的中药同名同方药的注册申请，国务院药品监督管理部门可以根据技术审评

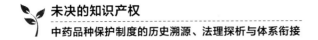

结论、申请人提交的声明及中药品种权人提出异议，直接作出是否批准上市的决定。若是中药同名同方药在技术评审阶段即被认定为侵犯他人的中药品种权，理应无法获得药品上市许可。

中药同名同方药上市之后，如果权利人认为该中药品种侵犯其相应的中药品种权，引起纠纷的，可以提起侵权之诉。不过，绝大部分的中药保护品种与其同名同方药之间的争议，已借助药品专利链接制度，化解在同名同方药的上市许可申请阶段。

第三节　小　结

随着中国的药品专利链接制度已初步建立，药品专利纠纷可以在药品上市前的审评审批阶段先予以解决。但是，中药同名同方药不设置等待期，中药同名同方药大概率在上市前无法解决专利纠纷，需要通过上市后专利诉讼或裁决予以解决。

初次保护的中药保护品种需要提交原研资料，可以认定为一种原研药。如果中药品种被批准为中药保护品种之前，同名同方药已经上市，该同名同方药可以申请同品种保护；如果同名同方药未上市，该同名同方药嗣后获得上市许可，则有可能侵犯中药保护品种。中药保护品种与其同名同方药之间的争议，也可以借用药品专利链接制度，将争议化解在同名同方药的上市申请阶段。由于中药品种保护审评审批和中药上市审评审批均由药品监督管理部门负责，因此，药品监督管理部门可以根据技术审评结论、申请人提交的声明及中药品种权人提出异议，直接作出中药同名同方药是否批准上市的决定。若是中药同名同方药在技术评审阶段即被认定为侵犯他人的中药品种权，理应无法获得药品上市许可。故中药品种权的侵权纠纷实际也鲜有发生。但是，这并不意味着侵权纠纷不会发生，届时权利人有权理应可以寻求相应的民事救济。

在应然性的角度上，中药品种权是知识产权。侵权人侵害中药保护品种，权利人可以通过知识产权请求权（停止侵害请求权、排除妨碍请求权、废弃请求权和消除影响请求权）和损害赔偿请求权来寻求民事救济，以维护自身利益。

在实然性的角度上，《中药品种保护指导原则》规定，仿制药企生产中药保护品种，会被吊销药品批准文号。若是仿制药企在未取得药品批准文号的情况下仿制生产中药保护品种，必将会受到行政处罚，甚至是触犯刑法。在这种情形下，一般无须权利人自行主张侵权人承担民事责任，侵权人则会因行政责任或刑事责任而无法生产中药保护品种。

第八章　中药品种保护制度的改革建议

1993 年《中药品种保护条例》出台的法律背景是《专利法》不保护药物发明。随着《专利法》之修改，药物发明的保护经验从无到有。《药品管理法》《药品管理法实施条例》对药品审批作了新的规定。中国加入世界贸易组织后，也需要遵守国际法，包括国际知识产权法律。国内外中药品种保护的法律环境发生了根本性的变化，《中药品种保护条例》应根据中医药发展的需求进行修改。本章以条文修改建议为始，进而探索制度的框架性改革，最后论及国际化背景下的制度进路。

第一节　财产权制度框架下的条文修改

中药品种保护制度从《中药品种保护条例》施行而诞生，并随着《中药品种保护指导原则》发布而逐渐成熟。中药生产企业可以对特定的中药品种申请初次保护或者同品种保护，通过行政许可的方式获得《中药保护品种证书》。这种已经获得《中药保护品种证书》的中药品种，就是中药保护品种，分为一级中药保护品种和二级中药保护品种。中药生产企业依据《中药保护品种证书》，在一定期限内享有禁止其他中药生产企业生产同品种中药的独占性或寡占性权利，即中药品种权。

法律制度规定的是人与人之间的法律关系，中药品种保护制度亦不例外。然而，中药品种保护制度只能规制中药生产企业之间的法律关系，无法规定权利人与中药传统知识持有人、遗传资源持有方、中药新药发明人、社会公众之间的诸多法律关系；只能规制中国境内的中药生产企业之间的法律关系，无法规定国内企业与国外医药企业之间的法律关系；

只能规制中药保护品种生产和销售的法律关系，不能规定中药保护品种进口等法律关系。可见，中药品种保护制度适用的情形本来就相当具有局限性。

中药品种保护制度独占的保护对象还逐渐被其他法律制度所"蚕食"。各国保护药品知识财产的相关法律制度出现二元格局，即现代知识由专利制度所保护，传统知识则由传统知识保护制度所保护，中药领域亦是如此。随着《专利法》和相应的《专利审查标准》的革新，中药品种保护制度致力于保护的中药现代知识（中药技术方案）已落入专利制度保护的范围。保护中药传统知识的法律职能也已由《非物质文化遗产法》和《中医药法》所牢牢占据。

中国学者在研究中药知识产权问题上，也强调与国际接轨。知识产权的国际保护体系未能包容中药品种保护制度，这使中药品种保护制度成了一座鲜有踏足的"孤岛"，甚至开始出现反对中药品种保护制度的观点，如"只能禁止国内企业仿制却无法对于国外企业进行限制；制度未能国际通行，无助于中药国际化；阻碍其他企业生产已有国家标准的中药品种，人为造成中药保护品种的价格过高，有损公众的健康权"。❶ 由此可见，在法律制度的竞争中，中药品种保护制度无论在理论层面还是实践层面均处于劣势。截至2024年8月，中国现存的中药保护品种仅为4734种（含不同剂型的同一中药品种以及同品种保护），其中只有片仔癀、云南白药、龙牡壮骨颗粒、六神丸、福字阿胶等（含不同剂型的同一中药品种以及同品种保护）14种中药保护品种为一级中药保护品种。❷ 这也可以反映中药品种保护制度在其他法律制度的"蚕食"下，所能发挥的效能越来越少。

不过，从国际认同的知识产权法律体系和法律制度出发，去研究中药品种保护制度，是大陆法系学者的习惯性思维。大陆法系国家的法律一般运用的是演绎法，这种法律思维方式也直接影响了法学研究。但是，中药品种保

---

❶ 白岩.《中药品种保护条例》与其他法律法规协调问题的探讨 [J]. 中国中医药信息杂志，2006，13（06）：10-11.

❷ 国家药品监督管理局 . 数据查询 [EB/OL]. [2024-7-31]. https://www.nmpa.gov.cn/datasearch/search-result.html.

护制度不一样，中药保护品种所含的知识财产源于中药传统知识，是与中华民族密切相连的知识体系。因此，中药品种保护制度是否与国际接轨，仍然需要考虑中医药的具体特点，不能因中药品种保护制度与国际药品知识产权制度不协调，而轻言废止，但这实际并不妨碍《中药品种保护条例》的合理修订。

《中药品种保护条例》2018 年修订之时，2006 年《中药品种保护条例（征求意见稿）》的意见并没有予以采纳。不过，从另一个角度上看，2018 年《中药品种保护条例》修订重点是将中药品种的管理职责由卫生行政部门变更由药品监督管理部门承担，其他部分均没有进行修改。实际上，2018 年修正案只是一个简单的"补丁"，既没有接受 2006 年《中药品种保护条例（征求意见稿）》的意见，也没有否定 2006 年《中药品种保护条例（征求意见稿）》的意见。但是，《中药品种保护条例》大修之意愿始终没有改变，2022 年《中药品种保护条例（修订草案征求意见稿）》出台。本书将以 2018 年《中药品种保护条例》为基础，结合 2006 年、2022 年两个征求意见稿的相关规定，阐述笔者关于修法之思考。

一、扩张主体类型

2019 年修正以前的《药品管理法》规定，药品生产企业在取得药品批准文号后，方可生产该药品。药品生产企业和药品批准文号在药品生产环节是相捆绑的。然而，2019 年《药品管理法》打破了这种桎梏，实施药品上市许可持有人制度，将药品生产企业与药品上市许可的捆绑制转变为分离制。医药公司和科研院校实际也有可能成为药品上市许可持有人。因此，《中药品种保护条例》也应依据上位法的修订适时而变，让各类型的民事主体均能平等地享有中药品种权，不再将主体类型限定于中药生产企业。

此外，为顺应粤港澳大湾区中药产业的发展，不妨将权利主体的范围从"中国境内"扩宽至"中国内地、中国香港和澳门地区"。

二、赋予转让权能

2019 年《药品管理法》实施药品上市许可持有人制度，持有人可以转让药品上市许可。不过,《中药品种保护条例》没有明确中药品种权可以转让。在现行《行政许可法》的规定下,中药品种权无法随着药品上市许可转让而变更权利主体。但是,这实际与现行《药品管理法》的立法理念不一致。笔者建议,后续修法应明确规定中药品种权可以随药品上市许可的转让而变更权利主体,即赋予中药品种权"可转让性"。这种将中药品种权与药品上市许可"捆绑"转让的方式,也在最大程度上消减消费者对中药品种保护的混淆。

据此,中药品种权也就成为财产权谱系下的第 6 类财产权,即权能最为完备的财产权。

三、限定权利边界

专利制度以技术方案作为保护对象,若中药处方组成、工艺制法落入专利保护范围,他人不得生产和销售相同或者等同处方组成、工艺制法的其他剂型中药品种。由于中药品种保护制度不要求公开技术方案,也不要求申请人提供权利要求书以限定权利范围,因此,2006 年《中药品种保护条例(征求意见稿)》将中药品种权的范围限定至一个处方制成的某一剂型的中成药品种。笔者认为该意见可以采纳。这也意味着,中药品种权的权利范围不能扩及于同一处方不同剂型的中药品种。

实际上,以同一处方同一剂型限定中药品种权的范围,就是以某一药品批准文号下的具体药品作为权利范围的边界。这有利于他人知悉中药品种权的权利范围,减少多款同名同方药因商业秘密的不公开而引起不必要纠纷,也有利于降低药品监督管理部门审评审批同名同方药上市的难度。一款中药品种申请上市,药品监督管理部门本来就应该审查该款中药品种与已上市的中药品种是否同名同方药的关系,在此基础上,若发现已上市的中药品种是中药保护品种且两者剂型相同,药品监督管理部门则不应再批准该同名同方药上市。

另言之,由于中药品种权的范围仅及于同一处方同一剂型,那么中药生产企业若研发出新型中药品种,欲申请中药品种保护,应对研制成熟的各种剂型均申请中药品种保护,以最大程度维护自身利益。

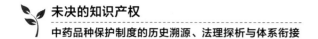

四、取消同品种保护

知识产权主要特征之一就是独占性。多家企业生产同一中药品种，该中药品种也就无创新可言，可保性不强。不过，现行中药品种保护制度在同一中药品种由少数企业生产的情况下，仍在首家企业申请中药品种保护之后，赋予其他企业申请同品种保护的权利。这就意味着，中药品种权并非当然的独占性权利，也有可能是寡占性权利。2006 年《中药品种保护条例（征求意见稿）》取消同品种保护，强调中药保护品种必须为独家生产的中药品种。因而，中药品种权不再可能是寡占性权利，只能是独占性的权利。在中药保护品种的保护期间，药品监督管理部门不得受理和审批其他企业的同品种已有国家标准的注册申请。笔者认为该意见可以采纳。这是因为只有真正的独占性权利能够激发中药生产企业研发和创新的积极性。由于科学技术的发展，药品仿制的速度越来越快。试想，如果原研企业研发出新型中药品种后，仿制企业在原研药批准成为中药保护品种之前就研制出同名同方药并获得药品批准文号，进而申请同品种保护，将会极大削弱原研企业的经济效益，打击原研企业的科研积极性。这种情况应该由立法予以规避。

五、缩短保护期限

中药品种保护制度最让人诟病的是其较专利制度更长的保护期限。2006 年《中药品种保护条例（征求意见稿）》就意欲对中药品种保护期间进行修正，使中药品种保护的期限不再区分一级保护和二级保护，而是统一规定为 7 年，并且对延长次数予以限制，最多只可以延长一次 7 年保护期，所以中药品种保护的最长保护期限为 14 年。此外，该征求意见稿还规定了中药品种保护提前终止的情形，即在保护期内累计生产未达到 5 年的、未按照要求进行质量标准提高或完善的、未按照要求完成四期临床试验的等多种情形的，不得申请延长中药品种保护的期限。

中药品种权是一种知识产权，不妨对知识产权的保护期限、可否延长、延长期限等三个因素进行统计，以分析中药品种权期限的合理性（见表 8-1）。

表 8-1　知识产权保护期间统计表

权利类型	保护期限	能否延长	延长期限	起算日期
著作权（人格）	无限期	—	—	
著作权（财产）	50 年	否	—	创作完成之日
商标权	10 年	能	10 年	核准之日
专利权（发明）	20 年	否	—	申请之日
专利权（实用新型）	10 年	否	—	申请之日
专利权（外观设计）	10 年	否	—	申请之日
集成电路布图设计权	10 ～ 15 年	否	—	申请之日与首次投入商业利用之日两者中的前者
植物新品种权	15 年或 20 年	否	—	核准之日
中药品种权（一级）	10 年、20 年或 30 年	能	不超过首次保护期限	核准之日
中药品种权（二级）	7 年	能	7 年	核准之日

从表 8-1 得知，在知识产权的传统领域，除了著作权和商标权的保护期限较长，专利权等技术成果权的保护期限均在 20 年以内，而且技术方案要求的难度越高，保护期限越长。著作权要求的是独创性的表达，而不是新颖性和创造性，并不能排除他人通过自身努力创作思想内容相似的作品，因而著作权无法真正从公共领域移除特定的思想。商标权也无法排除他人生产同类产品，只是排除使用该商标对同类产品进行标识而已。因此，著作权和商标权实际不能将公共领域中最具有价值的知识财产移除，只是对竞争者的摹仿、复制或剽窃予以必要的限制。但是，专利权等工业产权都是真正的排他性市场专属权，即便竞争者独立创造出同类知识财产，也无法予以实施。因此，工业产权系真正将知识财产移除出公共领域。工业产权的保护期间一般限制在 20 年以内，且不得延长保护期限，其中也只有发明专利和植物新品种的保护期间为 20 年。另外，专利的保护期间还包括实质审查的期间，专利产品上市后实际受保护的期间会更短。据此，从上述数据进行对比，《中

药品种保护条例》规定的一级、二级中药品种保护的期限过长。发明专利是新颖性和创造性最强的技术成果，保护期限也仅为 20 年，而一级中药保护品种难以满足新颖性和创造性要件，其保护期限竟然可以高达 30 年。即便是二级中药保护品种，因为其保护期间的延长次数不受限制，在理论上也有可能超过 20 年。可见，现行的中药品种保护制度的保护期限设置得并不合理，有待未来修法予以改善。

从经济学分析和比较分析可知，中药品种保护制度应进一步缩短中药保护品种的保护期限，明确延长的次数和条件，且中药品种权的保护期限届满，任何人都可以永久地自由利用该技术成果。此外，中药品种权的期限过长，也不利于提高公众对药品的可及性，由于中国已加入《多哈宣言》，基于公共健康的考虑，亦应对过长的保护期限予以限制。

2022 年《中药品种保护条例（修订草案征求意见稿）》与笔者的理念相符，大幅缩短中药品种保护的期间，一级保护给予 10 年市场独占，二级保护给予 5 年市场独占，三级保护仅给予 5 年中药品种保护专用标识，且均没有延长保护之可能性。

六、扩张权利限制

中药品种权的权能范围本来就远不及专利权，只有在他人生产和销售的场合才能发挥排除效能。这是因为中药保护品种的创新性在一般情况下不如中药发明专利。而创新性越高，权能范围越高，符合"成本—效益"的经济学理念。不过，笔者仍然觉得应在"临床用药紧缺"的基础上进一步增加权利的限制。权利限制的法定情形可以扩张至"国家出现紧急状态或者非常情况"或者"为了公共利益的目的"的情形。例如 2020 年，世界各国出现新型冠状病毒感染疫情，在这种重大健康威胁面前，任何财产权都不应该"挡道"，此时中药保护品种的强制实施许可是符合比例原则的。

七、理顺与专利权的关系

由于规则不明晰，中药品种权和专利权的关系一直处于混乱的状态。

2006 年《中药品种保护条例（征求意见稿）》和 2022 年《中药品种保护条例（修订草案征求意见稿）》均删去了"申请专利的中药品种，依照专利法的规定办理，不适用本条例"的规定，笔者认为符合药品监督管理的实践，有利于结束混乱的状态。首先，从药品监督管理的实际出发，一款中药品种同时获得专利权和中药品种权的现象已十分常见。其次，专利权和药品资料专属权共存，是各国法律保护原研药的通例，而中药品种权可以视为一种特殊的药品资料专属权，与专利权共存符合《与贸易有关的知识产权协定》的立法目的。在一款原研药有专利权的情况下，中药品种权处于"隐性"的状态，不发挥法律效果；而当一款原研药没有专利权，中药品种权则会从幕后走向幕前，变为"显性"的状态，发挥法律效果。因此，中药品种保护制度将会在非专利的原研药上彰显效果。最后，《专利法》规定的专利药补偿期限最长为批准上市后的 14 年，而 2022 年《中药品种保护条例（修订草案征求意见稿）》规定一级保护给予 10 年市场独占，二级保护给予 5 年市场独占。可见，一款中药新药即便同时获得专利权和中药品种权，其上市后的独占期限一般只为 14 年左右，不会过度扩大原研药企的利益，也就不用担心一款中药品种同时获得两种权利而导致利益失衡，使消费者的健康权受损。

如果不同民事主体研发的相同中药品种先后获得专利权和中药品种权，又应如何协调？中药品种权的客体本质上是商业秘密，专利权因信息公开获得比中药品种权效力更强之保护，符合知识产权法的旨趣。因此，若一方先获得专利权，另一方后续申请中药品种权时，需获得专利权人的授权许可同意，否则会有侵害专利权之虞；若一方先获得中药品种权，另一方后续申请专利权时，无须获得中药品种权人的同意，但中药品种权人在原有范围内继续制造和销售中药保护品种，不视为侵权。

八、体现中药传统知识持有人的人格利益

中药品种保护制度虽然保护的是中药现代知识，但是这种中药现代知识必然源于传统知识，如一级中药保护品种云南白药即源于名医曲焕章的"百宝丹"。现行中药品种保护制度没有遵循《中医药法》《非物质文化遗产法》

等法律的立法精神，对中药传统知识发明人、持有人的人格利益予以维护。笔者认为，即便中药生产企业在中药传统知识持有人事前知情同意下合法获取中药传统知识，在此基础上研发新药并获得中药品种保护，也仍然应该在中药的包装上合理标注中药传统知识持有人（如特定民族和区域）或者中药传统知识发明人（如上述的曲焕章）的信息，不得捏造、歪曲事实以损害中药传统知识发明人、持有人的人格利益。同时，依照《中医药法》的规定，中药生产企业也应该与中药传统知识持有人分享利益。中药品种保护制度可以衔接《中医药法》的相关规定，对中药传统知识持有人、发明人的人格利益明确予以保护。

九、明确规定民事责任

《专利法》《植物新品种保护条例》和《集成电路布图设计保护条例》均明确规定了侵害权利后应承担的民事责任，而《中药品种保护条例》却没有明确规定有民事责任。实际上，正如前文述所，侵权人侵害中药品种权的行为，均应承担民事责任，而无论《中药品种保护条例》是否明确规定。因此，为减少因民事责任未明确规定而导致的法院不受理涉中药保护品种的民事案件，笔者认为应对民事责任予以明确规定。权利人有权主张知识产权请求权（停止侵害请求权、排除妨碍请求权、废弃请求权和消除影响请求权）和损害赔偿请求权。

十、纳入药品纠纷解决机制

中药保护品种与其同名同方药之间的争议，也可以借用药品专利链接制度，将争议化解在同名同方药的上市申请阶段。由于中药品种保护审评审批和中药上市审评审批均由药品监督管理部门负责，因此，药品监督管理部门可以根据技术审评结论、申请人提交的声明及中药品种权人提出异议，直接作出是否批准上市的决定。若是中药同名同方药在技术评审阶段即被认定为侵犯他人的中药品种权，理应无法获得药品上市许可。

第二节　中药品种保护制度的去产权化探索

一、去产权化的经济学分析

中药品种保护制度是一种针对知识财产的财产权制度。然而，财产权方法并非保护知识财产的唯一途径。在创造者进行投资以创造或改进特定知识财产的过程中，假如没有人侵占该知识财产，这名创造者便会有相应的收益预期，尽管实际收益并非必然实现。在此情况下，创造者未必需要通过财产权方法来排除他人对知识财产的侵占。但是，由于存在"搭便车"行为，即竞争者可以复制创造者新开发的产品而无须承担研发费用，甚至有概率甚至是大概率不当利用该知识财产，创造者会丧失收益预期，降低创新的激励。这种收益预期为知识产权提供了传统的经济学理由，保护知识财产的财产权方法应运而生。

知识产权制度，作为一种保护知识财产的财产权制度，旨在防止他人未经许可复制或模仿创造者的有价值的知识财产，以确保创造者能够回收其知识财产的创作成本。但是，财产权制度并非保护知识财产的唯一选择或必然策略，即使法律未为某种知识财产实施财产权制度，该知识财产也未必会遭受复制或模仿，原因如下。一是复制或模仿产品的质量往往较低，无法完全替代原创产品，在药品产业中这一点尤为明显。尽管仿制药价格较低，但在资金允许的情况下，公众往往仍选择购买原研药。这是因为原研药的药效通常更好，针对特定病症使用时间更长，有大量实际人体使用数据支撑，而不仅仅是药品试验数据，医疗风险也相对更低。二是复制或模仿需要一定时间，存在时间间隔。在此期间，竞争者尚未复制或模仿出原创产品，创造者因此能够避免直接竞争。此外，生产成本通常与时间成反比。除非原创产品已上市一段时间，否则竞争者难以在合理成本下进行。三是创造者通过发表或公开原创作品获得可观利益，这些利益可能远超过知识产权许可费。例如，在新型冠状病毒感染疫情防控期间，中国医药科研机构无偿提供药品技术方案，这不仅是一种公益行为，同时也是自我宣传和推广的有效手段，这可能带来声望、知名度等非金钱性收入。此外，反剽窃的社会规范强调维护创造者从其作品中获得的声望。一旦复制者被贴上"剽窃者"的标签，轻则可能遭受排斥、嘲笑，重则可能严重损害企业的商誉。因此，虽然知识产权制度为创造者提供了一种保护其知识财产的方式，但其并非唯一途径。创造者还可以通过其他方式，如提高产品质量、利用时间间隔、获取非金钱性收入等手段来保护其知识财产。

中药品种保护制度虽然属于药事法，但其有一特征与专利制度相似，即赋予被保护对象一种独占性（或寡占性）的权利——中药品种权。中药品种权与专利权都是禁止权，权利人有权禁止他人生产同品种的中药，实际上就是阻止他人复制或模仿自身拥有的知识财产。这种独占性（或寡占性）的特征，使得中药品种保护制度与财产权制度有相似之处。而且，依据上述的经济学分析，财产权制度不是对知识财产进行法律保护的必然之路。仿制中药品种是存在技术和市场壁垒的，也就是说，即便法律不设置专门的排他性财产权以保护中药品种，竞争者也会因技术壁垒和市场壁垒等原因，难以进入中药保护品种的竞争市场。

二、中药品种保护的技术壁垒

（一）中药保护品种的高中药标准形成技术壁垒

中药标准由国家标准、行业标准、地方标准和企业标准组成。❶"中药标

---

❶ 国际标准化组织（International Standard Organization，ISO）对标准的定义为各方根据科学技术成就和先进经验，一致或基本上同意的一种对材料、产品、过程及服务提供要求、规范、指南，目的在于促进公众利益。标准以"促进最佳的公共利益"为目的，具有公开性和普适性。标准还可以引导、激励或规制知识产权人的行为，以实现其利益最大化，也可以推动知识产权的发展，带动技术进步。可见，标准是一种公共产品，代表公共利益；而知识产权是一种私权，代表私有利益。随着现代科学技术及经济全球化的快速发展，标准化逐步成为提高国际竞争力的重要手段和强化国际贸易保护的重要措施。此外，中药标准亦间接推动中药技术创新。中药标准可以淘汰掉陈旧的中药技术，与知识产权制度共同促进中药技术创新。中药标准和知识产权法律保护作为中药现代化的核心内容，无论中药标准还是中药知识产权，抑或是两者的融合，有利于中药技术的完整保存和可持续发展，也有利于中药技术的创新。

准化是为在中药领域一定范围内获得最佳秩序，以中药标准化为基础，对中药从种植、采收、加工到最后制剂生产的各个环节规范化进行完善的过程，以期获得质量稳定可控的中药产品，实现中药现代化和国际化。"❶ 自第一版《中国药典》颁布以来，中药标准化工作已快速开展。

在中药品种保护制度的初期，鉴于中药企业标准的技术水平较低，中药生产企业主动提高企业标准的积极性不高，国家中药品种保护审评委员会办公室与国家药典委员会共同决定中药保护品种的审评工作与中药标准整顿工作结合起来。中药保护品种应先符合《中国药典》的质量标准，再上报卫生部审批。也正因为如此，中药保护品种标准的技术含量比其他中药品种要高。随后，2000 年《关于国家中药保护品种延长保护期有关管理工作的通知》和 2003 年《中药保护品种申报数据项要求及说明》进一步细化和规定申请中药品种保护需要提交的技术资料。中药生产企业可以在申请中药品种保护之后，再按评审意见提高中药企业标准，待落实质量提升的要求后再予以批准。一大批标准偏低的中药品种，借助中药品种保护制度，最终完成企业标准的提升。随着《中药品种保护指导原则》的颁布，改由中药生产企业在申请保护之前就需要主动提高中药企业标准，中药品种保护审评优选疗效更好、质量更高的中药品种予以保护，以此推动中药品种整体标准的提高。❷

依据 2020 年《药品注册管理办法》第 8 条的规定，药品注册标准不得低于《中国药典》的标准，应比《中国药典》更加细化、先进和个性化。而中药品种保护的审评标准，又比药品注册标准要高。因此，中药品种保护的审评标准高于中药注册标准，更高于《中国药典》通用技术标准。

对于中药产业来说，市场竞争优势很大程度来源于知识产权，不过，技术标准逐渐成为保护技术方案更高的体现形式，借助标准的统一性来强化中药保护品种的市场竞争优势也并无不可。这也意味着虽然中药品种保护制度去产权化，不再赋予中药保护品种市场专属地位，但是中药品种保护制度提

---

❶ 舒茜.中药标准化的问题与对策分析 [D]. 南京：南京中医药大学，2020：6.

❷ 郝明虹，王谈凌，曹宝成.中药品种保护对我国中药标准提高的促进作用 [J].中国药事，2009，23（06）：548-549.

高了特定中药品种的标准，仿制药企仿制该中药品种的难度也就更大。这使得原研药企可以凭借中药保护品种固有的高标准，形成市场壁垒，以获得市场竞争优势。

（二）技术壁垒阻碍同名同方药的仿制

在中国药事法历史上，仿制中药曾十分简单。依据 1985 年《药品管理法》第 22 条第 2 款的规定，中药生产企业只需要拥有中药的国家标准和省级标准，生产出符合标准的药品，该药品即可被省级卫生行政部门批准上市。这种局面一直持续到 1999 年，新成立的国家药品监督管理局才将地方的药品生产批准权集中到中央。

1999 年《仿制药品审批办法》首次将仿制药纳入统一管理。但随着《药品注册管理办法（试行）》和 2005 年《药品注册管理办法》先后颁布，《仿制药品审批办法》随之废止。2005 年《药品注册管理办法》并未出现"仿制药"一词，只规定有"已有国家标准的药品"，即国家药品监督管理局已颁布正式药品标准的药品。这种"已有国家标准的药品"实际就是仿制药。"已有国家标准药品"突出了"标准"这一概念，强调了仿制药应当符合药品标准，但容易给人造成"仿品种就是仿标准"的误解。而"仿制药"的概念突出了"制"这一概念，强调的是仿制药的制备工艺应与原研药保持一致。❶ 仿制药从"仿标准"走向"仿品种"，关键在于强调了仿制药与原研药的一致性。

2007 年以前，《药品注册管理办法》并未专章规定仿制药的申报和审批，中药仿制药的注册管理非常宽松。仿制药企往往对被仿制中药品种的标准不加以深入研究分析就盲目模仿，致使中药仿制药的整体水平较低。2006 年的中药仿制药的注册数量达到了巅峰。❷ 2007 年《药品注册管理办法》首次专

---

❶ 张哲峰. 新法规下仿制药研发中几个关键问题的思考 [J]. 中国药事，2010，24（09）：840-844. 张哲峰. 从"已有国家标准药品"到"仿制药"：对"仿制药"定义变迁的几点思考 [EB/OL].（2012-5-12）[2023-08-09]. https://wenku.baidu.com/view/5dad13dd6f1aff00bed51ec0.htm.

❷ 中药仿制药历年注册数量如下：2003 年 511 件；2004 年 1970 件；2005 年 1681 件；2006 年 2738 件；2007 年 396 件；2008 年 206 件；2009 年 51 件；2010 年 12 件；2011 年 16 件；2012 年 7 件；2013 年 12 件；2014 年 4 件；2015 年 6 件；2016 年 2 件；2017 年 2 件。参见陆涛，李天泉. 中国医药研发 40 年大数据 [M]. 北京：中国医药科技出版社，2019：244.

章规定仿制药的申报和审批，仿制药的申报和审批开始变得规范，仿制药的数量也开始下降。

自 2015 年起，中国开启了药品审评审批制度深度改革的进程，明确仿制药与原研药的一致性应包括体系一致、药学等效、生物或治疗等效。仿制药一致性评价是通过科学合理的方法对仿制药的质量与原研药进行对比，以确定上述三个方面是否一致，这使得药品仿制的难度进一步增加。

"中药仿制药"曾出现在中医药政策文件之中，如《国家药品监督管理局关于加强中药注册管理有关事宜的通知》（国药管注〔2000〕157 号）的附件 1《中药仿制药品试行标准管理规定》就用了"中药仿制药"一词。不过，"中药仿制药"后被"中药同名同方药"所取代。之所以再没有规定"中药仿制药"，是因为"绝大多数中药并不具有可仿性，基于现阶段的科学技术水平和认知，中药的药学物质基础的复杂性导致其药学和疗效的一致性评价有较大难度"。❶

2020 年《中药注册分类及申报资料要求》规定，同名同方药是指通用名称、处方、剂型、功能主治、用法及日用饮片量与已上市中药品种相同，且在安全性、有效性、质量可控性方面不低于已上市中药品种的制剂。国家药品监督管理局于 2020 年 9 月 30 日发布的《〈中药注册分类及申报资料要求〉政策解读》还称："同名同方药不能简单理解为原仿制药的概念。中药同名同方药能否符合上市要求，关键是看其与所申请药物同名同方的已上市中药的比较研究结果如何，而不是比较两者质量标准之间的一致性。申请注册的同名同方药在通用名称、处方、剂型、功能主治、用法及日用饮片量与同名同方已上市中药相同的前提下，其安全性、有效性、质量可控性应当不低于同名同方已上市中药。同名同方已上市中药应当具有充分的安全性、有效性证据。"对于化学仿制药，法规只要求与参比药品的质量和疗效一致。但对于中药同名同方药，则只有优于已上市中药品种才能成功上市。❷

---

❶ 唐健元.关于中药注册分类的思考和建议 [J].中国中药杂志，2020，45（16）：4004-4008.

❷ 邓勇，张玉鹏.中药分类注册 利好与挑战并存（上）：亮点纷呈 [EB/OL].（2020-10-20）[2023-08-09].http：//www.cnpharm.com/c/2020-10-20/759940.shtml.

综上，中药保护品种作为一种原研药，本来就固有相当高的技术壁垒。随着中国对于仿制药申报和审批的规定越来越严格，以及中药同名同方药只有优于已上市中药品种才能成功上市，中药仿制的难度越来越困难。此外，中药品种的组方成分和药材来源都是难以模仿的，相对于化学药而言，通过逆向工程完全复制中药品种所耗费的成本更高。尤其是"同名同方药"的相关要求出台之后，仿制的中药品种只有优于被仿制的中药品种，才能被批准上市，这也加大了"同名同方药"的上市难度。可见，即便没有财产权制度予以保护，竞争者也难以仿制出同名同方药。

三、中药品种保护的市场壁垒

中药保护品种的申报和审批相对严格，一种中药品种是否获得《中药保护品种证书》，是否为中药保护品种，直接影响公众对其的认知程度。但是，即便中药品种保护制度去产权化，即中药保护品种不再享有市场专属权，也不一定会影响中药保护品种的公众认知度。商标权也不赋予商标持有人一种市场专属权，他人依旧可以生产同类产品。商标最重要的经济功能是降低消费者的搜索成本，具有质量保障功能，一旦质量降低或改变，消费者就不再愿意支付更高的价格购买这种商品。❶

为了提高消费者对中药保护品种的认知度，不妨将《中药保护品种证书》变革成一种"中药品种保护证明商标"。最常见的证明商标为地理标志证明商标，经常用于保护道地中药材。证明商标可以证明中药材的原产地和质量。国家中药品种保护评审委员会可以注册"中药品种保护证明商标"，并允许符合特定标准的中药品种使用该证明商标，这种证明商标可以用于证明中药保护品种的质量，从而提高消费者对特定中药保护品种的认知度。

此外，《中药品种保护指导原则》规定初次申报的中药品种需要提交原研资料，这意味着中药保护品种一般应为原研药。即便对中药保护品种进行仿制，仿制药的药效往往不如原研药。况且，中药保护品种即便为原研药，

---

❶ 吴汉东.知识产权法 [M].5 版.北京：法律出版社，2019：213.

其价格也相对于大部分专利存续期间的化学药、生物药低廉。因此，在中国医保普及率逐步提高的今天，更多的消费者愿意选择价格稍高但标有"中药品种保护证明商标"的中药品种。

四、去产权化的框架性改革设想

中药品种保护制度通过独占性保护的方式，为大批传统的中药品种争取到现代化所必需的宝贵时间，这批中药保护品种最终实现了现代化，质量和疗效至今仍是各中药品种中的佼佼者。面对中药品种保护制度与专利制度的职能重叠，难以促使中药国际化等问题，中药保护品种制度亦可有所改革。如本书第六章所述，第一种框架性改革方式是将中药品种保护制度融入国际通行的药品试验数据保护制度之中，原研的中药品种因提交试验数据可以获得 6 ~ 12 年的数据专属权，与现行的中药品种权的性质相似，据此继续对中药保护品种的利益进行特殊保护。

第二种框架性改革方式将中药品种保护制度转型为非财产权制度，即不对中药保护品种予以独占性或寡占性的保护期限。其一，构建技术壁垒，原研企业即使不依托中药品种保护制度对中药品种进行法律保护，由于原研的中药品种有较高的技术壁垒，模仿者也难以仿制出同名同方药，原研中药品种的市场份额不易轻易丢失。而且，若是争取到中药国际标准的话语权，将中药保护品种的高标准融于国际标准之中，在中药领域就会造成更高的技术壁垒，这使得外国仿制药企难以模仿中国高质量的中药保护品种，也在一定程度上降低"生物剽窃"问题发生的可能性。其二，构建市场壁垒，将"中药保护品种"商标化，即便中药品种保护制度不再设置独占的保护期，但由于原研的中药保护品种的质量较高，消费者更愿意购买具有标注有"中药保护品种证明商标"的中药品种，中药保护品种的市场竞争力也不会因"同名同方药"而降低。将"中药保护品种"进行商标化以后，标有"中药品种保护证明商标"的中药品种也可以通过《商标法》进行保护。

之所以各国倾向于利用知识产权制度保护药品，在于复制和模仿原研药的成本太低，仿制药的收益远大于成本。若进行反面分析，如果中药保护品种具有技术壁垒，致使竞争者仿制中药同名同方药的成本更高；"中药保护品种"成为一种证明商标，使消费者更愿意选择购买安全性和有效性更高的标有"中药保护品种"的产品，致使竞争者销售中药同名同方药的收益更低；甚至是中药品种保护制度提高了该中药品种的标准，致使竞争者更难进入中药产业。那么，即便中药保护品种制度去产权化，也足以妨碍竞争者模仿或复制中药保护品种。

第三节　中药品种保护制度与中药国际化

正如前文所述，中药品种保护制度并非国际通行的知识产权制度，难以促进中药国际化。然而，中药国际化已成为国际战略之一，如何改革中药品种保护制度，使之有助于促进中药国际化，是本节欲讨论的问题。本节主要围绕粤港澳大湾区和自由贸易区两大背景进行论述。

一、中药品种保护与粤港澳大湾区

近年来，现代医学认识到自身的局限，呈现出综合、系统、个体化的变革趋势，契合了传统医学的基本理论、生命观和疾病观。传统医学和补充医学的价值得到了进一步的认识。尽管如此，仍不能认为中医药科学体系得到了国际上的普遍认同。中西医理论和文化的种种差异，导致许多西方国家比较难以理解中医药的理念和方法，也致使中药国际化受到诸多限制，中药品种的出口量无法得到快速发展。

虽然中药国际化受到了诸多限制，但由于中国港澳地区对中医药的理念较为信赖，使中药产业借力粤港澳大湾区政策进行国际化成为可能。以中国澳门特别行政区（以下简称"澳门"）为例，中医药在澳门具有悠久的历史，澳门群众对中医药比较信赖。特别是 1999 年以来，澳门科技大学和澳门大学都开办了中医药专业，组成本科生、研究生、博士生培养齐全的中医药高等教育体系，标志着澳门中医药教育走向正规化、系统化和规模化的发展道路。

（一）中药法律和政策

1. 中药产业政策

粤港澳大湾区的中医药政策也为中药产业迈向国际化奠定了技术。中国澳门地区依托"一国两制"产生的一系列优惠政策等因素，发展区域合作的中医药产业。2011 年 3 月，《粤澳合作框架协议》规定，加强中医药科技合作和知识产权合作，提高中医药产业国际竞争力，拓展欧盟、东盟与葡语国家市场。2019 年 2 月，《粤港澳大湾区发展规划纲要》也提出要深化粤港澳大湾区的中医药领域合作，最终使得中医药产业往标准化、现代化和国际化的道路发展。❶2020 年 9 月，《粤港澳大湾区中医药高地建设方案（2020—2025 年）》提出：加快推进中医药现代化、产业化、国际化，深入推进规则衔接、制度衔接；加强中医药知识产权保护和运用，完善中医药科技成果转化与评价机制；简化港澳已上市的传统外用中成药注册审批流程，推动在澳门审批和注册并在横琴粤澳深度合作区生产的中药产品依法在内地申请上市。

由此可见，在中药国际化的问题上，境内医药公司完全可以凭借粤港澳大湾区的中医药政策，建立符合外国标准的中药产业，向外国出口符合当地上市许可条件的中药产品。

2. 中药法律

虽然政府出台了一系列政策支持粤港澳大湾区中医药产业，加强两地中医药知识产权合作，但是，澳门和内地的中医药法律的仍具有较大差异。其一，澳门中药知识产权保护的强度和范围不如内地。回归之前，澳门的知识产权法律制度从属于葡萄牙法，主要适用葡萄牙的《工业产权法典》和《版权法典》。回归之后，澳门的知识产权法律制度将回归前的有关法律进行本土化，于 1999 年 12 月 13 日颁布第 97/99/M 号法令，即《工业产权法律制度》，后于 2000 年 6 月 7 日正式生效。澳门《工业产权法律制度》保护专利

---

❶ 林洁，胡慧敏，王硕，等.粤港澳大湾区中医药政策现状及完善建议 [J]. 中国药房，2020，31（13）：1543-1549.

在内的工业产权。但是，由于中医药在葡萄牙统治时期长期处于自生自灭的状态❶，澳门并未针对中医药专利制定专门的审查标准，对中药知识产权的保护强度和范围均有待提高。

其二，澳门药事法相对于内地更为滞后。内地近年来《药品管理法》进行大幅度修改，新颁布《中医药法》，并制定有特色的中药品种保护制度。总体而言，内地的药事法更为系统和先进。澳门药事法形成于 20 世纪 90 年代，已有多年未曾修改。澳门第 58/90/M 号法令对从事药物的制造、进出口、流通和供应等活动进行管制，是纲领性文件；澳门第 59/90/M 号法令规定了药品注册登记制度；澳门第 53/94/M 号法令专门对从事中成药进出口和批发商号的进行管制。除此之外，没有其他法令对中药进行专门规定。

目前，在澳门从事中药药事活动是按照第 53/94/M 号法令及相关的行政长官批示、卫生局局长批示，以及卫生局局长制定的技术性指示进行监管。然而，考虑到上述法令已生效近 30 年，有关内容已经不能符合中药产业的发展需求。因此，澳门特区政府于 2021 年 7 月废止第 53/94/M 号法令，并施行第 11/2021 号法律《中药药事活动及中成药注册法》。

《中药药事活动及中成药注册法》明确规定中药药事活动和中成药注册的管理应遵守保障公众健康原则、合法性原则、鼓励创新原则、监察原则和公开原则。规定的中药注册类别与内地保持一致，包括创新药、改良型新药、经典名方中药复方制剂和同名同方药。规定了药品试验数据保护制度，改良型新药注册后 4 年或创新药获注册后 6 年内，享有相关的药理学、毒理学研究及临床试验的数据的保护，未经注册持有人同意，不得将上述所指的数据用于中成药注册程序中。规定了不完全的药品专利链接制度，对于已获专利的中成药，非属专利权人仅可自有关专利保护期届满前 240 日内申请注册有关中成药，在符合其他法定前提的情况下，监管实体仅可自上款所指的专利的存续期届满之日起，方可许可有关中成药的注册。

由此可见，《中药药事活动及中成药注册法》与内地专利法和药事法的相关规定趋同，有利于在法律层面共同保护和促进中药产业的发展。

---

❶ 王海南. 澳门特区中药安全监管的现状与面临的挑战 [J]. 中国药事，2008，22（08）：631-633.

3. 中药规范性文件

其一，关于中药标准。澳门制定了一系列标准化文件，如指示性指示第 02/2003 号"内服及外用中成药及传统药物重金属含量标准"、指示性指示第 01/2004 号"中成药及传统药物微生物限度标准"和指示性指示第 02/2005 号"含有中药材及 / 或天然药用成分而施用于人体之产品分类标准"以及第 09/SS/2012 号卫生局局长批示"药物生产质量管理规范（GMP）及药物分销质量管理规范（GDP）"、第 10/SS/2013 号卫生局局长批示"关于传统药物重金属及有毒元素含量的上限"和第 5/SS/2019 号卫生局局长批示"澳门特别行政区所用中药材表"。不过，《中药药事活动及中成药注册法》规定，澳门中成药注册所需要符合的质量标准是指中国或经监管实体认可的其他国家或地区的主管当局制订的药典、标准或处方集所要求的中成药的质量标准。由此可见，内地中药标准可以适用于澳门。

其二，关于中药试验数据。内地中药在澳门注册，需要提交澳门接受的试验数据。目前，澳门接受国际多中心临床试验（Multi-regional Clinical Trial，MRCT）的试验数据。❶ 澳门的中药在内地注册，依据内地药事法的要求，也可以提交国际多中心临床试验的试验数据。由此可见，粤澳两地均承认国际多中心临床试验的试验数据。

（二）拓宽中药品种保护制度的适用范围

粤澳中药产业政策、法律以及规范性文件均有利于中药产业在粤港澳大湾区的发展，并可借此为契机进一步促进中药国际化。而中药品种保护制度也可以在此背景下进行改革，以适应时代的发展。

由于中药品种保护制度严格意义上属于行政法，因此，中药品种保护有严格的地域性，中药品种保护制度不具有禁止境外公司仿制境内的中药保护品种的能力。

《中药品种保护条例》第 2 条规定只有"中国境内生产制造的中药品种"才可以申请中药品种保护，该保护范围未免过窄。在粤港澳大湾区的政策扶

---

❶ 杜瑶，陈在余，王敏 . 香港澳门药品注册管理的比较研究 [J]. 中国药事，2018，32（09）：1181-1187.

持下，不妨将"中国境内"扩宽至"中国内地、中国香港和澳门地区"。在中国香港和澳门生产并符合中药进口标准的中药品种，也可以申请中药品种保护，获批者在内地也享有禁止其他企业生产同品种中药的权利。

（三）将中药保护品种的高标准融入中药国际标准

中药国际化的进程并不顺利，如果中国出口的中药品种不符合进口国的标准要求，那么进口国则会拒绝进口。中医没有国际公认的标准，西方发达国家从自身利益出发，单方面用自己的化学药标准来衡量中药。以化学药标准衡量中药特别是复方中药，实际上过度强调了化学成分的研究，这是不明智的做法。中医药治病对应的是症候，复方中药的临床疗效强调功能整体性，是多化学物质、多作用靶点，经过复杂的生物网络调控而发挥最终效应的。

不过，发达国家未强制要求申请上市的药品必须是化学单体，复方丹参滴丸在美国上市的实例足以证明。西方国家已经接受把中药产品作为一个整体看待，只要该中药产品有一定的物质构成和量效关系，并能够运用数据展现出来。❶

笔者认为，应是中药标准而非是某中药品种被美国、欧洲认可，才是中药国际化的最终目标。中国作为传统药物的大国，对传统药物的研究历史悠久，应制定体系的传统药物标准，且该标准应争取获得世界上其他国家的认同。也有观点认为，"中药国际标准的制定，必须形成和建立国际认可的、能有效保障中药功效与安全的质量控制理念、科学研究方法和适用监测手段。"❷

中国也在充分利用国际卫生组织（WHO）等国际组织平台，积极参与中药国际标准的制定。从2008年起，中国开始积极主导和参与国际中药标准的研制。2010年，国际标准化组织中医药技术委员会（ISO/TC249）建立，

❶ 陈兵.中药国际化的相关思考 [M]// 中国科协学会学术部.中药规范化与国际化的关键问题：对现有中药质量评价体系的思考.北京：中国科学技术出版社，2014：12.

❷ 黄璐琦.中药标准化及标准制定 [M]// 中国科协学会学术部.中药规范化与国际化的关键问题：对现有中药质量评价体系的思考.北京：中国科学技术出版社，2014：38.

为中医药进入世界贸易组织认可的国际标准铺平了道路。截至 2019 年 3 月，ISO 颁布的中医药国际标准已达 41 项。

随着《中药品种保护指导原则》的颁布，中药品种保护制度对中药保护品种的技术标准、资料要求及审评程序进行全面、体系的规定，且中药品种保护的审评标准高于一般中药品种的上市注册标准，更高于《中国药典》的通用技术标准。若是并将中药保护品种的高标准融入于中药国际标准之中，不仅会大幅提高国际消费者对中药的信赖度，也会加大境外仿制药上市的难度，进而强化中药产品在国际贸易市场的话语权和主动权。

综上，由于粤澳两地的中医药理念、中药产业政策、中药法律、中药标准、中药试验数据存在趋同，中药产品可以借力粤港澳大湾区迈向国际化。粤港澳大湾区的中药产业均应以中药保护品种的高标准作为标杆，以"一带一路"倡议和粤港澳大湾区为契机，加快高质量的中药标准融入国际标准，从而真正促使中药国际化。即使中药品种保护制度无法直接使中药保护品种在国际上获得独占性权利，但是，若是将中药保护品种的特色和优势用标准固定下来，防止其他国家运用知识产权制度抢占中药标准的制定权，也有利于中国的传统药在国际上保持优势地位。

二、中药品种保护与自由贸易区

21 世纪第一个十年结束之后，《与贸易有关的知识产权协定》构成的国际知识产权多边机制不再如之前那般牢固，两国之间或区域之中的自由贸易协定（FTA），为国际知识产权制度注入了新鲜的血液。上述自由贸易协定并没有如愿使国际知识产权制度更加趋同，反而隐有对抗之意，如《全面与进步跨太平洋伙伴关系协定》（CPTPP）和《区域全面经济伙伴关系协定》（RCEP）之间存在一定竞争关系。

（一）中药品种保护与 CPTPP 知识产权规则

CPTPP 系由《跨太平洋伙伴关系协议》（TPP）演化而来。TPP 原由美国主导谈判和制定，但由于美国内部对 TPP 有所分歧，美国最终退出 TPP。在日本的推动下，除美国以外剩余 11 个国家，在 TPP 的基础上，重新签订 CPTPP，并于 2018 年 12 月 30 日生效。❶ 虽然 CPTPP 对 TPP 进行了必要修改，TPP 的 22 项条款被搁置，但是美国的意志实际上已经融于该协定的文本之中。CPTPP 仍然是目前国际上最高标准、最严要求的国际知识产权规则。

在 CPTPP 搁置条款中，不乏与药品知识产权相关的条款。一是搁置第18.37 条第 2 款和第 4 款，即可授予专利的客体不再明确包括已知产品的新用途、新方法和新工序。这意味着"常青药"难以依据该条款获得专利权，也难以不合理地延长"常青药"的实际市场专属期。二是搁置第 18.46 条和18.48 条，即专利不因专利审查机关的不合理延迟或药品上市程序的不合理缩短而调整专利期。这意味着药品专利与其他专利无异，其专利期不会因延迟期间而有所补偿。三是搁置 18.50 条，即新药无法依据该条款获得资料专属保护期。这使得非专利药被仿制的可能性大幅增加，利益的天平偏向于仿制药企和消费者。这些涉及药品知识产权的条款，均是 CPTPP 各个缔约国乃至世界各国利益的争议点。❷ 原研药强国，如美国，力争通过上述搁置条款对药品知识产权进行强保护，但由于利益分歧太大，CPTPP 最终搁置上述条款。

在 CPTPP 的保留条款中，第 18.6 条再次确认《多言宣言》的公共健康条款，以平衡药品商业利益和公共利益；第 18.15 条公共领域条款、18.16 条传统知识条款，也进一步防止创造性不高的药品获得专利权。相对而言，除原研药强国以外的其他国家的利益通过上述条款予以保证。

虽然原研药强国的利益未能通过 CPTPP 予以充分体现，但上述搁置的涉药知识产权条款已经设计在 CPTPP 之中，意味着随时有可能启用。而且，即便上述涉药知识产权条款被搁置，中国目前也未加入 CPTPP，但是上述涉药知识产权条款仍然影响着中国与其他国家签订的双边自由贸易协定。如在

---

❶ 白洁，苏庆义.CPTPP 的规则、影响及中国对策：基于和 TPP 对比的分析 [J]. 国际经济评论，2019（01）：58-76，6.

❷ 石超.从 TPP 到 CPTPP：知识产权条款的梳理、分析与启示：兼谈对中国开展知识产权国际保护合作的建议 [J]. 石河子大学学报（哲学社会科学版），2019，33（04）：68-74. 易继明，初萌.后 TRIPs 时代知识产权国际保护的新发展及我国的应对 [J]. 知识产权，2020（02）：3-16.

中国—瑞士 FTA 中，即规定有 6 年的药品资料专属权。中国药品产业也须尽快开始熟悉上述规则，以适应未来的国际药品知识产权规则。

正如前文所述，中国药品产业的原研实力逐步加强，CPTPP 高标准的涉药知识产权条款未必是对中国是不利的，甚至可以促进中国与其他发达国家参照 CPTPP 的涉药知识产权条款制定 FTA。若是中国明确中药保护品种为资料专属权的客体，并在双边 FTA 中予以明确，那么原研的中药保护品种，即便无法获得专利权，也可以通过资料专属权获得一定的市场独占时期，有利于为中药国际化保驾护航。值得一提的是，在双边 FTA 中为中药设置知识产权特别条款，也并非没有先例。中国—瑞士 FTA 第 11.8 条明确规定应对草药予以充分和有效的专利保护，这是 CPTPP 也没有设计的条款。实际上，中国将保护中药知识产权的意志融入中国—瑞士 FTA 之中。

（二）中药品种保护与 RCEP 知识产权规则

与中国未加入 CPTPP 的情况不同的是，中国已于 2020 年 11 月 15 日签署 RCEP。然而，RCEP 知识产权条款对药品保护的强度不如 CPTPP，并没有制定药品试验数据保护条款。这也就意味着在 RCEP 的框架中，中国无法通过将中药品种保护制度改革为药品试验数据保护制度的分支制度，以保护中药的利益。

不过，RCEP 第 53 条规定了遗传资源和传统知识的消极保护。中药保护品种源于中药传统知识，中药保护品种的生产和销售，足以证明相关的中药传统知识是在先技术，他国亦无权再对其进行不当利用甚至是申请专利。RCEP 第 20 条亦规定有证明商标条款，正如前文所述，将《中药保护品种证书》改革成一种"中药品种保护证明商标"，提高各国消费者对中药保护品种的认知度，提高中药品种的市场壁垒，也有利于中国走出国门。

第四节　小　结

《中药品种保护条例》所处的国内外环境发生较大变化，理应根据中药的发展需求重新修订条文。在此基础上，若对中药品种保护制度进行框架性改革，一是可以将中药品种保护制度融入药品试验数据保护制度之中，二是将中药品种保护制度转型为非财产权制度，即不对中药保护品种予以独占性或寡占性的保护期限。首先，原研企业即使不依托中药品种保护制度对中药保护品种进行独占性或寡占性的法律保护，模仿者也难以仿制出"同名同方药"，仿制的中药品种也不易侵占原研药原本的市场份额。其次，将"中药保护品种"商标化，由于原研的中药保护品种的质量较高，消费者更愿意购买标注有"中药保护品种证明商标"的中药品种，中药保护品种的市场竞争力也不会因"同名同方药"而降低。

粤港澳大湾区的中药产业均应以中药保护品种的高标准作为标杆，以"一带一路"倡议和粤港澳大湾区为契机，加快高质量的中药标准融入国际标准，从而真正促使中药国际化。若是争取到中药国际标准的话语权，将中药保护品种的高标准融于国际标准之中，就会实际形成较高的技术壁垒，使境内外仿制药企难以模仿高质量的中药保护品种。

在后 TRIPs 时代，中药品种保护制度要依据自由贸易区的知识产权制度的新发展而改革，而不应只将改革的背景集中于国内。中国虽未加入 CPTPP，但中国与其他发达国家参照 CPTPP 的涉药知识产权条款制定 FTA。若是中国明确中药保护品种为资料专属权的客体，并在双边 FTA 中予以明确，那么原研的中药保护品种，即便无法获得专利权，也可以通过资料专属权获得一定的市场独占时期。同时，中国已于 2020 年 11 月 15 日签署 RCEP，第 53 条规定了遗传资源和传统知识的消极保护，中药保护品种的生产和销售，足以证明相关的中药传统知识是在先技术，他国亦无权再对其进行不当利用甚至是申请专利；第 20 条亦规定有证明商标条款，将《中药保护品种证书》改革成一种"中药品种保护证明商标"，提高各国消费者对中药保护品种的认知度，提高中药品种的市场壁垒，也有利于中国走出国门。

结　论

中药品种保护制度从《中药品种保护条例》施行而诞生，并随着《中药品种保护指导原则》发布而逐渐成熟。中药生产企业可以对特定的中药品种申请初次保护或者同品种保护，通过行政许可的方式获得《中药保护品种证书》。这种已经获得《中药保护品种证书》的中药品种，就是中药保护品种，分为一级和二级中药保护品种。中药生产企业依据《中药保护品种证书》，一定期限内享有禁止其他中药生产企业生产同品种中药的独占性或寡占性权利，即中药品种权。

若深入分析由中药品种保护制度创设的私权及其客体，中药品种主要是一种源于中药传统知识的非专利药品知识，其中未披露的信息属于商业秘密。《中药品种保护条例》是财产权规则，通过行政特许的方式创设新型民事权利，即中药品种权。这种新型民事权利是知识产权，但不是商业秘密权或特许经营权，而是与药品资料专属权性质相似的权利。侵权人侵害中药保护品种，权利人可以通过知识产权请求权（停止侵害请求权、排除妨碍请求权、废弃请求权和消除影响请求权）和损害赔偿请求权来寻求民事救济，以维护自身利益。

各国保护药品知识财产的法律制度出现二元格局，即现代知识由专利制度所保护，传统知识则由传统知识保护制度所保护，在中药领域亦是如此。中药品种保护制度虽然被 WIPO 纳入传统知识保护制度，但实际上不是保护中药传统知识的专门制度，而是保护中药现代知识的专门制度。在中国，保护中药传统知识的专门制度为《中医药法》和《非物质文化遗产法》，保护中药传统知识的法律职能也已由上述两部法律所牢牢占据。此外，中药品种保护制度和专利制度均能用于保护中药现代知识，客体存在重叠的情形，随着《专利法》和相应的《专利审查指南》的革新，中药品种保护制度所致力保护的中药现代知识也已落入专利制度保护的范围。在法律制度的竞争中，由于知识产权的国际保护体系未能包容中药品种保护制度，致使中药品种保护制度成了一座鲜有踏足的"孤岛"，中药品种保护制度无论在理论还是实践层面均处于劣势，逐渐在其他法律制度的"蚕食"下，所能发挥的效能越来越少。不过，中药保护品种所含的知识财产源于中药传统知识，是与中华民族密切相连的知识体系。中药品种保护制度是否与国际知识产权规则进行接轨，仍然需要考虑中医药的具体特点，不能因中药品种保护制度与国际药品知识产权制度不协调而言废止。

专利法和药事法共同保护药品创新是各国立法的趋势。由于中药品种保护制度属于药事法，在中药品种保护制度改革的探索中，将中药品种保护制度融入药品试验数据保护制度有一定的可行性。中药保护品种主要为创新药，本来就属于资料专属权的保护对象。中药品种权和资料专属权的权利客体为商业秘密，权利内容也颇为相近。如美国的孤儿药制度那般，资料专属权为保护特定药品利益，会从"资料专属"迈入"市场专属"。中国为了维护中药的特定利益，赋予中药保护品种以市场专属权也未尝不可。中药品种权的客体特征也基本符合《与贸易有关的知识产权协定》第 39 条第 3 款的规定，与资料专属权可以适用同一国际法渊源。最重要的是，纵观各国保护药品技术创新的立法趋势，均是采用结合专利法和药事法的双重保护模式。明确中药品种保护制度是药品试验数据保护制度的分支制度、中药品种权属于资料专属权的特殊形态，有利于消减专利制度和中药品种保护制度的相互排斥。

将中药品种保护制度转型为非财产权制度也是一条值得探索的道路。原研企业即便不依托中药品种保护制度对中药保护品种进行独占性或寡占性的法律保护，模仿者也难以仿制出"同名同方药"，仿制的中药品种也不易侵占原研药原本的市场份额。而且，将"中药保护品种"商标化，原研的中药保护品种的质量较高，消费者更愿意购买具有标注有"中药保护品种证明商标"的中药品种，中药保护品种的市场竞争力也不会因"同名同方药"而降低。

在粤港澳大湾区的大背景下，粤港澳大湾区的中药产业均应以中药保护品种的高标准作为标杆，结合"一带一路"倡议和粤港澳大湾区之优势，加快高质量的中药标准融入国际标准，从而真正促使中药国际化。同时，在后TRIPs 时代，中药品种保护制度要依据 CPTPP、RCEP 等自由贸易区的知识产权制度的新发展而改革，而不应只将改革的背景集中于国内。

笔者坚信，中药品种保护制度会随着中国药事法的发展而不断完善。2020 年 12 月，国家药品监督管理局新出台《关于促进中药传承创新发展的实施意见》（国药监药注〔2020〕27 号），强调"加大保护中药品种力度，修订《中药品种保护条例》，将中药品种保护制度与专利制度有机衔接，发挥其对中药新药的保护作用"。中药品种保护制度不会停滞不前，而是会历久弥新。

本书在中药品种保护制度如何融于粤港澳大湾区法律制度、如何与国际知识产权制度协调的问题上，论述尚不够详尽，未来在调研实践的基础上进一步分析论证。

参考文献

一、专著

[1] 江平.私权的呐喊：江平自选集 [M].北京：首都师范大学出版社，2008.

[2] 林位强.澳门医疗事故法研究：兼论非财产损害赔偿 [M].北京：法律出版社，2017.

[3] 张淞纶.财产法哲学：历史、现状与未来 [M].北京：法律出版社，2016.

[4] 德劳霍什·P.知识财产法哲学 [M].周林，译.北京：商务印书馆，2008.

[5] 霍菲尔德.基本法律概念 [M].周林，编译.北京：中国法制出版社，2009.

[6] 王涌.私权的分析与建构：民法的分析法学基础 [M].北京：北京大学出版社，2020.

[7] 王泽鉴.损害赔偿 [M].北京：北京大学出版社，2017.

[8] 崔建远.准物权研究 [M].2 版.北京：法律出版社，2012.

[9] 马克斯·卡泽尔，罗尔夫·克努特尔.罗马私法 [M].田士永，译.北京：法律出版社，2018.

[10] 孟文理.罗马法史 [M].迟颖，周梅，译.北京：商务印书馆，2016.

[11] 吴汉东.知识产权总论 [M].3 版.北京：中国人民大学出版社，2013.

[12] 吴汉东.无形财产权基本问题研究 [M].3 版.北京：中国人民大学出版社，2013.

[13] 吴汉东.知识产权中国化应用研究 [M].北京：中国人民大学出版社，2014.

[14] 吴汉东.知识产权精要：制度创新与知识创新 [M].北京：法律出版社，2017.

[15] 周俊强.无形财产权的类型化与体系化研究：基于信息哲学的分析 [M].

北京：北京大学出版社，2018.

[16] 孔祥俊.知识产权法律适用的基本问题：司法哲学、司法政策与裁判方法 [M].北京：中国法制出版社，2013.

[17] 布拉德·谢尔曼，莱昂内尔·本特利.现代知识产权法的演进：英国的历程（1760—1911）[M].金海军，译.重排本版.北京：北京大学出版社，2012.

[18] 杨明.知识产权请求权研究：兼以反不正当竞争为考察对象 [M].北京：北京大学出版社，2005.

[19] 杨延超.知识产权资本化 [M].北京：法律出版社，2008.

[20] 刘春霖.知识产权资本化研究 [M].北京：法律出版社，2010.

[21] 罗杰·谢科特，约翰·托马斯.专利法原理 [M].余仲儒，等.北京：知识产权出版社，2016.

[22] 鲁道夫·克拉瑟.专利法：德国专利和实用新型法、欧洲和国际专利法 [M].6 版.单晓光，张韬略，于馨淼，译.北京：知识产权出版社，2016.

[23] J. M. 穆勒.专利法 [M].沈超，李华，吴晓辉，等译.北京：知识产权出版社，2013.

[24] 曾陈明汝.两岸暨欧美专利法 [M].北京：中国人民大学出版社，2007.

[25] 张新锋.专利权的财产权属性：技术私权化路径研究 [M].武汉：华中科技大学出版社，2011.

[26] 张峣.专利先用权研究 [M].北京：知识产权出版社，2017.

[27] 严永和.论传统知识的知识产权保护 [M].北京：法律出版社，2006.

[28] 丁丽瑛.传统知识保护的权利设计与制度构建：以知识产权为中心 [M].北京：法律出版社，2009.

[29] 陈杨.论传统知识的国际法律保护 [M].北京：知识产权出版社有限责任公司，2018.

[30] 白瑞.知识产权与中医药：传统知识的现代化 [M].张美成，译.北京：法律出版社，2010.

[31] 薛达元，崔国斌，蔡蕾，等.遗传资源、传统知识与知识产权 [M].北京：中国环境科学出版社，2009.

[32] 田晓玲.中药知识产权保护研究 [M].重庆：重庆出版社，2008.

[33] 肖诗鹰，刘铜华.中药知识产权保护 [M].2 版.北京：中国医药科技出版社，2008.

[34] 宋晓亭.中医药知识产权保护指南 [M].北京：知识产权出版社，2008.

[35] 宋晓亭.中医药传统知识的法律保护 [M].北京：知识产权出版社，2009.

[36] 杜瑞芳.传统医药的知识产权保护 [M].北京：人民法院出版社，2004.

[36] 袁红梅.中药知识产权法律制度的反思与构建 [M].北京：北京师范大学出版社，2011.

[37] 陈和芳.中药知识产权保护的经济学研究：以广州中药产业为例 [M].哈尔滨：哈尔滨工业大学出版社，2016.

[38] 约瑟夫·德雷克斯，纳里·李.药物创新、竞争与专利法 [M].马秋娟，杨倩，王璟，等译.北京：知识产权出版社，2020.

[39] 韦贵红.药品专利保护与公共健康 [M].北京：知识产权出版社，2013.

[40] 闫娜.日本汉方：生物制品的创新与保护 [M].北京：知识产权出版社，2020.

[41] 袁红梅，王海南，杨舒杰.专利视野下的中药创新 [M].上海：上海科学技术出版社，2019.

[42] 程永顺，吴莉娟.探索药品专利链接制度 [M].北京：知识产权出版社，2019.

[43] 闫海，王洋，马海天.基于药品可及性的专利法治研究 [M].北京：法律出版社，2020.

[44] 刘立春.基于药品专利诉讼战略的技术创新研究 [M].北京：法律出版社，2019.

[45] 温明，何英.专利内生价值的评定：以中药专利组合为例 [M].镇江：江苏大学出版社，2018.

[46] 张建武.中药标准化与知识产权战略的协同发展研究 [M].北京：知识产权出版社，2011.

[47] 李海燕.中医药国际合作与知识产权 [M].北京：科学出版社，2020.

[48] 张晓东.医药专利制度比较研究与典型案例 [M].北京：知识产权出版社，2012.

[49] 于海，袁红梅.药品知识产品保护理论与实务[M].北京：人民军医出版社，2009.

[50] 袁红梅，杨舒杰.药品知识产权以案说法[M].北京：人民卫生出版社，2015.

[51] 鲁晓明.权利外利益损害的赔偿责任研究[M].北京：法律出版社，2015.

[52] 陈忠五.契约责任与侵权责任的保护客体："权利"与"利益"区别正当性的再反省[M].台北：新学林出版股份有限公司，2008.

[53] 杨惟钦.财产性利益之侵权救济控制研究[M].北京：法律出版社，2015.

[54] 夏璇.消极确认诉讼研究：从知识产权确认不侵权之诉展开[M].北京：法律出版社，2014.

[55] 于飞.权利与利益区分保护的侵权法体系之研究[M].北京：法律出版社，2012.

[56] 赵萃萃.英美财产法之Estate：以财产和财产权分割为视角[M].北京：法律出版社，2015.

[57] 张永健.物权法之经济分析：所有权[M].北京：北京大学出版社，2019.

[58] 威廉·M.兰德斯，理查德·A.波斯纳.知识产权法的经济结构[M].2版.金海军，译.北京：北京大学出版社，2016.

[59] 罗内德·H.科斯.财产权利与制度变迁：产权学派与新制度学派译文集[M].刘守英，等，译校.上海：格致出版社，2014.

[60] 徐建光.中医药海外发展研究蓝皮书：2017[M].上海：上海科学技术出版社，2018.

[61] 汪洪，屠志涛.北京中医药知识产权发展报告[M].北京：社会科学文献出版社，2017.

[62] 陆涛，李天泉.中国医药研发40年大数据[M].北京：中国医药科技出版社，2019.

[63] 林三元.原住民族传统智慧创作专用权[M].台北：元照出版有限公司，2013.

[64] 廖玮婷.专利舞蹈怎么跳？美国生物相似药上市与诉讼[M].台北：元照出版有限公司，2018.

[65] 秦天宝.生物多样性国际法导论 [M].台北：元照出版有限公司，2010.

[66] 杨代华.处方药产业的法律战争：药品试验资料之保护 [M].台北：元照出版有限公司，2008.

[67] 孙小萍.处方药产业的法律战争：专利侵权之学名药试验例外 [M].台北：元照出版有限公司，2008.

[68] 王克稳.行政许可中特许权的物权属性与制度构建研究 [M].北京：法律出版社，2015.

[69] DREXL J，LEE N. Pharmaceutical innovation，competition and patent law[M]. Cheltenham：Edward Elgar Publishing，2013.

[70] LEVER A. New frontiers in the philosophy of intellectual property[M]. Cambridge：Cambridge University Press，2012.

[71] GIBSON J. Intellectual property，medicine and health[M]. Oxon：Routledge，2017.

[72] VENTOSE E. Medical Patent Law-the Challenges of Medical Treatment[M]. Cheltenham：Edward Elgar Publishing，2011.

[73] EBERMANN P. Patents as protection of traditional medical knowledge? a law and economics analysis[M]. Cambridge：Intersentia，2012.

二、期刊论文

[1] 郑成思.知识产权、财产权与物权 [J].中国软科学，1998（06）：23-29.

[2] 季冬梅.论知识产权的法律性质与学科属性 [J].私法，2019，31（01）：106-130.

[3] 应振芳.司法能动、法官造法和知识产权法定主义 [J].浙江社会科学，2008（07）：56-63.

[4] 崔国斌.知识产权法官造法批判 [J].中国法学，2006（01）：144-164.

[5] 杜颖，王国立.知识产权行政授权及确权行为的性质解析 [J].法学，2011（08）：92-100.

[6] 武善学.对抗、渗透与互动：知识产权法与行政法关系辨析 [J].知识产权，2011（05）：81-85.

[7] 颜上咏，贝俐珊，庄晏词，等.中草药之智慧财产权保护 [J].东海大学法学研究，2005（23）：251-296.

[8] 田晓玲.中药复方专利侵权诉讼中公知技术抗辩研究：兼评"天士力诉万成侵犯专利权"案 [J].现代法学，2009，31（03）：186-193.

[9] 杨培侃.论药品资料专属保护之不引据义务：以加拿大拜尔案为中心 [J].政大法学评论，2015（141）：51-107.

[10] 吕太郎.消极确认之诉与消极事实之举证责任：依特别要件分类说之观点 [J].月旦法学杂志，2010（179）：238-292.

[11] 王敏铨.专利就像一条河流：从流动性资源的画界看财产的符号结构 [J].台大法学论丛，2018，47（01）：63-124.

[12] 李慧，宋晓亭.专利制度与中药品种保护制度的比较 [J].世界科学技术—中医药现代化，2017，19（02）：223-228.

[13] 高建美，宋晓亭.中药品种保护制度之法律职能 [J].科技与法律，2016（06）：1044-1057.

[14] 李慧，宋晓亭.中药种保护制度的法律性质 [J].中草药，2018，49（02）：499-504.

[15] 林孟玲.智慧创作专用权之性质与使用伦理：给原创条例的几点建议 [J].科技法学评论，2015，12（01）：191-227.

[16] 韦晓云.中药品种知识产权保护的实质 [J].人民司法，2005（09）：64-68.

[17] 韦晓云.我国中药知识产权保护的法律体系：兼议中药品种保护专属权 [J].人民司法，2004（09）：51-54.

[18] 周冕.论中药品种保护侵权的民事责任 [J].科技与法律，2004（03）：60-67.

[19] 白岩.《中药品种保护条例》与其他法律法规协调问题的探讨 [J].中国中医药信息杂志，2006，13（06）：10-11.

[20] 张建平，李媛娥.《中药品种保护条例》的修订与制度定位 [J].中国中医药信息杂志，2007，14（08）：11-13.

[21] 汤瑞瑞，卞鹰，王一涛.《中药品种保护条例》和专利对中药保护的关

系探讨 [J]. 时珍国医国药，2009，20（05）：1291-1293.

[22] 崔璨，王艳翚，王辰旸. 从行政保护角度分析我国中药品种保护 [J]. 时珍国医国药，2016，27（03）：738-740.

[23] 郑永红，龙继红，韩建东. 对《中药品种保护指导原则》的初步分析 [J]. 中国药事，2010，24（07）：635-637.

[24] 王晓清. 实施《中药品种保护指导原则》对中药品种保护工作的意义和作用 [J]. 中国药事，2010，24（08）：769-770，824.

[25] 李慧，宋晓亭. 中国中药品种保护制度的出路：基于与欧盟药品补充保护证书制度的比较与启示 [J]. 中国软科学，2020（09）：18-25.

[26] 张建平. 中药品种保护制度的关键问题 [J]. 时珍国医国药，2007，18（04）：1001-1003.

[27] 李慧，宋晓亭. 中药品种保护制度的价值解读 [J]. 中草药，2018，49（18）：4468-4472.

[28] 王艳翚，宋晓亭. 中药品种保护制度效用评价 [J]. 科技与经济，2015，28（03）：101-105.

[29] 李广乾，陶涛. 中药现代性与中药品种保护制度改革 [J]. 管理世界，2015（08）：5-13.

[30] 韩小兵. 非物质文化遗产权：一种超越知识产权的新型民事权利 [J]. 法学杂志，2011（01）：35-41.

[31] 唐海清. 国外关于非物质文化遗产法律保护前沿问题的研究综述 [J]. 中央民族大学学报（哲学社会科学版），2013（03）：97-101.

[32] 蓝寿荣. 知识产权制度的国际性与我国传统知识的民间性：基于 CNKI 高影响文献的传统知识问题实证分析 [J]. 私法，2017，28（02）：241-264.

[33] 李玉香. 准专利的法律保护 [J]. 人民司法，2004（01）：56-58.

[34] 张仁平. 台湾中草药专利保护之回顾与前瞻（上）[J]. 智慧财产权，2001（35）：18-44.

[35] 张仁平. 台湾中草药专利保护之回顾与前瞻（下）[J]. 智慧财产权，2001（36）：3-22.

[36] 梁志文.药品数据的公开与专有权保护[J].法学，2013（09）：102-112.

[37] 李蓓.中美药品专利链接制度研究[J].科技与法律，2018（01）：10-18.

[38] 郑淑凤.专利链接中拟制侵权的理论基础与实施问题[J].电子知识产权，2019（12）：82-94.

[39] 刘盼，曹雅迪，巩瑞娟，等.基于美国对中药组合物专利保护客体审查规则的应对[J].中国中药杂志，2018，43（03）：627-630.

[40] 佘力焓.从自然界取得标的物可专利性的判定：美国联邦最高法院"Myriad案"判决评析[J].同济大学学报（社会科学版），2015（06）：117-124.

[41] 王艳翚，宋晓亭.中药标准化策略与商业秘密保护制度的协调研究[J].中国药房，2017，28（13）：1736-1739.

[42] 宋晓亭.中医药标准化与知识产权的渗透[J].中国中医药信息杂志，2008，15（12）：3-4.

[43] 谭宏."公地悲剧"与非物质文化遗产保护[J].上海经济研究，2009（02）：140-封三.

[44] 陈庆.药品试验数据专有权与药品专利权冲突之研究：从药品可及性角度谈起[J].知识产权，2012（12）：56-61.

[45] 王艳翚，宋晓亭.中医药技术秘密的权利保护及制度完善：以权利规则与义务规则的应用为视角[J].科技管理研究，2019，39（07）：177-182.

[46] A LEMLEY M.财产权、知识产权和搭便车[J].杜颖，兰振国，译.私法，2012（01）：123-162.

[47] CORIAT B，从自然资源公地到知识公地：共性和差异[J].王艺霖，译.创新与创业管理，2011（00）：52-66.

[48] EILAND M L. Patenting traditional medicine[J]. J. Pat. & Trademark Off. Soc'y，2007，89：45.

三、学位论文

[1] 臧小丽.传统知识的法律保护问题研究[D].北京：中央民族大学，2006.

[2] 袁红梅.中药知识产权法律制度本土化与国际化研究[D].吉林：吉林大

学，2008.

[3]　王智斌.行政特许的私法分析 [D].重庆：西南政法大学，2007.

[4]　付琳琳.中药企业专利保护与品种保护研究 [D].重庆：西南政法大学，
2013.

[5]　王丹丹.基于立法后评估的中药品种保护制度的实施效果评价与优化
[D].南京：南京中医药大学，2019.

[6]　崔璨.中药品种保护制度研究 [D].南京：南京中医药大学，2017.

附　录

附录 1　2018 年《中药品种保护条例》

中药品种保护条例

（1992 年 10 月 14 日中华人民共和国国务院令第 106 号发布，根据 2018 年 9 月 18 日《国务院关于修改部分行政法规的决定》修订）

第一章　总则

第一条　为了提高中药品种的质量，保护中药生产企业的合法权益，促进中药事业的发展，制定本条例。

第二条　本条例适用于中国境内生产制造的中药品种，包括中成药、天然药物的提取物及其制剂和中药人工制成品。

申请专利的中药品种，依照专利法的规定办理，不适用本条例。

第三条　国家鼓励研制开发临床有效的中药品种，对质量稳定、疗效确切的中药品种实行分级保护制度。

第四条　国务院药品监督管理部门负责全国中药品种保护的监督管理工作。

第二章　中药保护品种等级的划分和审批

第五条　依照本条例受保护的中药品种，必须是列入国家药品标准的品种。经国务院药品监督管理部门认定，列为省、自治区、直辖市药品标准的品种，也可以申请保护。

受保护的中药品种分为一、二级。

第六条 符合下列条件之一的中药品种，可以申请一级保护：

（一）对特定疾病有特殊疗效的；

（二）相当于国家一级保护野生药材物种的人工制成品；

（三）用于预防和治疗特殊疾病的。

第七条 符合下列条件之一的中药品种，可以申请二级保护：

（一）符合本条例第六条规定的品种或者已经解除一级保护的品种；

（二）对特定疾病有显著疗效的；

（三）从天然药物中提取的有效物质及特殊制剂。

第八条 国务院药品监督管理部门批准的新药，按照国务院药品监督管理部门规定的保护期给予保护；其中，符合本条例第六条、第七条规定的，在国务院药品监督管理部门批准的保护期限届满前六个月，可以重新依照本条例的规定申请保护。

第九条 申请办理中药品种保护的程序：

（一）中药生产企业对其生产的符合本条例第五条、第六条、第七条、第八条规定的中药品种，可以向所在地省、自治区、直辖市人民政府药品监督管理部门提出申请，由省、自治区、直辖市人民政府药品监督管理部门初审签署意见后，报国务院药品监督管理部门。特殊情况下，中药生产企业也可以直接向国务院药品监督管理部门提出申请。

（二）国务院药品监督管理部门委托国家中药品种保护审评委员会负责对申请保护的中药品种进行审评。国家中药品种保护审评委员会应当自接到申请报告书之日起六个月内作出审评结论。

（三）根据国家中药品种保护审评委员会的审评结论，由国务院药品监督管理部门决定是否给予保护。批准保护的中药品种，由国务院药品监督管理部门发给《中药保护品种证书》。

国务院药品监督管理部门负责组织国家中药品种保护审评委员会，委员会成员由国务院药品监督管理部门聘请中医药方面的医疗、科研、检验及经营、管理专家担任。

第十条 申请中药品种保护的企业，应当按照国务院药品监督管理部门的规定，向国家中药品种保护审评委员会提交完整的资料。

第十一条　对批准保护的中药品种以及保护期满的中药品种，由国务院药品监督管理部门在指定的专业报刊上予以公告。

第三章　中药保护品种的保护

第十二条　中药保护品种的保护期限：

中药一级保护品种分别为三十年、二十年、十年。

中药二级保护品种为七年。

第十三条　中药一级保护品种的处方组成、工艺制法，在保护期限内由获得《中药保护品种证书》的生产企业和有关的药品监督管理部门及有关单位和个人负责保密，不得公开。

负有保密责任的有关部门、企业和单位应当按照国家有关规定，建立必要的保密制度。

第十四条　向国外转让中药一级保护品种的处方组成、工艺制法的，应当按照国家有关保密的规定办理。

第十五条　中药一级保护品种因特殊情况需要延长保护期限的，由生产企业在该品种保护期满前六个月，依照本条例第九条规定的程序申报。延长的保护期限由国务院药品监督管理部门根据国家中药品种保护审评委员会的审评结果确定；但是，每次延长的保护期限不得超过第一次批准的保护期限。

第十六条　中药二级保护品种在保护期满后可以延长七年。

申请延长保护期的中药二级保护品种，应当在保护期满前六个月，由生产企业依照本条例第九条规定的程序申报。

第十七条　被批准保护的中药品种，在保护期内限于由获得《中药保护品种证书》的企业生产；但是，本条例第十九条另有规定的除外。

第十八条　国务院药品监督管理部门批准保护的中药品种如果在批准前是由多家企业生产的，其中未申请《中药保护品种证书》的企业应当自公告发布之日起六个月内向国务院药品监督管理部门申报，并依照本条例第十条的规定提供有关资料，由国务院药品监督管理部门指定药品检验机构对该申报品种进行同品种的质量检验。国务院药品监督管理部门根据检验结果，可以采取以下措施：

（一）对达到国家药品标准的，补发《中药保护品种证书》。

（二）对未达到国家药品标准的，依照药品管理的法律、行政法规的规定撤销该中药品种的批准文号。

第十九条　对临床用药紧缺的中药保护品种的仿制，须经国务院药品监督管理部门批准并发给批准文号。仿制企业应当付给持有《中药保护品种证书》并转让该中药品种的处方组成、工艺制法的企业合理的使用费，其数额由双方商定；双方不能达成协议的，由国务院药品监督管理部门裁决。

第二十条　生产中药保护品种的企业应当根据省、自治区、直辖市人民政府药品监督管理部门提出的要求，改进生产条件，提高品种质量。

第二十一条　中药保护品种在保护期内向国外申请注册的，须经国务院药品监督管理部门批准。

第四章　罚则

第二十二条　违反本条例第十三条的规定，造成泄密的责任人员，由其所在单位或者上级机关给予行政处分；构成犯罪的，依法追究刑事责任。

第二十三条　违反本条例第十七条的规定，擅自仿制中药保护品种的，由县级以上人民政府负责药品监督管理的部门以生产假药依法论处。

伪造《中药品种保护证书》及有关证明文件进行生产、销售的，由县级以上人民政府负责药品监督管理的部门没收其全部有关药品及违法所得，并可以处以有关药品正品价格三倍以下罚款。

上述行为构成犯罪的，由司法机关依法追究刑事责任。

第二十四条　当事人对负责药品监督管理的部门的处罚决定不服的，可以依照有关法律、行政法规的规定，申请行政复议或者提起行政诉讼。

第五章　附则

第二十五条　有关中药保护品种的申报要求、申报表格等，由国务院药品监督管理部门制定。

第二十六条　本条例自一九九三年一月一日起施行。

附录2　2006年《中药品种保护条例（征求意见稿）》

中药品种保护条例

（征求意见稿）

第一章　总则

第一条　为鼓励研究和创制中药新药，促进中药事业的发展，根据《中华人民共和国药品管理法》的规定，制定本条例。

第二条　本条例所称中药品种，是指由一个处方制成的某一剂型的中成药品种。

第三条　国务院食品药品监督管理部门主管中药品种保护工作，负责中药保护品种的审批和监督管理工作。各省、自治区、直辖市食品药品监督管理部门负责本辖区内中药保护品种的日常监督管理工作。

第二章　中药保护品种申请和审批

第四条　申请中药品种保护应当符合下列全部条件：

（一）中国境内生产的品种；

（二）独家生产的品种；

（三）未发现严重不良反应的品种；

（四）与同类品种相比临床疗效显著的品种；

（五）在生产、销售该品种过程中未违反《药品管理法》等有关规定被行政处罚；

（六）未曾因质量抽查检验不合格而列入药品质量公告。

第五条　申请中药品种保护，药品生产企业应当向国务院食品药品监督管理部门提出中药品种保护申请，并按规定报送有关资料。中药品种的标准为试行标准的，可以在试行期满前3个月提出中药品种保护申请。

第六条　国务院食品药品监督管理部门应当在收到申请资料后的5个工作日内，作出是否受理的决定。对符合条件的，发给受理通知书并予以公告；对不符合条件的，发给不予受理通知书，并说明理由。

第七条 国务院食品药品监督管理部门应当在中药品种保护申请受理后的 6 个月内，对申请中药保护的品种进行审查，并作出是否给予品种保护的决定。对符合条件的，发给《中药保护品种证书》并予以公告；对不符合条件的，发给《中药保护品种审批意见通知书》，说明理由并予以公告。

第八条 中药品种的保护期限为 7 年，自公告发布之日起计算。首次保护期满后可以申请延长保护期限 7 年。

第九条 在保护期内，有以下情形之一的，不得申请延长中药品种的保护期：

（一）在生产、销售该品种过程中因违反《药品管理法》等有关规定被行政处罚的；

（二）该品种因质量抽查检验不合格而列入药品质量公告的；

（三）在保护期内累计生产未达到 5 年的；

（四）发生严重不良反应的；

（五）未按照国务院食品药品监督管理部门有关要求进行了质量标准提高或完善的；

（六）未按照国务院食品药品监督管理部门有关要求完成四期临床试验的。

（七）其它不符合申请延长保护期条件的。

第十条 申请延长保护期的中药保护品种，应当在保护期期满前六个月，由药品生产企业按照本条例第五条规定的程序申报。国务院食品药品监督管理部门按照本条例第六条、第七条、第八条、第九条规定的程序进行受理和审批。

第十一条 变更《中药保护品种证书》载明内容的，应当向国务院食品药品监督管理部门提出备案申请。国务院食品药品监督管理部门应当在 30 个工作日内予以审查，并作出是否同意备案的决定。

第十二条 国务院食品药品监督管理部门应当在中药保护品种受理场所公示中药保护品种申报资料项目和有关的申请表示范文本。

第十三条 药品生产企业申请中药保护品种应当按照规定如实提交规范

完整的材料和反映真实情况，并对其申报资料实质内容的真实性负责。

第十四条　药品生产企业提交的申请材料存在可以当场更正的错误的，应当允许药品生产企业当场更正。

第十五条　药品生产企业申报的资料不齐全、不符合法定形式的，国务院食品药品监督管理部门应当当场或者在 5 日内一次告知药品生产企业需要补正的全部内容，逾期不告知的，自收到申报资料之日起即为受理。不予受理的，应当书面说明理由。

第三章　中药保护品种监督管理

第十六条　在中药保护品种的保护期间，食品药品监督管理部门不得受理和审批其它企业的同品种已有国家标准的注册申请。但中药保护品种受理公告发布前已受理的同品种已有国家标准的注册申请除外。

发生灾情、疫情、突发事件或者临床急需而市场没有供应时，国务院食品药品监督管理部门可批准

其它药品生产企业提出的已有国家药品标准的注册申请。该企业应当支付给转让该中药品种的处方组成、工艺制法的企业合理的使用费，其数额由双方商定；双方不能达成协议的，由国务院食品药品监督管理部门裁决。

第十七条　有下列情形之一的，国务院食品药品监督管理部门在保护期满前应当提前终止该中药品种保护，并予以公告：

（一）该品种生产企业《药品生产许可证》被吊销的；

（二）该品种药品批准证明文件被撤消或撤回的；

（三）连续二年以上不按规定缴纳保护费的；

（四）连续三年以上不生产该品种的；

（五）该品种的国家标准被依法撤销或取消的；

（六）中药保护品种生产企业要求提前终止对该中药品种保护的；

（七）依法可以终止中药品种保护的其它情形。

第十八条　国务院食品药品监督管理部门对保护期限满的品种，应当及时予以公告。

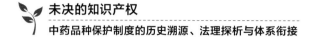

第四章　法律责任

第十九条　有下列情形之一的，国务院食品药品监督管理部门根据利害关系人的请求或依据职权，可以在核实后依照《行政许可法》第六十九条的规定撤销该中药品种保护：

（一）行政机关工作人员滥用职权，玩忽职守作出批准决定的；

（二）超越法定职权作出批准决定的；

（三）违反法定程序作出批准决定的；

（四）对不符合条件的品种批准为保护品种的；

（五）依法可以撤销中药品种保护批准证明文件的其他情形。

第二十条　在中药品种保护审批过程中，国务院食品药品监督管理部门及其工作人员违反本条例规定，有下列情形之一的，依照《行政许可法》第七十二条、七十三条、七十四条、七十五条的规定处理：

（一）对符合法定条件的中药品种保护申请不予受理的；

（二）不在受理场所公示中药品种保护申报资料项目的；

（三）在中药品种保护受理、审查过程中，未向药品生产企业履行法定告知义务的；

（四）药品生产企业提交的中药品种保护申报资料不齐全、不符合法定形式，不一次告知药品生产企业必须补正的全部内容的；

（五）未依法说明不受理或者不批准中药品种保护申请理由的；

（六）对不符合本条例规定条件的中药品种保护申请作出批准保护决定或者超越法定职权作出批准保护决定的；

（七）对符合本办法规定的申请作出不予批准决定或者不在本条例规定期限内作出批准决定的；

（八）擅自收费或者不按照法定项目的标准收费的；

（九）索取或者收受他人财物或者谋取其他利益的。

第二十一条　在中药品种保护受理、审批过程中，国务院食品药品监督管理部门违反本条例规定给当事人合法权益造成损害的，应当依照国家赔偿法的规定给予赔偿。

第二十二条　药品生产企业隐瞒有关情况或者提供虚假材料申请中药

品种保护的，国务院食品药品监督管理部门对该项申请不予受理或者不予批准，对药品生产企业给予警告；药品生产企业不得再次提出该中药品种的保护申请。

第二十三条　违反本条例规定，提供虚假材料或者采取其他欺骗手段取得《中药保护品种证书》的，撤消该《中药保护品种证书》，药品生产企业不得再次提出该中药品种的保护申请，并处以一万元以上三万元以下罚款。

第五章　附则

第二十四条　申请中药品种保护的药品生产企业，应按规定交纳中药品种保护审评费及年费。中药品种保护审评费及年费的收费标准由国务院财政部门会同国务院价格主管部门核定并公告。审评费及年费的收缴办法由国务院财政部门会同国务院药品监督管理部门制定。

第二十五条　国务院食品药品监督管理部门应当根据本条例制定实施细则（包括申报资料要求）并予以发布。

第二十六条　本条例自　年　月　日起施行。

附录3　2022年《中药品种保护条例（修订草案征求意见稿）》

中药品种保护条例

（修订草案征求意见稿）

第一章　总则

第一条　【立法宗旨】为了加强中药品种全生命周期管理，推进中药品种质量持续提升，保护中药生产企业的合法权益，推动中药工业高质量发展，根据《中华人民共和国药品管理法》《中华人民共和国中医药法》规定，制定本条例。

第二条　【适用范围】本条例适用于中华人民共和国境内上市的中药，包括中成药、中药饮片、中药材等。

第三条 【保护原则】国家鼓励以临床价值为导向研制开发中药品种，对显著提高质量或者提升临床价值优势，彰显中药特色的中药品种实行保护。

第四条 【部门职责】国务院药品监督管理部门负责全国中药品种保护的监督管理工作，组织建立国家中药品种保护审评委员会负责对申请保护的中药品种进行审评。

省、自治区、直辖市人民政府药品监督管理部门负责本行政区域内中药品种保护的监督管理工作。

第五条 【三医联动】国务院卫生健康主管部门、中医药主管部门、医疗保障部门、药品监督管理部门协调联动，加强中药品种保护，保障公众医疗用药需求。

第二章 保护范围及保护等级

第六条 【保护分级】国家对中药品种实行分级保护。一级保护给予十年市场独占，二级保护给予五年市场独占，一级、二级保护同时给予中药品种保护专用标识。三级保护仅给予五年中药品种保护专用标识。中药品种保护专用标识由国务院药品监督管理部门设定。

中药品种保护的具体技术要求由国家中药品种保护审评委员会另行制定。

第七条 【一级保护情形】符合下列情形之一的，可申请一级保护：

（一）疗效确切且具有临床应用优势的新组方中药复方制剂、新中药提取物及其制剂、新中药材及其制剂；

（二）首家增加功能主治的中成药以及用于防治严重危及生命或者严重影响生存质量的疾病，且尚无有效防治手段或者与现有治疗手段相比有足够证据表明具有明显临床应用优势的改变已上市中药品种给药途径、剂型的中成药。

第八条 【二级保护情形】符合下列情形之一的，可申请二级保护：

（一）除一级保护情形外具有明显临床应用优势的改变已上市中药品种给药途径、剂型的中成药；

（二）首家增加儿童用药人群且疗效确切的中成药；

（三）通过上市后临床研究进一步积累循证证据且独家持有的中成药，按古代经典名方目录管理的中药复方制剂除外；

（四）采用现代科学技术而形成的独特炮制方法，且实施审批管理的中药饮片。

第九条　【三级保护情形】符合下列情形之一的，可申请三级保护：

（一）具有严格质量过程控制的，按古代经典名方目录管理的中药复方制剂；

（二）通过上市后研究进一步积累循证证据，或者显著提高整体质量控制水平的中成药；

（三）具有国家药品标准，采用独特的传统炮制技术和工艺生产，或在传承基础上改良生产技术，显著提高炮制效率和质量控制水平的传统特色中药饮片；

（四）符合中药材生产质量管理规范要求且具有国家药品标准的优质道地中药材。

第十条　【不纳入保护范围的情形】属于下列情形的，不纳入中药品种保护范围：

（一）附条件批准上市的中成药；

（二）在限定期限和范围内使用的经特别审批上市的中成药；

（三）说明书安全性事项内容存在"尚不明确"情形的已上市5年以上（含5年）的中成药；

（四）国务院药品监督管理部门规定的其他情形。

第十一条　【同品种上市问题】首家增加功能主治或者儿童用药人群且在市场独占保护期内的，其他同品种可以继续上市，但不得增加该功能主治或者儿童用药人群。

前款所称同品种是指处方药味及其用量的配伍比例均相同的多家生产的中药品种。

第十二条　【再次保护的要求】中药品种保护期届满后，不得再以相同的事实和理由获得保护；做出新的显著改进或者提高、符合规定情形的，可以再次获得中药品种保护。

第三章　申请与审批

第十三条 【申请及资料要求】药品上市许可持有人或者生产企业向国务院药品监督管理部门提出中药品种保护申请，提交能够证明符合第七条、第八条和第九条规定情形的申报资料，资料应当真实、充分、可靠。

第十四条 【与上市后变更管理的衔接】实施审批管理的已上市中药做出显著改进或者提高后，应当先按药品注册管理的规定提出补充申请，补充申请批准后方可申请中药品种保护。

第十五条 【中药品种保护审评】国家中药品种保护审评委员会根据审评的需要，组织中药材生产、中药饮片炮制、中药质量控制、疗效评价、药物警戒及药物经济学等方面的专家对申请保护的中药品种进行技术审评。需要开展现场核查的，国家中药品种保护审评委员会通知国务院药品监督管理部门设置的药品检查机构组织开展现场核查。

第十六条 【审批决定】国家中药品种保护审评委员会应当自中药品种保护申请受理之日起六个月内做出审评结论。国务院药品监督管理部门根据国家中药品种保护审评委员会的审评结论作出审批决定，符合要求的，发给《中药保护品种证书》，不符合要求的，发给不予批准的书面决定，并说明理由。获得《中药保护品种证书》的，药品说明书或者标签应当标注保护期限起止日期。

申请人对行政许可决定有异议的，可以依法提起行政复议或者行政诉讼。

第十七条 【不批准保护情形】中药品种保护申请有下列情形之一的，不予批准：

（一）在审评过程中发现申报资料存在真实性问题的；

（二）未在规定时限内按要求提交补充资料的；

（三）申报资料不能证明申请保护的中药品种符合保护要求的；

（四）其他国务院药品监督管理部门规定的情形。

第十八条 【中药品种保护补充申请】中药品种保护证明性文件载明事项发生改变的，应当向国务院药品监督管理部门提出中药品种保护补充申请。

第四章　《中药保护品种证书》持有者

第十九条 【依法受到保护】《中药保护品种证书》持有者根据《中药保

护品种证书》载明的保护等级，依法享有在保护期内行使标注中药品种保护专用标识、市场独占的权利。未获得《中药保护品种证书》的药品上市许可持有人或生产企业不得在说明书、标签上标注中药品种保护专用标识。

任何人不得对申请中药品种保护提交的临床研究资料进行不正当的商业利用。

第二十条　【市场独占保护与注册申请】 已获得市场独占保护的中药品种，国务院药品监督管理部门不受理其同名同方药的注册申请。

方案一：已受理的，不予批准。

方案二：已受理的继续审评审批，通过的可给予与首家同级的中药品种保护，保护截止日期与首家一致。

第二十一条　【与基药目录衔接】 国家基本药物目录的遴选，优先考虑中药保护品种。国家支持将中药保护品种纳入诊疗指南和临床路径。医疗机构优先采购并在临床中优先使用获得中药品种保护证书的中成药。

第二十二条　【与保险政策衔接】 医保目录的调整优先支持一级、二级中药保护品种。鼓励商业保险机构优先将中药保护品种纳入保障范围。

第二十三条　【优先审评】 独家持有且已纳入国家基本药物目录或者医保目录的中成药申请中药品种保护的，国家中药品种保护审评委员会应当自申请受理之日起三个月内做出审评结论。

第二十四条　【中药保护品种价格】 中药保护品种的药品上市许可持有人或者生产企业，应当遵守国家关于药品价格管理的规定。国家支持中药保护品种合理的优质优价。

第二十五条　【保护期内需履行的基本义务】 《中药保护品种证书》持有者应当持续开展药品上市后研究，按照药物警戒质量管理规范要求规范开展药物警戒活动，加强药品不良反应监测，动态开展资源评估，持续提高中药保护品种质量控制水平。鼓励开展药品作用机理或者中药饮片炮制机理的研究。

中药保护品种在质量控制方面有显著改进提高的，《中药保护品种证书》持有者应当按照规定完成药品上市后变更，完善生产过程中的内控标准及操作规程并严格执行。

第二十六条 【定期报告】《中药保护品种证书》持有者应当在年度报告中报告中药保护品种的生产、销售、上市后评价研究以及改进提高工作等情况。

第二十七条 【获得市场独占品种保护期内的义务】获得市场独占的中药保护品种，其《中药保护品种证书》持有者除履行本条例第二十五条规定的义务外，还应当根据品种自身特点，持续积累临床使用的循证证据，动态评估药品临床价值，或者开展药物相互作用研究，完善用药风险防控措施，或者提升智能制造水平，加强中药整体质量控制。

第二十八条 【国家短缺药品管理】《中药保护品种证书》持有者应当保障药品稳定供应。列入国家短缺药品清单的已实施市场独占保护的中药品种，《中药保护品种证书》持有者应当积极扩大产能，满足临床用药需求。

第五章 监督管理

第二十九条 【药品监督管理部门责任】省、自治区、直辖市人民政府药品监督管理部门应当加强对本行政区域内中药保护品种及其药品上市许可持有人、生产企业的日常监督管理，督促《中药保护品种证书》持有者履行义务。

《中药保护品种证书》持有者应当配合药品监督管理部门开展的监督检查，不得隐瞒、拒绝、阻挠。

第三十条 【药品上市许可的转让与委托生产】中药保护品种的药品上市许可依法转让的，《中药保护品种证书》应当进行相应变更。

中药保护品种的药品上市许可持有人可以委托符合条件的药品生产企业生产中药保护品种。

第三十一条 【中药品种保护退出机制】有下列情形之一的，国务院药品监督管理部门应当终止保护，注销《中药保护品种证书》并公告：

（一）发生重大质量安全责任事故或存在严重不良反应的；

（二）《中药保护品种证书》持有者的药品生产许可证、药品批准证明文件被注销、撤销或者吊销的；

（三）《中药保护品种证书》持有者主动提出终止保护的；

（四）《中药保护品种证书》持有者不能保障药品稳定供应的。

第三十二条 【信息公开】国务院药品监督管理部门及时公布中药保护品种公告及保护情形、保护起止时间、检查及抽检等信息。

第三十三条 【商业秘密等的保护】未经申请人同意，参与中药品种保护技术审评审批、检验、核查检查有关人员不得披露申请人提交的商业秘密、未披露信息或者保密商务信息。法律另有规定或者涉及国家安全、重大社会公共利益的除外。

第三十四条 【保护期满要求】保护期满或者提前终止保护的品种，药品上市许可持有人或者生产企业应当停止使用中药品种保护专用标识。

第六章 法律责任

第三十五条 【虚假申报的处罚】提供虚假资料或者采取其他欺骗手段申请《中药保护品种证书》的，不予批准，5 年内不受理相关责任人以及单位提出的中药品种保护申请，并处 20 万元以上 200 万元以下的罚款；情节严重的，对法定代表人、主要负责人、直接负责的主管人员和其他责任人员处 1 万元以上 10 万元以下的罚款，5 年内禁止从事药品生产经营活动。

已经取得的，撤销《中药保护品种证书》，10 年内不受理相关责任人以及单位提出的中药品种保护申请，并处 50 万元以上 500 万元以下的罚款；情节严重的，对法定代表人、主要负责人、直接负责的主管人员和其他责任人员，处 2 万元以上 20 万元以下的罚款，10 年内禁止从事药品生产经营活动。

第三十六条 【伪造、变造、出租、出借证书的处罚】伪造、变造、出租、出借、非法买卖《中药保护品种证书》的，没收违法所得，并处违法所得 1 倍以上 5 倍以下的罚款；情节严重的，并处违法所得 5 倍以上 15 倍以下的罚款，吊销《中药保护品种证书》，对法定代表人、主要负责人、直接负责的主管人员和其他责任人员，处 2 万元以上 20 万元以下的罚款，10 年内禁止从事药品生产经营活动；违法所得不足 10 万元的，按 10 万元计算。

第三十七条 【证书持有者不履行义务处罚之一】未履行第二十五条第一款、第二十六条、第二十七条规定义务的，责令限期改正；逾期不改正的，处 10 万元以上 50 万元以下罚款；情节严重的，吊销《中药保护品种证书》。

第三十八条 【证书持有者不履行义务处罚之二】未履行本条例第二十五条第二款规定的完善生产过程中内控标准及操作规程并严格执行的，处 50 万元以上 200 万元以下的罚款，责令停产停业整顿直至吊销中药保护品种证书、药品批准证明文件、药品生产许可证，对法定代表人、主要负责人、直接负责的主管人员和其他责任人员，没收违法行为发生期间自本单位所获收入，并处所获收入 10% 以上 50% 以下的罚款，10 年直至终身禁止从事药品生产经营活动。

第三十九条 【伪造、变造、擅自单独标注中药品种保护标识的处罚】未获得《中药保护品种证书》或《中药保护品种证书》被撤销、吊销的药品上市许可持有人或者生产企业违法标注中药品种保护专用标识的，由省、自治区、直辖市人民政府药品监督管理部门没收违法所得，并处违法所得 1 倍以上 5 倍以下的罚款；情节严重的，并处违法所得 5 倍以上 15 倍以下的罚款，对法定代表人、主要负责人、直接负责的主管人员和其他责任人员，处 2 万元以上 20 万元以下的罚款；违法所得不足 10 万元的，按 10 万元计算。

第四十条 【保密责任】药品监督管理部门及其工作人员违法披露申请人提交的商业秘密、未披露信息或者保密商务信息的，对直接负责的主管人员和其他直接责任人员依法给予行政处分。

第七章 附则

第四十一条 【中药范围】本条例所称中药，是包括汉族和少数民族药在内的我国各民族药的统称。

第四十二条 【与专利保护、科技秘密等的衔接】中药保护品种的专利、商标及地理标志申请，依照国家有关法律法规的规定办理。

中药保护品种涉及国家科学技术秘密的，应当依照国家有关规定办理。

第四十三条 【生产企业说明】本条例所指生产企业仅为中药饮片或者中药材生产企业，不包括药品上市许可持有人委托生产企业。

第四十四条 【实施日期】本条例自 202× 年 × 月 × 日起施行，1992 年颁布的《中药品种保护条例》同时废止。

附录4　《传统泰国医药保护和促进法》中译本

传统泰国医药保护和促进法 ❶

普密蓬·阿杜德国王欣然宣布：

鉴于制定一项关于保护和促进传统泰医药知识的法律是有利的；

本法案载有限制人民权利和自由的规定，这些规定是《泰王国宪法》第29条、第35条、第48条和第50条所允许的；

因此，在国民议会的建议和同意下，由国王陛下颁布如下。

第1条　本法案称为"传统泰国医药保护和促进法，B.E.2542"。

第2条　本法案在政府公报公布之日起180天后施行。

第3条　在本法案中，

"传统泰医药知识"是指与传统泰药有关的基本知识和能力；

"传统泰医药"是指源于代代相传的知识或文本的检查、诊断、治疗、诊疗、预防的医疗程序，人类或动物健康的促进和恢复，产科，传统泰式按摩，传统泰药生产方式，医疗设备发明；

"传统泰医药文本"是指在泰国书籍、棕榈叶、石刻或其他材料中书写或记载，或虽未记载但代代相传的有关传统泰医药的技术知识；

"传统泰药"是指直接从草药或从混合、调和或转化的草药中提取的药物，包括药事法规定的传统泰药；

"传统泰药配方"是指含有传统泰药的工艺制法和成分的配方，无论成分是什么形式；

"草药"是指植物、动物、细菌、矿物质和动植物提取物，包括直接作为或混合、调和或转化后作为药品或食品，可用于诊断、治疗、诊疗、预防疾病或促进人类、动物健康，还包括草药的产地和来源地；

---

❶ Protection and Promotion of Traditional Thai Medecinal Intelligence Act，B. E. 2542（1999），载世界知识产权组织网：https://wipolex.wipo.int/zh/text/179713.

"受管制草药"指部长级通告公布的受管制的草药；

"保护区"是指法律规定的国家保留森林和其他保护自然资源的区域；

"传统提取物"是指未经混合的天然提取物，没有在科学程序下通过添加分子而获得的新物质；

"粗转化"是指通过传统工艺和新工艺，混合、调和或转化草药或提纯草药以获得物质，但不对不同种类纯物质进行区分；

"传统泰药配方或者传统泰医药知识的继承人"，是指从该物质的发现者、改进者或者开发者继承传统泰药配方或者传统泰医药知识的人，或者从该物质的发现者、改进者或者开发者处代代相传学习的人，或者获得上述知识的其他人；

"权利人"是指根据本法对传统泰医药知识进行知识产权登记的人；

"销售"是指出售、处置、分配或者交换，也包括以销售为目的进行占有；

"出口"是指带出或出口到国外；

"转化"是指配比、转化或改变草药的质量；

"委员"是指传统泰医药知识保护和推广委员会的委员；

"委员会"是指传统泰医药知识保护和推广委员会；

"注册机构"是指常任秘书或由常任秘书指派的人员；

"登记机构"是指中央登记员或省登记员，视情况而定；

"主管机构"是指注册机构、登记机构和部长任命的执行本法案的人员；

"常任秘书"是指公共卫生部的常务秘书；

"部长"是指负责并控制本法案执行的部长。

第4条　公共卫生部长应负责并控制本法案的执行，有权任命主管机构，发布部门规章以规定不超过本法所附费率的费用，和采取其他活动，包括发布实施本法的细则和通知。

部门规章、细则和通知在政府公报上公布后生效。

第一章　传统泰医药知识保护和推广委员会

第5条　传统泰医药知识保护和推广委员会的成员应当包括公共卫生部的常任秘书（主席）、医疗服务部部长、知识产权部部长、畜牧部部长、林业部部长、农业部部长、医学科学部部长、食品和药物管理局秘书长、环境政策和规划办公室秘书长、医疗登记部负责人等（职责成员），以及部长任命的相同数量的合格成员，这些成员需要从医药从业者的基础上选择，应在传统泰医药、传统泰药的生产、销售或者草药种植、转化等领域有知识、能力和经验。传统泰医药研究所所长应为委员会的成员和秘书。

依照第 1 款规定选择合格的委员，应当按照部级规章规定的规则和程序进行。

第 6 条　委员会应具有以下权力和职责：

（1）发布本法案下的部门规章、细则或通知时，向部长提供咨询或建议；

（2）推广和发展传统泰医药和草药知识的应用；

（3）采取措施以协调政府机构、国有企业、社区和非政府组织，以强化保护和促进传统泰医药和草药知识；

（4）根据第 39 条第（3）项撤销或注册传统泰医药的知识产权；

（5）审查对注册机构或登记机构依据本法案作出的命令或决定的上诉；

（6）制定有关提出上诉和审查上诉的标准和程序、传统泰医药知识产权注册、基金收益和费用的管理和安排的规定，以及保护和促进传统泰医药和草药知识的工作；

（7）依照本法案或其他法律规定，按委员会的职权从事其他活动；

（8）完成部长交办的其他工作。

第 7 条　部长任命的合格成员的任期为两年，自任命之日起计算。在符合第 5 条第 2 款规定的情况下，如果合格成员在任期结束前离职，部长可任命另一名具有类似资格的人员作为合格成员。受任人须在其所替代的成员的余下任期内继续任职。

任期届满，符合条件的委员可以连任。

第 8 条　部长任命的合格成员除在第 7 条规定的任期届满时离职外，还应在下列情况下离职：

（1）死亡；

（2）辞职；

（3）破产；

（4）为无民事行为能力人或限制民事行为能力人；

（5）因玩忽职守、不忠于职守、纵容不合格行为而被部长免职的；

（6）终审判决监禁，但因疏忽或轻微犯罪的除外；

（7）该成员因符合某种资格而被委任，该资格终止。

第 9 条　在委员会的会议上，出席人数不得少于全体委员人数的一半，才可构成法定人数。

委员会主席不能出席任何一次的委员会会议，委员们应从中选出一人主持会议。

会议的决定应以多数票通过。每一成员有一票的表决权。在票数相等的情况下，主持会议的人应再投一票，作为决定性的一票。

第 10 条　委员会有权委派小组委员会审议或执行委员会指派的任何具体工作。

第 9 条的规定准用于小组委员会会议。

第 11 条　委员会和小组委员会在执行本法案规定的职责时，有权命令任何人提供或提交证据以补充审核。

第 12 条　应设置传统泰医药研究所，隶属于卫生部常务秘书办公室，有权执行有关保护和促进传统泰医药和草药知识的教育、培训、研究、学习和发展的职责，并负责委员会的行政和技术工作。

第 13 条　传统泰医药研究所所长为中央登记员，省级卫生主管为省登记员。

第二章　传统泰医药知识的保护和促进

第 14 条　本法规定保护的传统泰医药知识产权，是指对传统泰药配方和传统泰医学知识的知识产权。

第 15 条　传统泰医药研究所有义务在全国范围内收集有关传统泰药配方和传统泰医学知识等信息，以供注册之用。

关于传统泰药配方和传统泰医学知识的登记应按照委员会制定的规则进行。

第 16 条　传统泰医药知识分为三类：

（1）国家传统泰药配方和传统泰医学知识；

（2）一般传统泰药配方和传统泰医学知识；

（3）个人传统泰药配方和传统泰医学知识。

第 17 条　部长有权根据具体情况，通知对医学或公共卫生极为有益或极有价值的传统泰药配方和传统泰医学知识，作为国家传统泰药配方和传统泰医学知识。

第 1 款下的通知应按照部级规章的规则和程序作出。

第 18 条　部长有权根据具体情况，通知已广泛使用的或其根据第 33 条规定的保护期已过的传统泰药配方和传统泰医学知识，作为一般传统泰药配方和传统泰医学知识。

第 1 款下的通知应按照部级规章的规则和程序作出。

第 19 条　任何人使用国家传统泰药配方和传统泰医学知识，用于药事法规定的药品注册和生产许可、以商业利益为目的对新药配方进行开发和改进研究、基于研究的商业利益开发和提升，应当向注册机关提出取得利益的申请，并支付使用费用和报酬。

申请和颁发许可证、权利限制和对价应按照部长条例规定的规则、程序和条件办理。

第 20 条　根据第 16 条第（3）项的规定，个人传统泰药配方和传统泰医学知识，可以向登记机构登记为知识产权，并获得以获得本法案的保护和促进。

根据第 1 款提出的传统泰医药知识产权的登记申请，应按照部长条例规定的规则、程序和条件办理。

第 21 条　有权根据第 20 条申请传统泰医药知识产权的登记的人应具有泰国国籍，并应具有下列资格：

（1）传统泰药配方和传统泰医学知识的发明者；

（2）传统泰药配方和传统泰医学知识的改进者；

（3）传统泰药配方和传统泰医学知识的继承者。

第 22 条　登记机构发现传统泰医药知识存在如下情形，禁止登记为知识产权：

（1）为国家传统泰药配方和传统泰医学知识或一般传统泰药配方和传统

泰医学知识；

（2）虽然为个人传统泰药配方和传统泰医学知识，但它是根据与传统泰医药原理不同的原理，如使用植物、动物或微生物的非天然提取物或应用非粗转化方式。

第23条　如果传统泰医药的知识产权申请不符合依据本法案第20条第2款制定的部长条例规定的规则、程序或条件，登记机构应命令申请人在收到该命令之日起30天内完成更正。

如申请人未能在第1款规定的期限内遵守登记机构的命令，则该申请将被撤销。

第24条　登记机构在审查申请后，认为申请符合第21条的资格，且不存在第22条的禁止情形，登记机构应立即在所有登记办事处及当地政府机构办事处公布有关申请。

第25条　如果数人共同申请传统泰医药的知识产权登记，登记机构应确定并通知所有申请人以调查相关的日期。

登记机构根据第1款进行调查时，有权传唤任何申请人作出陈述或澄清，或提交补充文件或其他任何材料。登记机构调查完成且常任秘书长决定后，登记机构应将该决定通知所有申请人。

调查和决定程序的流程应按照部长条例规定的规则和程序进行。

第26条　数个申请人分别就同一传统泰医药知识申请知识产权登记的，第一个申请人有权登记。在同一日期、同一时间提出申请的，申请人应当就登记权归属于某一申请人或者全体申请人达成协议。如未能在登记机构所确定的期限内达成协议，各申请人应在登记机构确定的期限届满之日起90天内向法院提起诉讼。逾期不起诉的，应当撤销其全部申请。

第27条　登记机构在审查申请后，认为不申请符合第21条的资格，或存在第22条的禁止情形，登记机构应撤销该申请，并应在作出该命令之日起30天内以书面形式通知申请人。

第28条　如申请人对登记机构依据第27条作出的命令提出上诉，而委员会裁定登记机关的命令错误，则登记机构应继续为申请人办理登记手续。

第29条　依据第24条提出的登记申请一经公布，任何人如认为其有权享有该传统泰医药的知识产权，可以向登记机关提出异议意见，并提交证据。该异议意见应在依据第 24 条的公布之日起 60 天内提出。

第 30 条　登记机构在作出决定前，须向申请人和异议人提供作出陈述、提供证人证言或证明文件的机会，以供审核之用。

登记机构在作出裁决后，须在作出裁决后 30 天内，书面通知申请人和异议人，并说明理由。

第 31 条　如无第 29 条所述的异议意见，或虽有异议人但最终裁决申请人或异议人有权进行登记，登记机构需要发出命令，为申请人或异议人登记传统泰医药的知识产权。

根据第 1 款作出关于传统泰医药知识产权的登记命令后，登记机构应将命令书面通知申请人或异议人，该人应自收到命令之日起 30 天内支付注册费。逾期不缴纳的，撤销其登记申请。

传统泰医药知识产权的登记证书应按照部长条例规定的格式办理。

第 32 条　在常务秘书依据第 25 条第 2 款的规定决定数人为权利共有人，或数人就同一传统泰医药知识产权进行登记申请并同意登记为权利共有人，或法院依据第 26 条的规定裁决数人为传统泰医药知识产权的权利共有人等情况下，这些人有权共同登记为传统泰医药知识产权人。

在传统泰医药知识产权的共同登记中，登记人应签署共同行使该权利的协议，并将该协议连同登记一并提交登记机关。

第 33 条　本法案所规定传统泰医药知识产权，终身有效并自权利人死亡之日起 50 年内继续有效。

如果有第 32 条规定的权利共有人，传统泰医药知识产权将在全部共有人的终身有效，并在最后一名共有人死亡之日起 50 年内继续有效。

在第 1 款或第 2 款规定的期限届满时，部长应视情况在政府公报中通知传统泰药配方和传统泰医学知识为第 16 条第（2）项规定的一般传统泰药配方和传统泰医学知识。

第 34 条　权利人对已登记的传统泰医药知识，享有生产传统泰药的专有权，以及对传统泰药配方和传统泰医学知识进行研究、销售、开发的专有权。

第 1 款的规定不应适用于：

（1）依据部长条例进行学习、探索、实验或研究的行为；

（2）由泰国传统医师根据执业医师的处方为某一特定人士配药；

（3）生产家用药物，或公立医院、政府机构或公立医疗机构生产且由公立医院使用的药物，或符合部长颁布规则且由公立医院在诊疗过程使用传统泰医学知识。

第 35 条　除继承外，不得将本法案规定的传统泰医药知识产权转让给他人。

第 1 款规定的传统泰医药知识产权的继承人应自权利人死亡之日起 2 年内向登记机构提出权利登记申请。

第 2 款规定的期限内无人申请传统泰医药知识产权的登记，则视为在本法案项下受保护的传统泰医药知识产权失效。在这种情况下，第 33 条第 3 款参照适用。

第 36 条　权利人可以许可任何人行使第 34 条的权利。

依照第 1 款规定的许可，应符合部长条例规定的规则、程序和条件。

第 37 条　在下列情况下，登记机构有权撤销传统泰医药知识产权的注册：

（1）权利人行使权利违反公序良俗；

（2）权利人违反登记机关确定的传统泰医药知识产权的登记条件或限制；

（3）权利人行使权利可能会严重损害已注册的传统泰医药知识产权。

第 38 条　利害关系人或公诉人可就不符合第 21 条或第 22 条的传统泰医药知识产权注册向法院提起诉讼，以撤销该注册。

第 39 条　根据第 37 条撤销传统泰医药知识产权的注册之前，登记机关应进行调查，并应通知权利人自收到通知之日起 30 天内提交其意见。

登记机关依据第 1 款进行调查时，有权传唤任何人作出解释或提交证据，以供审议之用。

如果登记机关经调查后认为有合理理由撤销传统泰医药知识产权的注册，登记机关应请求委员会的批准。登记机关经委员会核准，应撤销该注册，并应自撤销命令作出之日起 30 天内，将撤销命令和理由书面通知权利人。

第 40 条　根据第 39 条被撤销登记的权利人，可在传统泰医药知识产权的撤销命令作出之日起 1 年后，根据第 20 条申请登记。

第 41 条　传统泰医药知识产权的被许可人，行使权利时违反公序良俗，或违反第 36 条第 2 款部长条例规定的条件，或可能会严重损害已注册的传统泰医药知识产权，登记机构有权撤销传统泰医药知识产权的许可。

撤销传统泰医药知识产权的许可，应按照部长条例规定的规则和程序办理。

第 42 条　在根据第 41 条撤销传统泰医药知识产权的许可之前，登记机关应通知被许可人自收到通知之日起 15 天内提交其意见。在这种情况下，第 39 条第 2 款应参照适用。

如果登记机关撤销传统泰医药知识产权的许可，应在作出撤销命令之日起 30 天内，书面通知传统泰医药知识产权的权利人和被许可人。

第 43 条　其他国籍的人员同意泰国人在他国获得传统泰医药知识产权的保护，并依据他国法律登记传统泰医药知识产权，可以同时获得本法案的权利。

根据第 1 款提出的登记申请、颁发登记证书和撤销登记应按照部长条例规定的规则、程序和条件办理。

第三章　草药保护

第 44 条　为了保护草药的目的，部长应在委员会的建议下，有权在政府公报中通知管制草药的种类、特征、品种和名称，这些草药具有学习和研究价值，或具有经济价值，或可能灭绝。

第 45 条　为了保护管制草药，根据委员会的建议，部长有权在政府公报中通知：

（1）详细列出占有、使用、护理、保存或运输的管制草药的数量，并通知登记机关；

（2）第（1）项下的通知书的规则、程序及条件；

（3）管制草药的占有、使用、护理、保存或运输的规则、程序和条件；

（4）管制草药学习和研究的规则、程序和条件；

（5）为商业或非商业目的出口管制草药，或为商业目的销售或转化管制草药的规则、程序及条件；

（6）对管制草药的保护或者预防、停止、减少伤害或损害的要求。

第 46 条　任何人不得研究或出口管制草药，或者出于商业目的销售或转化管制草药，除非许可机构颁发许可证。

根据第 1 款提出的申请和颁发许可证应符合部长条例规定的规则、程序和条件。

根据第 1 款颁发的许可证，自颁发之日起，有效期至第三年 12 月 31 日。

第 47 条　根据第 46 条颁发许可证的效力可扩展至被许可人的雇员或代理人。

被许可人的雇员或代理人根据第 1 款作出的任何行为视为被许可人的行为，除非被许可人能够证明该行为是在其不知情或不可抗力的情况下进行的。

第 48 条　第 46 条的规定不适用于任何国家机构进行的管制草药的学习或研究，但此类学习或研究应通知登记机关，并应按照部长根据第 45 条第（4）项通知的规则、程序和条件进行。

第 49 条　根据第 46 条颁发的许可证续期，被许可人应在许可证期限届满前申请续期。在提交申请后，被许可人可以开展相应的商业活动，直至许可机关拒绝续期。

许可证续期的申请和准予应符合部长条例所规定的规则、程序和条件。

第 50 条　根据第 46 条颁发的许可证遗失或损坏，被许可人应在其知道遗失或损坏之日起 30 天内，申请更换许可证。

许可证更换的申请和准予应符合部长条例所规定的规则、程序和条件。

第 51 条　部长在政府公报中将某种草药通知为管制草药后，任何人持有管制草药的数量超过部长根据第 45 条第（1）项规定的数量时，应在该通知规定的期限内，将这种管制草药的持有情况通知登记机关。

第 52 条　第 46 条规定的被许可人未能遵守本法案或根据本法案制定的部长条例、规则或通知，许可机关有权暂停其许可，每次不超过 90 天。

被吊销许可证的被许可人应停止其在许可证项下的一切行为，并不得在吊销期间根据本法案申请任何其他许可证。

第 53 条　在确定被吊销执照的被许可人已遵守本法案或根据本法案制定的部长条例、规则或通知的情况下，许可机关有权在规定的期限之前撤销暂停许可证的命令。

第 54 条　第 46 条规定的被许可人未能遵守本法案或根据本法案制定的部长条例、规则或通知，且属严重违法，许可机关有权撤销其许可。

被吊销许可证的被许可人必须停止许可证项下允许的所有行为，并不得根据本法案申请任何其他许可证，直至许可证被吊销之日起 2 年内，但是许可机关可以颁发其认为适当的其他许可证。

第 55 条　第 52 条的暂停命令和第 54 条下的撤销命令应书面通知被许可人。如被许可人下落不明或拒绝接收书面通知，则书面通知应在许可证载明的生效地方的明显处进行公告。在这种情况下，被许可人应被视为自公告之日起确认书面通知。

第 56 条　据第 54 条被吊销许可证的被许可人可以在收到撤销命令之日起 60 天内，将其剩余的管制草药销售给另一个被许可人或许可人认为适当的其他人，如果有上诉，则可以在收到委员会的决定之日起 60 天内销售，除非许可人延长了期限。该展期不得超过 60 天。

第 57 条　为了保护草药和其原产地，由于这一区域属于自然生态系统或生态多样性区域，或容易受到保护区范围内人类行为的影响，部长应在委员会的建议下，编制《草药保护管理计划》，并向部长会议提交批准。

第 1 款的《草药保护管理计划》，视情况可为短期、中期或长期计划，但应包括下列事项之工作计划及指南：

（1）有关政府机构须遵从法律规定的保护区的准入条件，以保存草药的自然条件或价值，避免任何可能影响草药产地的自然生态系统或生物多样性的行为；

（2）确定管理程序，特别是草药产地的管理程序，包括确定有关政府机构的职责范围和责任，以便在保护该地区的自然条件、自然生态系统、生物多样性和草药价值方面，建立有效的合作与协调；

（3）通过对草药和草药原产地的学习和研究，提出保护草药和草药产地的措施；

（4）巡查、跟进并分析进入保护区的影响，以评估计划的执行情况及有关法例的执行情况。

第 1 款的《草药保护管理计划》应在政府公报中公布。

第 58 条　在编制第 57 条的《草药保护管理计划》时，主管官员应根据部长会议规定的规则，在有关政府机构的配合和协调下，有权进入指定为保护区的任何区域，以探索、学习和研究草药及其原产地。

第 59 条　第 57 条的《草药保护管理计划》公布后，保护区的保护和管理应当依照《草药保护管理计划》和有关法律进行。

第 60 条　在任何保护区，如果有不适当的区域管理或不适当的草药保护，或草药或其原产地有严重的严重破坏，该问题需要立即解决，若相关机构没有法律权力处理，或不能提供解决办法，部长应根据委员会的建议，建议部长会议授权公共卫生部在必要和适当的情况下，根据第 57 条的《草药保护管理计划》执行保护措施，以控制和解决问题。

第 61 条　草药产地和该区域的自然生态系统或生物多样性，若可能因人类的任何行为遭到破坏或影响，或进入区域利用草药可能使草药濒临绝种或基因减少，或该官方旨在加强公众参与该地区草药的控制、管理、开发和利用，但该区域并非指定为保护区，部长应根据委员会的意见，有权颁布部长条例，指定该区域为草药保护区。

第 1 款所称草药保护区范围内的土地，不得归政府机关以外的任何人所有或占有。

第 1 款的部长条例，应附地图，列明指定为草药保护区之地界。

第 62 条　在根据第 61 条颁布的部长条例中，还应规定下列一项或多项保护措施：

（1）为保存本区域的自然条件和价值，或为避免对本区域的自然生态系统或生物多样性产生影响而进行的草药利用；

（2）禁止任何可能对本区域的自然条件、生物多样性或草药价值造成损害或改变本区域生态系统的行为；

（3）为履行职责进行有效合作与协调，或者为保护本区域的自然条件、草药价值、自然生态系统或生物多样性，确定本区域的具体管理措施及有关政府机构的职责范围和责任；

（4）根据本区域的情况，采取必要和适当的其他保护措施。

第63条　在草药保护区内，任何人不得所有或占有土地，不得建造或构建任何建筑物，不得砍伐、劈砍、除草、烧荒或破坏树木或任何植物群，不得破坏生物多样性或自然生态系统，不得挖掘矿物、石头或土壤，不得改变水道或造成水道、小溪、湿地或沼泽泛滥、干涸或使草药产生毒性或危险性，但在草药保护区内进行管理或在许可人的许可下使用草药的行为除外。

第64条　为了加强公众参与对草药的保护、促进和发展，草药原产地或可用于种植草药的土地的所有人或占有人应有权向登记机关登记该等土地，以获得本法案规定的协助或支持。

登记申请、登记证书的颁发和登记的撤销，均应按照部长条例规定的规则、程序和条件办理。

第65条　根据第64条注册的土地的所有人或占有人应有权按照部长通知获得帮助或支持。

第四章　上诉

第66条　如登记机关根据第27条驳回传统泰医药知识产权的注册申请，申请人有权在收到该命令后30天内向委员会提出上诉。

第67条　如登记机关根据第30节第2款作出传统泰医药知识产权的登记权利人的命令，申请人或异议人（视情况而定）应有权在收到该命令之日起30天内向委员会提出上诉。

第68条　如登记机关根据第39条第3款作出撤销传统泰医药知识产权登记的命令，则权利人有权在收到该命令之日起30天内就该命令向部长提出上诉。

部长的决定为最终决定。

根据第1款提出的上诉不得妨碍撤销传统泰医药知识产权登记的命令的执行。

第69条　如登记机关根据第41条作出撤销传统泰医药知识产权许可的命令，被许可人应有权在收到该命令之日起30天内向委员会提出上诉。

根据第 1 款提出的上诉不得妨碍撤销传统泰医药知识产权许可的命令的执行。

第 70 条　如许可人根据第 52 条作出暂停许可证的命令或根据第 54 条作出吊销许可证的命令，被暂停或吊销许可证的被许可人应有权自收到该命令之日起 30 天内向委员会提出上诉。

根据第 1 款提出的上诉不得中止或撤销命令的执行。

第 71 条　委员会根据第 66 条、第 67 条、第 69 条和第 70 条作出的决定为最终决定。

第 72 条　提请上诉和上诉程序应按照《部长条例》规定的规则和程序进行。

第五章　主管官员

第 73 条　主管官员在执行职务时，有下列权力：

（1）在其工作时间内进入任何地点，以检查和控制本法案的执行；

（2）在日出至日落之间或工作时间内，对任何地点或车辆进行检查，如怀疑违反了本法案，并有合理理由相信延误发出搜查令可能会导致与犯罪有关的文件或产品被移走、藏匿或销毁，并且如果在指定时间内的检查仍未完成，则可以继续进行；

（3）没收或者收缴与违反本法案有关的文件、物品，并作为起诉的证据；

（4）传唤任何人陈述或提交文件、证据，如果有合理理由相信该陈述、文件或证据有利于调查或可以作为证据证明本法案的违法行为；

（5）命令任何人离开草药保护区或避免任何违反第 63 条的行为。

主管官员在履行第 1 款规定的职责时，有关人员应向主管官员提供适当的便利。

第 74 条　主管官员执行职务时，应当出示资格证。

主管官员的资格证应采用部长在政府公报中通知的形式。

第 75 条　主管官员在执行本法案规定的职务时，应是刑法规定的官员。

第六章　传统泰医药知识基金

第 76 条　泰国卫生部传统泰医药和替代医药发展部门应设立"传统泰

医药知识基金",作为一个周转基金用于执行与保护和促进传统泰医药知识相关工作的费用。

该基金由下列货币和财产组成:

(1)政府资金;

(2)国内外私营部门、外国政府或国际组织获得的资金或财产;

(3)基金的利息;

(4)基金经营活动取得的其他收入。

基金会的收入,不得依照国库储备金法和预算程序法的规定,上缴至财政部。

泰国卫生部传统泰医药和替代医药发展部门应持有基金的货币和财产,并根据本法案从基金中支出资金。

基金的管理、收入和支出应按照经财政部批准的委员会规定的规则进行。

第七章 法律责任

第77条 违反委员会或小组委员会根据第11条和第6条第(5)项作出的命令,或登记机关根据第39条第2款作出的命令,或主管官员根据第73条第(4)条作出的命令,处以一个月以下的有期徒刑或2000泰铢以下的罚金,或两者并处。

第78条 违反第19条、第46条、第52条第2款、第54条第2款或第63条第1款的规定,或违反主管官员根据第73条第(5)项作出的命令,处一年以下有期徒刑或20 000泰铢以下罚金,或两者并处。

第79条 违反第51条的规定,处六个月以下有期徒刑或10 000泰铢以下罚金,或两者并处。

第80条 违反根据第62条第(2)项颁布的部长条例所规定的保护措施,处两年以下有期徒刑或40 000泰铢以下罚金,或两者并处。

第81条 如未能按照第73条第2款为主管官员提供便利,处2 000泰铢以下的罚金。

第82条 本法案规定应受处罚的是法人的,其执行董事、经理或者其他代表人应当受处罚,但能够证明不承认或者不同意法人的行为的除外。